지은이
고바야시 다키지小林多喜二 1903-1933

일본 프롤레타리아문학 작가. 일본 아키타현에서 가난한 농부의 둘째 아들로 태어났다. 1907년 고바야시 일가는 가난을 피해 홋카이도로 이주했다. 가난한 환경에서 어린 시절을 보냈지만 백부의 도움으로 오타루상업학교에 진학했다. 이때부터 교우 회지를 편집하거나 중앙 잡지에 작품을 투고하는 등 문학적 재능을 보였다. 1921년 역시 백부의 도움으로 오타루고등상업학교(지금의 오타루 상과대학)에 입학했으며 졸업 후 은행에 취직했다. 다키지는 초기에 가난한 사람들에 대한 인도주의적 정의감에 서 있었지만 점차 비판적 현실주의로 나아가, 하야마 요시키와 고리키 등의 작품을 통해 프롤레타리아문학에 관심을 가지게 되었다.

다키지는 1928년에 『방설림』을 완성한 후, 상경하여 일본 프롤레타리아문학의 대표적 이론가인 구라하라 고레히토를 방문했다. 그의 영향을 받아 완성한 처녀작 『1928년 3월 15일』은 천황제 지배 권력의 잔학성을 폭로하고 이것에 저항하는 노동자의 불굴의 정신력을 다루어 일본 프롤레타리아문학에 새로운 전기를 제공한 작품이다.

다키지는 1929년 북양 어부의 실상을 취재하여 『게잡이 공선』을 완성했다. 『게잡이 공선』은 다키지의 대표작으로 일본 프롤레타리아문학뿐만 아니라 일본 근대문학사에서도 획기적인 작품이다. 이 작품을 통해 다키지는 일본 프롤레타리아문학의 대표적인 작가로 인정받았다. 1933년 2월 가두연락을 위한 접선장소에서 체포되어, 그 날 고문에 의해 학살되었다. 만 29세 4개월이었다.

다키지가 남긴 작품으로는 『부재지주』(1929), 『동굿찬행』(1930), 『공장세포』(1930), 『전형기의 사람들』(1931), 『지구의 사람들』(1933) 등이 있다. 사후에 일본 문학에서 처음으로 공산주의적 인간의 조형에 성공하였다고 평가 받는 『당생활자』가 출판되었다.

옮긴이
황봉모黃奉模

서울 출생. 한국외국어대학교 영어과와 동 대학원 일본어과를 졸업했다. 일본 간사이(關西)대학 대학원에서 박사 전·후기 과정을 수료했으며 고바야시 다키지 문학 연구로 문학박사 학위를 받았다. 한국외국어대학교 외국문학연구소와 전북대학교 인문학연구소에서 근무했으며, 현재는 한국외국어대학교 일본어과 강사로 재직중이다. 저서로는 『고바야시 다키지 문학의 서지적 연구』(2011), 『재일한국인문학 연구』(2011)가 있다. (*『게잡이 공선』, 『방설림』 및 2부 작품 관련 글 번역)

박진수朴眞秀

서울 출생. 고려대학교 일어일문학과를 졸업하고 동 대학원 일어일문학과에서 문학석사 학위를 받았다. 이후 일본으로 가 도쿄(東京)대학교 대학원 총합문화연구과에서 비교문학비교문화 및 소설 이론으로 학술석사 학위와 박사 학위를 받았다. 현재 가천대학교 일어일문학과 교수로 인문대학 학장과 아시아문화연구소 소장을 겸임하고 있다. 저서로는 『반전으로 본 동아시아』(2008, 공저)가 있다. (*『1928년 3월 15일』 및 2부 작품 관련 글 번역)

고바야시 다키지 선집 I

고바야시 다키지 선집 I

옮긴이   황봉모, 박진수
처음 찍은 날   2012년 8월 10일
처음 펴낸 날   2012년 8월 20일

펴낸곳   이론과실천
펴낸이   김인미
등록   제10-1291호
주소   (121-829) 서울시 마포구 상수동 323-2번지 2층
전화   02-714-9800
팩스   02-702-6655
ISBN   978-89-313-6043-1 04830
　　　　 978-89-313-6042-4 (세트)

*값 32,000원
*잘못된 책은 바꿔 드립니다.

고바야시 다키지 선집 I

황봉모 · 박진수 옮김

게잡이 공선

방설림

1928년 3월 15일

이론과실천

들어가는 글

여기 한 사내가 있다. 그림과 음악과 영화를 사랑하고 모든 학대 받는 존재를 사랑하는 데 자신을 불태우다가, 나이 서른을 채 못 채우고 천황 권력에 의해 학살된 인간이 있다.『게잡이 공선』의 작가 고바야시 다키지다. 우리는 불같이 살다 간 이 사람을 기리기 위해『고바야시 다키지 선집』을 간행하기로 결정했다. 지금 그중 첫 책을 선보이려 한다.

『고바야시 다키지 선집』은 3권으로 구성될 것이다. 1권은 너무나도 유명한『게잡이 공선』, 어떤 의미에서는 처녀작이라 할 수 있는『방설림』, 그를 처음으로 세상에 알린『1928년 3월 15일』, 이 세 편과 다키지 자신의 세 작품에 대한 해설과 작품 해제로 구성되어 있다. 2권은 그의 짧은 삶의 정점을 이루는 조직생활을 다룬 작품들로 구성될 것이다. 그리고 3권은 그의 작품 이해를 돕는 문예이론들, 그의 인간적인 면모를 생생하게 보여 줄 편지들, 어머니 세키 여사의 다키지에 대한 회상으로 구성될 것이다.

이 책을 내기로 결정하고도 4년 반이라는 시간이 흘렀다. 워낙 열악한 출판 환경을 가지고 있는 한국이라는 사회에서 책 한 권을 출간하는 데 걸린 4년 반이라는 시간이 결코 짧은 시간은 아니라고 생각한다. 그 4년 반을 기다려 주신 분들께 이 책의 기획, 편집자로서 머리 숙여 사과드린다. 더하여 2, 3권을 마무리하는 데 10배의 시간이 걸릴지라도 작업을 완수할 것임을 약속 드린다.

2012년 초여름
편집자를 대표하여

옮긴이의 말

고바야시 다키지(小林多喜二, 1903~1933)는 일본 프롤레타리아문학의 대표적 작가이다. 그는 1933년 2월 가두연락을 위한 접선장소에서 체포되어, 그날 특고特高의 고문에 의해 학살되었다. 만 29세 4개월이었다.

이 책은 『고바야시 다키지 선집』의 첫 권으로서 다키지의 중요한 작품 가운데 『게잡이 공선蟹工船』, 『방설림防雪林』, 『1928년 3월 15일 一九二八年三月十五日』, 이 세 작품을 번역한 것이다.

『게잡이 공선』은 고바야시 다키지의 대표작이자 일본 프롤레타리아문학의 대표작이다. 이 작품에 의해 비로소 일본 프롤레타리아문학은 그 전성기를 구가하게 된다. 『방설림』은 작가 사후에 발견된 작품이다. 다키지가 완성한 첫 중편소설이기도 했다. 『1928년 3월 15일』은 다키지의 실질적인 데뷔작이다. 이 작품에 의해 신진작가 다키지의 이름이 일본문단에 알려지게 되었다.

나는 일본 프롤레타리아문학을 공부하러 일본에 갔었고, 그곳에서 다키지 문학 연구로 박사학위를 받았다. 대학원 지도교수님이었던 우라니시浦西 선생은 일본 프롤레타리아문학의 권위자이다. 선생님은 올해 정년을 맞으셨다.

　한국에 돌아와서는 다키지를 거의 공부하지 않았다. 다키지 연구에서 한 획을 그었다고 생각했기 때문이다. 하지만 사실 내가 공부한 것은 극히 일부분이었다. 지금은 다시 다키지를 비롯해 일본 프롤레타리아문학을 공부하려고 생각하고 있다. 나중에는 한일 프롤레타리아문학자들의 관계 등 한일 프롤레타리아문학 비교연구를 할 것이다.

　번역은 어려웠다.

　4년 전 이맘때 사장님이 다키지 작품 번역을 이야기하였을 때 프롤레타리아문학을 공부한 연구자들과 함께 하고 싶다고 말씀드렸다. 그것이 의미가 있다고 생각했기 때문이다. 그것이 이렇게 늦어 버렸다. 그래도 이렇게 나와서 다행이라고 생각한다.

　오랜 시간 묵묵히 기다려주신 김태경 사장님과 원서와 대조하며 꼼꼼하게 교정을 보아 준 이론과실천 편집부에 감사 드린다. 함께 번역한 박진수 교수님은 학교에서 인문대 학장에 아시아문화연구소 소장을 하고 계신 바쁜 일정에도 작업을 해 주셨다. 감사 드린다.

　번역이 너무 늦어져 사장님에게는 정말 죄송한 마음이다. 다른 사람이 했으면 아마 벌써 번역이 나왔을 것이다. 그래도 다키지를 전공한 학자들이 번역하였기에 그 의미가 있을 것이라고 생각한다. 다키지도 분명 기뻐할 것이다.

『김성근이다』를 읽었다.
일구이무—球二無—공 하나에 다음은 없다.

김성근 감독은 "내가 감독을 하면서 가장 중요하게 생각한 것은 내가 할 일, 내가 해야 할 일을 하는 것이었다."라고 말한다.
그리고 그는 아무리 힘들어도
선수가 웃어 주면 됐다고 했다.
나도 그렇게 살고 싶다.
나도 내가 할 일, 내가 해야 할 일을 하면서 살고 싶다.
나도 하루 하루에 다음은 없고,
힘들어도
학생들이 웃어 주면 되는 인생을 살고 싶다.
그렇게 강물이 되어 바다로 흘러가고 싶다.

강물은 바다를 포기하지 않습니다. 강물처럼.

2012년 여름
번역자를 대표하여 황봉모

고바야시 다키지의 문학과 삶

프롤레타리아 예술의 대중화를 위하여 여러 가지 형식상의 노력을 하였습니다. 그것은 중대한 노력입니다. 그러나 실제로 그것은 결국 '인텔리겐차 풍의'—잔재주만 부려 '세련된' 것밖에 안 된다는 점이 있습니다. 현실에서 노동하고 있는 대중을 마음속으로부터 뒤흔드는 힘이 없습 니다. 그런 인텔리성에 노동자는 무의식적으로 반발합니다.

『구라하라 고레히토에게 보낸 편지』(1929. 3. 31.) 중에서

1931년경의 다키지.(도쿄의 자택에서)

위 오타루 남방파제 **아래** 다키지 가족이 오타루로 이주했을 당시의 거리 풍경

"정말 침몰했으려나." 혼잣말로 중얼거렸다. 걱정이 되어 견딜 수 없었다. 똑같은 낡은 배에 타고 있는 자신들의 처지가 머리에 떠올랐다.

게잡이 공선은 전부 낡은 배였다. 노동자들이 북오호츠크의 바다에서 죽는 것 따위는 도쿄의 빌딩에 있는 회사 중역들에게는 어찌 되든 상관없는 일이었다. 자본주의가 극히 당연한 곳에서의 이윤만으로는 벽에 부딪치고, 금리가 내려가 돈이 남아돌게 되자, '말 그대로' 어떤 일이라도 하고, 어디라도 필사적으로 활로를 찾아 나갔다.

「게잡이 공선」(1929. 3. 30.) 중에서

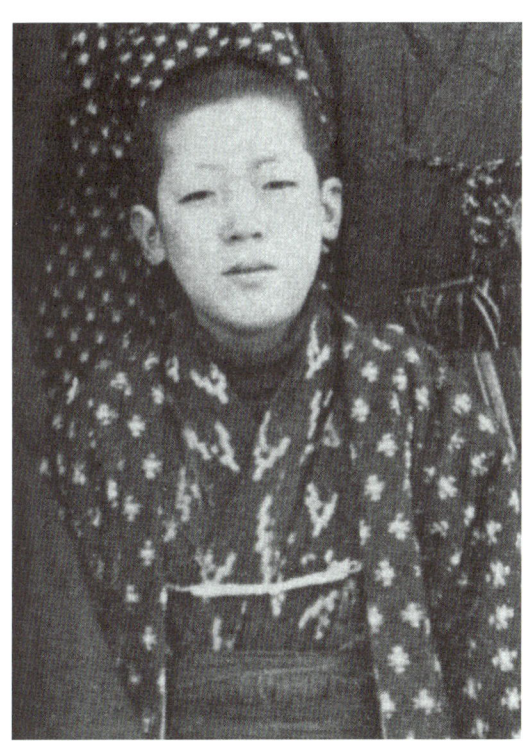

소학교 졸업 기념사진

위 소양화회(小羊畵會). 다키지는 그림 그리는 것을 좋아하여 오타루상업학교 친구들과 소양화회를 만들고 외부에서 전시회를 개최하기도 했다. 맨 왼쪽이 다키지. (1917년)
아래 오타루상업학교 복도에서 전시회를 관람하는 다키지. (1918년)

위 『문장세계(文章世界)』에 투고하여 당선된 그림 〈삿포로 부근(札幌の附近)〉. (1919년)
아래 오타루상업학교 시절 다키지가 그린 수채화.

『의혹과 개척(疑惑と開拓)』 원고와 표지. 오타루고등상업학교 시절, 다키지가 예술론적 사색을 표현한 글이다. (1921년)

홋카이도 다쿠쇼쿠 은행에 다닐 무렵.

다구치 다키(田口タキ). 1925년 다키지는 가난한 환경 때문에 유곽에 팔려 가 비참하게 지내고 있던 다구치 다키를 구해 냈다.

쓰기 시작해서 술술 써지면 나는 그 유례없는 내용에 대해서 뭔가 수박 겉핥기로 지나가는 느낌이 들어서 거기서 붓을 놓기로 했다. 당시에 나는 솔직히 말해서 거룩한 피를 흘리고 있는 동지들이 말하고 싶어도 말하지 못하는 분노를 단지 내가 대신해서 쓰고 있는 것에 불과했다. 따라서 비록 그것이 나 자신이라 하더라도 어딘가 소홀히 대해서는 안 된다고 생각했기 때문이다.
「1928년 3월 15일의 경험」(1932. 2. 7.) 중에서

『1928년 3월 15일』 집필 당시.(오타루의 자택에서)

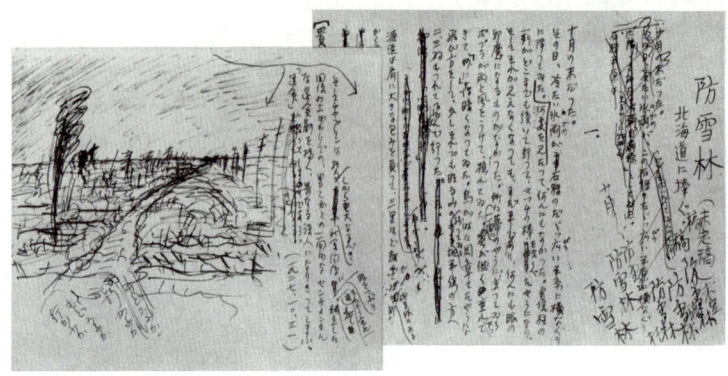

위 『방설림』 자필 원고. 183매의 중편소설로 표제에는 '홋카이도에게 바친다(北海道に捧ぐ)'라는 부제가 달리고, '미정고(未定稿)'라고 표기되어 있다. 발표되지 않은 채로 남아 있다가 1948년 8월에 일본민주주의문화연맹이 출간하였다.
아래 『방설림』의 배경이 된 이시카리 강.

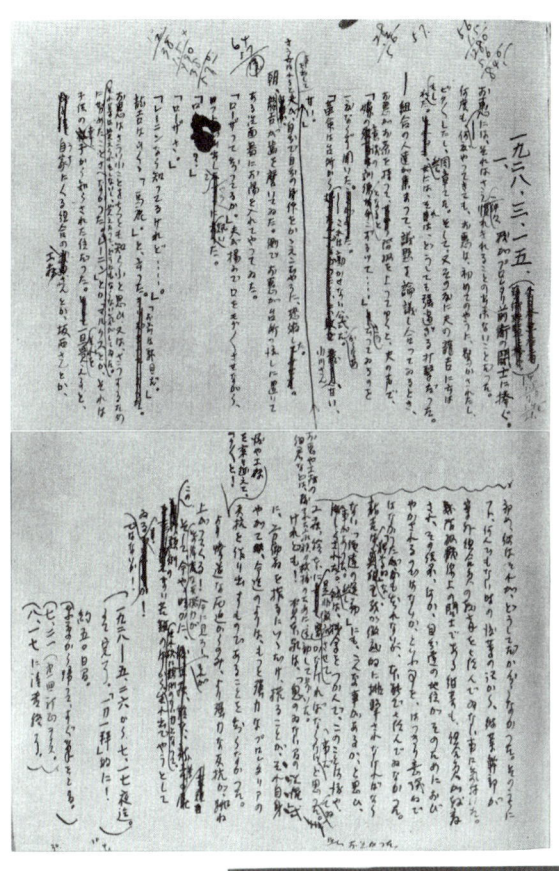

위 「1928년 3월 15일」 자필 원고. 1928년 3월 15일, 전국에서 치안유지법 위반 용의자를 일제 검거한, 소위 3·15 사건을 묘사한 작품이다.

아래 「전기(戰旗)」 1928년 11월호. 「1928년 3월 15일」 원고는 구라하라 고레히토(藏原惟人)에게 보내져 전일본무산자예술연맹(나프)의 기관지인 「전기」의 1928년 11월, 12월호에 나누어 발표되었다.

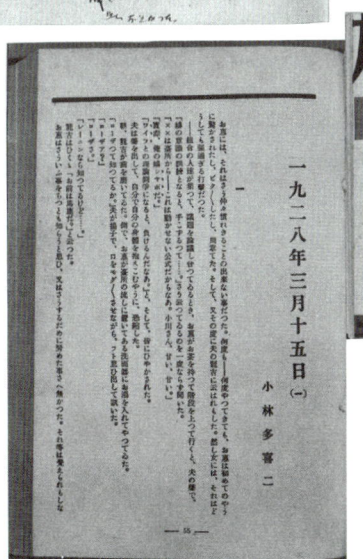

『게잡이 공선』자필 원고. 다키지의 대표작으로 『전기』 1929년 5월호(제2권 제5호)와 6월호(제2권 제6호)에, 전편과 후편으로 나누어 발표되었다.

게잡이 공선의 학대 사건을 보도한 신문 기사. 다키지는 1926년 9월에 게잡이 공선 '하쿠아이 호(博愛丸)'에서 실제로 일어난 학대 사건을 소재로 하여 『게잡이 공선』을 썼다.

다키지가 구라하라 고레히토에게 보낸 편지 원문. (1928년 5월 22일)

'게'가 느릿느릿 제국극장帝國劇場의 '무대'를 걷고 있다!
우스운가.—지금, 그 게가 여러분이 보고 있는 눈앞에서 다리가 비틀어 떼어지고 껍질이 벗겨지고 데워져서 '통조림'이 되어 버린다.—그러나 이 '게'가 바로 '노동자'라면 어떤가. 그리고 게가 당하는 것과 똑같이 손발이 비틀어 떼어지고 몸통이 잘라져서 '통조림'이 된다면 어떤가.—그래도 아직 우스운가?
「원작자의 한마디」(1929. 7. 14.) 중에서

1931년경의 저자. (도쿄의 자택에서)

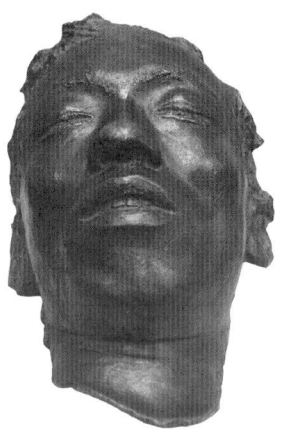

다키지는 1933년 2월 20일 특고의 고문을 받다 사망했으며, 3월 15일에 추도와 항의 속에 전국적인 노농장(勞農葬)이 거행되었다. 위 사진은 고바야시 다키지의 데스마스크이다.

(二) 昭和八年三月十一日 演劇新聞 第廿五號

黒き嵐 —同志小林を悼む— 室井慶…

抗議 屍を越えて！

在りし日の同志小林多喜二

LA LITERATURA GAZETO

文学新聞

在りし日の同志小林多喜二

同志小林多喜二の急死に際して檄す

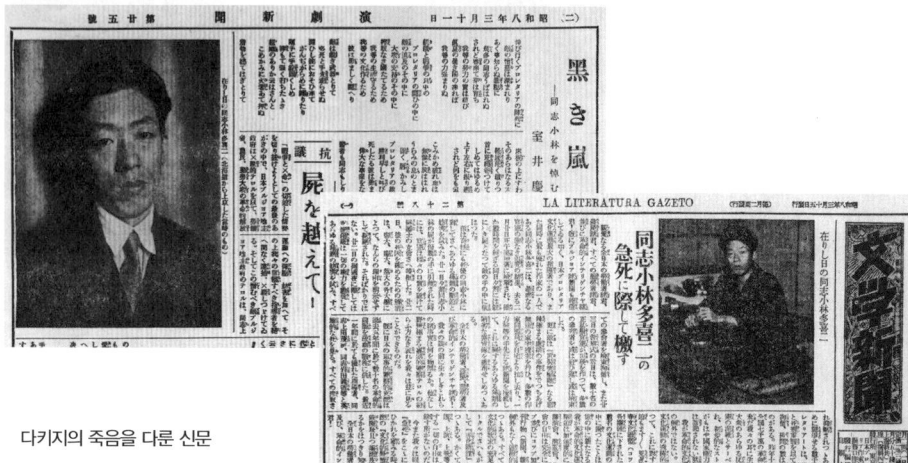

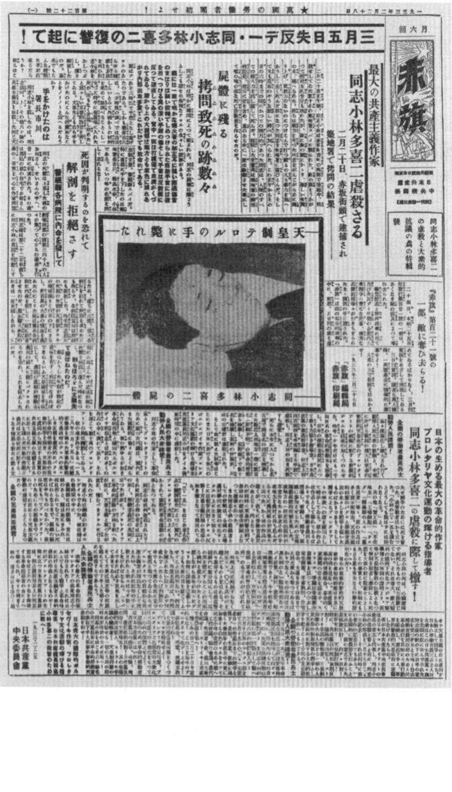
三月五日失反デー・同志小林多喜二の復讐に起て！

赤旗

最大の共産主義作家 同志小林多喜二虐殺さる

二月二十日 赤坂街頭で逮捕され 築地署で拷問の結果

屍體に残る拷問致死の跡数々

死因が判明するのを恐れて 解剖を拒絶さす

天皇制テロルの手に斃れた

同志小林多喜二の屍體

日本の生める最大の革命的作家 プロレタリヤ文化運動の輝ける指導者 同志小林多喜二の虐殺に際して檄す！

日本共産黨中央委員會

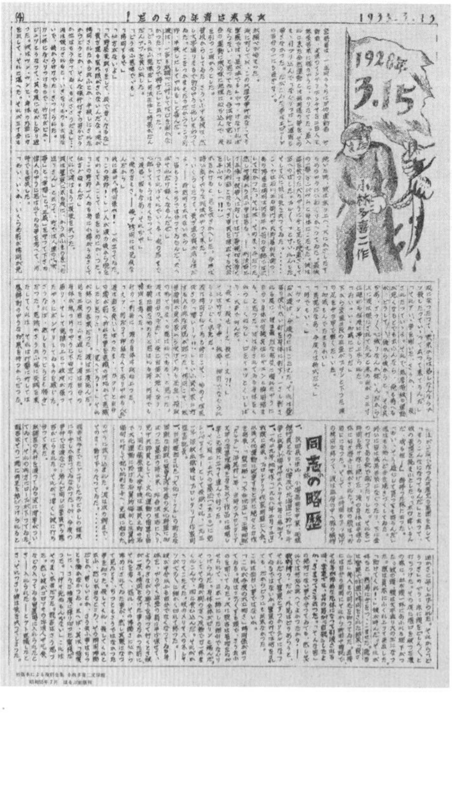
1928年 3.15 小林多喜二作

同志の略歴

다키지의 죽음을 다룬 신문

차례

들어가는 글 5

옮긴이의 말 7

고바야시 다키지 관련 사진 10

1부 작품
게잡이 공선蟹工船 29

방설림防雪林 155

1928년 3월 15일―九二八年三月十五日 285

2부 작품과 관련된 글
1928년 3월 15일 391

1928년 3월 15일의 경험 397

구라하라 고레히토에게 보낸 편지 402

원작자의 한마디 406

머리의 파리를 쫓는다 408
―짖는 무라오에게 대답한다―

작품 해제 415

고바야시 다키지의 문학세계 420

연보 437

1부
작품

게잡이 공선蟹工船

방설림防雪林

1928년 3월 15일一九二八年三月十五日

게잡이 공선

蟹工船

1

"이봐, 지옥에 가는 거야!"

 두 사람은 갑판 난간에 기대어 달팽이가 몸을 뻗치듯 늘어져, 바다를 껴안고 있는 하코다테 거리를 보고 있었다.—어부는 다 피워 손가락에 닿을 듯 짧아진 담배를 침과 함께 버렸다. 담배는 우스꽝스럽게 여러 형태로 뒤집히며 높은 선체를 거의 스칠 듯이 떨어졌다. 그는 온몸에서 술 냄새가 났다.

 빨간 올챙이배를 물위로 한껏 드러낸 기선과, 한창 짐을 싣고 있는 듯 바다에서 한쪽 소매를 잡아끌기라도 하는 것처럼 한껏 기울어져 있는 배와, 노란색의 두꺼운 굴뚝, 커다란 방울 같은 부표浮標, 빈대처럼 배와 배 사이를 바쁘게 누비고 있는 작은 증기선, 추위 속에 으스스 살풍경하게 웅성거리고 있는, 그을음과 빵 부스러기와 썩은 과일이 떠 있는, 뭔가 특별한 직물과 같은 파도…… 바람의 영향으로 연기가 파도와 스칠 듯이 휘어져 후텁지근한 석탄 냄새를 풍겼다. 윈치*의 드르륵 하는 소리가 때때로 파도를 통해 그대로 울려 왔다.

  이 게잡이 공선 핫코마루 바로 앞에, 페인트가 벗겨진 범선이 뱃머리의 소 콧구멍 같은 곳으로 닻줄을 내리고 있었다. 마도로스파이프를 입에 문 외국인 두 명이 갑판에서 같은 곳을 몇 번이나 기계인형처럼 왔다 갔다 하고 있는 것이 보였다. 러시아 배 같았다. 틀림없이 일본의 '게잡이 공선'에 대한 감시선이었다.

  "우리 이제 한 푼도 없어. 제기랄. 이거 참."

  그렇게 말하고, 몸을 붙여 왔다. 그리고 다른 어부의 손을 잡아 자신의 허리 근처에 가지고 갔다. 한텐** 밑의 코르덴 바지 주머니에 바짝 대었다. 뭔가 작은 상자 같았다.

  한 명은 잠자코 그 어부의 얼굴을 보았다.

  "히히히히……." 하고 웃으며, "화투야."라고 말했다.

  배의 갑판에서 '장군'과 같은 모습을 한 선장이 담배를 피우며 어슬렁거리고 있었다. 뿜어내는 연기가 코앞에서 급히 각도를 꺾어 흩어져 날아갔다. 밑창에 나무를 박은 조리를 질질 끌며, 음식물 바구니를 든 선원이 바쁘게 '살롱' 선실을 출입했다.―준비가 다 되어, 이제 출항하기만 하면 되었다.

---

  * 밧줄이나 쇠사슬로 무거운 물건을 들어 올리거나 내리는 기계.
  ** 마고자 비슷한 작업복.

위에서 잡부가 있는 승강구를 들여다보니, 어두침침한 뱃바닥 선반에 둥지에서 얼굴만 불쑥불쑥 내미는 새처럼 시끄럽게 떠들고 있었다. 모두 열네댓 살의 소년들뿐이었다.

"너는 어디서 왔니?"

"××마을." 모두 같았다. 하코다테의 빈민촌 어린이들뿐이었다. 같은 곳 출신이라는 것만으로 한 무리가 만들어졌다.

"저쪽 선반은?"

"남부."

"그쪽은?"

"아키타."

그들은 각각 선반을 달리하고 있었다.

"아키타 어디?"

고름 같은 콧물을 흘리며, 벌겋게 충혈된 것처럼 눈가가 짓무른 아이가,

"북아키타."라고 말했다.

"농민이야?"

"그래요."

공기가 획 불어오는데 뭔가 과일이라도 썩는 것 같은 시큼한 악취가 났다. 절인 음식을 몇십 통이나 저장해 놓은 방이 바로 옆이었기 때문에, '똥'과 같은 고약한 냄새도 섞여 있었다.

"이제 아빠가 안고 자 주지." 어부가 실실 웃었다.

어스레한 구석에서는 한텐과 모모히키*를 걸치고, 보자기를 머리에 삼각으로 동여맨 날품팔이로 보이는 한 어머니가, 껍질을 벗긴 사과를 선반에 누워 있는 아이에게 먹여 주고 있었다. 아이가 먹는 것을 보면서 자신은 깎아서 뱅글뱅글 말린 껍질을 먹었다. 뭔가 말하거나 아이 옆의 작은 보자기에 싼 것을 몇 번이나 풀거나 고쳐 주고 있었다. 그런 사람이 일고여덟 명이나 있었다. 누구도 환송해 주는 사람이 없는 내륙에서 온 아이들은 때때로 그쪽을 흘끔흘끔 곁눈질했다.

머리와 몸이 시멘트 가루투성이인 여자가 캐러멜 상자에서 캐러멜을 두 개씩 꺼내 그 주변 아이들에게 나누어 주면서,

"우리 겐키치하고 사이좋게 일해, 응?" 하고 말했다. 나무뿌리처럼 볼품없고, 크고 거친 손이었다.

아이의 코를 풀어 주는 사람, 수건으로 얼굴을 닦아 주는 사람, 소곤소곤 뭔가 말하고 있는 사람도 있었다.

"댁의 아이는 몸이 좋군요."

어머니들끼리 하는 얘기였다.

"음, 뭐."

"우리 애는 매우 약해요. 어떻게 할지 걱정이지만, 어쨌든……."

"그거야 누구라도 그래요."

―두 명의 어부가 승강구에서 갑판으로 얼굴을 내밀고 한숨을 쉬

---

* 통이 좁은 바지 작업복.

었다. 언짢은 듯이 갑자기 입을 다문 채 잡부들이 있는 곳보다 더 뱃머리 쪽에 있는 사다리꼴 모양의 자기들 '거처'로 돌아갔다. 닻을 올리거나 내릴 때마다 콘크리트 믹서 안에 처넣어진 듯이 모두 튀어 오르거나 서로 부딪치지 않으면 안 되었다.

어두침침한 속에서 어부는 돼지처럼 데굴데굴하고 있었다. 게다가 정말 돼지우리처럼 웩 토할 것 같은 냄새가 났다.

"냄새. 냄새."

"그래, 우리 처지에. 이런 썩은 냄새는 어쩌면 당연해."

빨간 절구 같은 머리를 한 어부가 말린 오징어를 우적우적 씹어 대면서 한됫병 술을 이 빠진 밥그릇에 부어 마시고 있었다. 그 옆에 벌렁 나자빠져서, 사과를 먹으면서 표지가 너덜너덜해진 야담講談 잡지를 보고 있는 자가 있었다.

네 명이 둘러앉아 마시고 있는데, 아직 술이 부족한 한 사람이 비집고 들어왔다.

"……그렇지. 넉 달이나 바다 위야. 이젠 이런 일밖에 할 수 없겠지……."

다부진 몸매를 가진 자가 그렇게 말하고 두꺼운 아랫입술을 가끔 버릇처럼 핥으며 눈을 가늘게 떴다.

"근데, 지갑이 말이야."

곶감처럼 찰싹 달라붙은 얇은 돈지갑을 눈높이로 흔들어 보였다.

"저 과부, 몸은 이렇게 조그마한 주제에, 무지 능숙했어!"

"이봐, 그만해, 그만해!"

"좋아, 좋아, 계속해."

상대는 헤헤헤 하고 웃었다.

"봐, 감탄할 물건이지. 그렇지?" 취한 눈을 정확히 상대편 쪽 선반 아래에 붙박고, 턱으로 "응!" 하고 그 사람이 말했다.

어부가 그 여자에게 돈을 건네주고 있는 참이었다.

"봐, 봐, 응!"

작은 상자 위에 꼬깃꼬깃해진 지폐와 은화를 늘어놓고, 두 사람이 그것을 세고 있었다. 남자는 작은 수첩에 연필을 핥고 핥으며 뭔가를 쓰고 있었다.

"봐, 응!"

"나도 마누라랑 자식은 있어." 과부 이야기를 했던 어부가 갑자기 화난 듯이 말했다.

거기서 조금 떨어진 선반에서, 숙취로 푸르퉁퉁하게 부은 얼굴에 앞머리만을 길게 기른 젊은 어부가,

"나도 이번엔 정말 배에 오지 않으려고 했는데,"라고 큰 소리로 말했다. "브로커에게 끌려 돌아다녀서, 빈털터리가 되었어. 또 긴 시간 돼지게 생겼군."

이쪽으로 등을 보이고 있는, 같은 곳에서 온 듯한 남자가 그렇게 뭔가 소곤소곤 말했다.

승강구 입구에 처음 낫 다리*를 보이며, 흔해 빠진 낡고 큰 자루를

짊어진 남자가 사다리를 내려왔다. 마루에 서서 두리번두리번 둘러보다가 비어 있는 곳을 발견하고는 선반에 올라왔다.

"안녕하세요."라고 말하며, 옆에 있는 남자에게 머리를 숙였다. 얼굴이 뭔가에 물든 듯 기름에 찌들고 까맸다. "동료로 넣어 주십시오."

뒤에 안 일이지만, 이 남자는 배에 오기 직전까지 유바리 탄광에서 7년이나 광부로 일했다. 그런데 요전의 가스 폭발로 하마터면 죽을 뻔했기에―전에도 몇 번인가 있었던 일이지만―갑자기 광부 일이 무서워져, 광산을 내려와 버렸다. 폭발이 있던 날, 그는 같은 갱내에서 광차를 밀며 일하고 있었다. 광차에 한가득 석탄을 싣고 다른 사람의 담당 구역까지 밀고 갔을 때였다. 그는 많은 마그네슘이 순간 눈앞에서 터졌다고 생각했다. 폭발과 함께 그리고 500분의 1초도 지나지 않아 자신의 몸이 종잇조각처럼 어딘가로 날아올랐다고 생각했다. 몇 대나 되는 광차가 가스의 압력으로, 눈앞에서 빈 성냥갑보다도 가볍게 휙 날아갔다. 그 뒤로 정신을 잃었다. 얼마나 지났을까, 자신의 신음 소리에 눈이 뜨였다. 감독과 인부들이 폭발이 다른 곳으로 미치지 않도록 갱도에 벽을 만들고 있었다. 그는 그때 벽 뒤에서 구조하려면 할 수 있을 광부의, 한 번 들으면 마음속에 새겨지기라도 한 듯 절대로 잊을 수 없는, 구조를 요청하는 소리를 '확실히' 들었다.―그는 갑자기 일어나서 미친 듯이,

---

* 鎌足. 발끝이 안쪽을 향하는 걸음걸이.

"안 돼, 안 돼!" 하고 뛰어가며 모두에게 소리치기 시작했다. (그전에는 그 벽을 자신이 만들었었다. 그때는 아무것도 아니었지만 지금은 사정이 달랐다).

"바보 같은 자식! 이곳에 불이라도 옮겨 봐. 큰 손해야."

하지만 점점 목소리가 작아지는 것을 알 수 있었다! 그는 무슨 생각을 했는지, 손을 휘두르거나 큰 소리로 외치거나 하며 마구 갱도를 내달렸다. 몇 번이나 앞으로 고꾸라질 뻔하거나 갱목에 이마를 부딪쳤다. 온몸이 진흙과 피투성이가 되었다. 도중에 광차의 침목에 발이 걸려 넘어져서, 배대뒤치기라도 당한 것처럼 레일 위에 내동댕이쳐져, 또 정신을 잃어버렸다.

그 이야기를 듣고 있던 젊은 어부는,

"뭐, 여기도 그렇게 크게 다르지 않지만……." 하고 말했다.

그는 광부 특유의 부끄러운 듯한, 누르스름하게 윤기가 없는 시선을 물끄러미 어부에게 향하면서 침묵을 지켰다.

아키타, 아오모리, 이와테에서 온 '농민 어부' 중에는 크게 책상다리를 하고 앉아, 양손을 비스듬히 다리 가랑이에 질러 놓고 뚱하게 있는 자와, 무릎을 껴안고 기둥에 기대서, 아무 생각 없이 모두가 술을 마시고 있는 모습을 보거나 제멋대로 서로 지껄이고 있는 이야기를 열심히 듣고 있는 자가 있었다.―동트기 전부터 밭에 나가도, 그래도 먹고 살아갈 수가 없어서, 내쫓겨 온 자들이었다. 장남 한 명을 남기고―그래도 먹고 살아갈 수가 없었다.―딸은 공장 여공으로, 차남도 삼남도 어딘가에 나가 일하지 않으면 안 되었다. 냄비에서 콩을 고르듯이, 남은 사람은 속속 고향에서 떨어져 나가, 도시로 흘러들었다. 그들은 모두 '돈을 남겨서' 고향으로 돌아가는 것을 생각하고 있었다. 그러나 정작 일을 시작하면, 일단 육지를 밟는다 해도 끈끈이를 밟은 작은 새처럼 하코다테와 오타루에서 파닥거렸다. 그러면 아주 간단히 '태어났을 때'와 조금도 다르지 않은 알몸뚱이가 되어 내동댕이쳐졌다. 고향에 돌아갈 수 없게 되었다. 그들은 친척도 없는 눈 덮인 홋카이도에서 '해를 넘기기' 위해, 자신의 몸을 코 푼 휴지 정도의 싼값에 '팔아야만 했다'.—그들은 그것을 몇 번이나 반복해도, 됨됨이가 나쁜 아이처럼 다음 해에는 또 아무렇지도 않게(?) 똑같은 짓을 하는 것이었다.

과자 상자를 짊어진 보따리장수 아낙네와 약품과 일용품을 가진 장사꾼이 들어왔다. 맨 가운데 외딴섬같이 구획이 지어져 있는 곳에 각자의 물품을 펼쳤다. 모두는 주위의 선반 위아래 침상으로부터 몸을 쑥 내밀고, 살 생각도 없으면서 값만 물어보거나 농담을 걸었다.

"과자 없는가, 에에, 없다고?"

"앗, 간지러워!" 보따리장수 아낙네가 새된 비명 소리를 내며, 펄쩍 뛰었다. "남의 엉덩이에 손을 대고, 안 되겠네, 이 남자!"

입으로 과자를 우물우물 씹고 있던 남자가 모두의 시선이 자기에게 집중되자 겸연쩍어 껄껄 웃었다.

"이 여자, 귀여운데."

변소에서 벽에 한 손을 짚으면서 위험한 발걸음으로 돌아온 술주정

꾼이 지나는 길에 검붉게 부푼 여자의 뺨을 쿡쿡 찔렀다.

"뭐야."

"화내지 마. 이 여자를 품고 자자."

그렇게 말하고 여자에게 익살맞은 모습을 했다. 모두가 웃었다.

"이봐 만두, 만두!"

저쪽 구석에서 누군가가 큰 소리로 외쳤다.

"네에……." 여자가 이런 곳에서는 드문, 쩌렁쩌렁 잘 들리는 맑은 목소리로 대답을 했다. "몇 개요?"

"몇 개? 두 개나 있으면 불구겠지, 만두, 만두!" 갑자기 와아 하고 웃음소리가 일어났다.

"요전에 다케다라는 남자가 저 보따리장수 아낙을 억지로 아무도 없는 곳으로 잡아끌고 들어갔대. 흠, 재미있지. 그런데 아무리 어떻게 하려고 해도 안 되었다는 거야……." 취한 젊은 남자였다. "……속옷을 많이 입었다는 거야. 다케다가 갑자기 그것을 힘껏 찢어 버렸는데 또 그 밑에 입고 있었다는 거야. 세 장이나 입고 있었대……." 남자는 목을 움츠리고 웃어 댔다.

그 남자는 겨울 동안은 고무신 회사의 직공이었다. 봄이 되어 일이 없어지자 캄차카로 벌이하러 나왔다. 어느 쪽 일도 '계절노동'이고(홋카이도의 일은 거의가 그랬다.), 또 야간작업은 한번 시작되면, 잇따라 계속되었다. "앞으로 3년만 더 살 수 있으면 좋겠어."라고 말했다. 거칠게 만든 고무 같은 죽은 색 피부를 하고 있었다.

어부의 동료 중에는 홋카이도 오지의 개간지나 철도를 부설하는 토목회사 합숙소에 '낙지'로 팔린 적이 있는 사람과, 생계가 막막한 '떠돌이'와, 술만 있으면 그저 좋은 사람들이 있었다. 아오모리 부근의 선량한 이장에게 뽑혀서 온 '아무것도 모르는' '나무뿌리같이' 정직한 농민도 그 안에 섞여 있었다.—그리고 이러한 각양각색의 사람들을 모으는 것이 고용하는 측으로서는 더할 나위 없이 좋은 상황이었다.(하코다테의 노동조합은 게잡이 공선, 캄차카행의 어부들 사이에 조합원을 넣는 데 필사적이었다. 아오모리, 아키타의 조합 등과도 연락을 취하고 있었다.—고용하는 측은 이것을 가장 두려워했다.)

풀을 먹인 새하얀, 윗옷 길이가 짧은 옷을 입은 급사가 '선미'의 살롱에 맥주, 과일, 양주 컵을 가지고 바쁘게 드나들고 있었다. 살롱에는, '회사 중역, 선장, 감독, 그리고 캄차카에서 경비 책임을 맡은 구축함 함장, 수상水上 경찰서 서장, 선원조합의 사무원'이 있었다.

"빌어먹을, 벌컥벌컥 잘들 처먹고 있군!" 급사는 몹시 화가 나서 뽀로통했다.

어부의 '굴'에 해당화 같은 전기가 들어왔다. 담배 연기와 사람들의 열기로 공기가 탁해져, 고약한 냄새가 나서, 굴 전체가 말 그대로 '똥통'이었다. 구획 지어진 침상에 빈둥빈둥하고 있는 인간들이 꿈틀거리는 구더기처럼 보였다.—어업 감독을 선두로 선장, 공장 대표, 잡부장이 승강구를 내려왔다. 선장은 앞쪽에 튀어 올라온 수염을 신경 쓰며, 끊임없이 손수건으로 윗입술을 매만졌다. 통로에는 사과와 바나나 껍질, 흠뻑 젖은 버선, 짚신, 밥알이 들러붙은 만두 등이 버려져 있었다. 흐름이 멈춘 하수구였다. 감독은 힐끗 그것을 보면서 거리낌 없이 침을 뱉었다.—모두 한 잔 마시고 온 듯 얼굴이 벌게져 있었다.

"잠시 말해 두겠다." 감독이 토목회사의 십장과 같이 건장한 몸으로 한쪽 발을 침상 칸막이 위에 걸쳐 놓고, 이쑤시개를 우물우물 씹으면서 때때로 이에 낀 것을 빠르게 내뱉고 입을 열었다.

"알고 있는 사람도 있겠지만, 말할 것도 없이 이 게잡이 공선 사업은 단순히 한 회사의 돈벌이로 볼 것이 아니고, 국제적으로 하나의 큰 문제다. 우리들이—우리 일본 제국 국민이 위대한가, 로스케*가 위대한가. 일대일의 싸움인 것이다. 게다가 만약, 만약이다. 그런 일은 절대로 있을 리가 없지만, 지는 일이 있으면, 불알을 매단 일본 남아는 할복이라도 해서, 캄차카의 바다에 빠질 일이다. 몸집이 작다고 해서, 멍청한 로스케에게 질 수는 없다.

게다가, 우리 캄차카의 어업은 게 통조림뿐만이 아니라 연어, 송어도 국제적으로 독점이다. 다른 나라와는 비교도 되지 않는 우수한 지위를 유지하고 있고, 또한 일본 국내의 막다른 인구 문제, 식량 문제에서 중대한 사명을 가지고 있는 것이다. 이런 것을 말해 보았자 너희들은 알지도 못하겠지만, 어쨌든 일본 제국의 커다란 사명을 위해, 우리들은 목숨을 걸고 북해의 거센 파도를 뚫고 나가는 것이라는 사실을 알아

---

* 러시아 사람을 낮잡아 이르는 말.

주었으면 한다. 그렇기 때문에 그쪽에 가도 늘 우리 제국 군함이 우리들을 지켜 주게 되어 있는 것이다. …… 그런데 요새 유행하는 로스케의 흉내를 내어, 당치도 않은 것을 부추기는 놈이 있다면, 그것이야말로 곧 일본 제국을 팔아넘기는 것이다. 이런 일은 없을 테지만, 잘 기억해 두었으면 한다…….'

감독은 술이 깨면서 재채기를 몇 번이나 했다.

몹시 취한 구축함 함장은 용수철 장치로 된 인형처럼 부자연스러운 걸음으로 기다리고 있던 작은 증기선에 타기 위해 트랩을 내려갔다. 수병이 돌멩이가 가득 든 큰 자루 같은 함장을 안고, 매우 힘에 겨워 하고 있었다. 손을 휘두르거나 발을 힘껏 버티거나 제멋대로 크게 떠드는 함장 때문에 수병은 몇 번이나 정면에서 얼굴에 '침'을 맞았다.

"겉으로는 뭐라 뭐라 훌륭한 말을 하고서 이 꼴이야."

함장을 태우고, 한 사람이 트랩의 층계참에서 로프를 풀면서, 흘끗 함장 쪽을 보고 낮은 소리로 말했다.

"해치울까!?……"

두 사람은 잠시 숨을 멈추었다. 그러나…… 소리 맞춰 함께 웃기 시작했다.

2

 슈쿠쓰 등대가 회전할 때마다 반짝반짝하고 빛나는 것이 저 멀리 오른편, 온통 잿빛 바다와 같은 짙은 안개 속에서 보였다. 등대가 다른 방향으로 회전하면서, 무언가 신비스러운 은빛 빛줄기를 길게 멀리 몇 해리까지 휙 끌었다.
 루모이의 바다 부근에서부터 가늘고 축축한 비가 내리기 시작했다. 어부와 잡부는 게의 집게발처럼 곱은 손을 때때로 엇갈리게 품속으로 찔러 넣거나, 입 주변을 양손으로 둥글게 감싸고, 하아— 하고 입김을 불면서 일하지 않으면 안 되었다.—낫토의 실 같은 비가 끊임없이 그것과 같은 색의 불투명한 바다에 내렸다. 하지만 왓카나이에 가까워짐에 따라 빗방울이 방울방울 굵어지고, 넓은 바다 표면이 깃발이라도 나부끼는 듯 파도가 넘실거리고, 그리고 또 그것이 촘촘하게 빨라졌다.—바람이 돛대에 닿자, 불길한 소리가 났다. 대갈못이 풀리기라도 한 듯 끽끽 하고 배의 어딘가가 계속해서 삐걱거렸다. 소야 해협에 들어갔을 때는 3000톤에 가까운 이 배가 딸꾹질이라도 하는 듯이 부자연스러워지기 시작했다. 무언가 엄청난 힘으로 갑자기 들어 올려졌다. 배가 일순간 공중으로 떠올랐다.―그러나 단숨에 원래의 자리로 가라앉았다. 엘리베이터에서 내리는 순간의, 소변이 샐 것 같은 겸연쩍은 불쾌감을 그때마다 느꼈다. 잡부는 얼굴빛이 노래져서, 뱃멀미를 하는 듯 눈만 날카롭게 뜨고 왝왝 토하고 있었다.

파도의 물보라로 흐려진 배의 작고 둥근 창을 통해 드문드문 눈이 쌓인 사할린 산줄기의 견고한 선이 보였다. 그러나 그것은 곧 유리창 밖으로 알프스의 빙하와 같이 맹렬히 부풀어 오르는 파도에 감춰져 버리고 말았다. 휑하고 황량하고 깊은 계곡이 생겼다. 그것이 순식간에 다가와서 창문이 있는 곳으로 우르르 하고 들이쳐서, 부서져 쏴아…… 하고 물거품이 일어났다. 그리고 그대로 뒤로, 뒤로 창문을 미끄러져 파노라마와 같이 흘러갔다. 배는 때때로 아이가 하듯이 몸을 떨었다. 선반에서 물건이 떨어지는 소리와, 끽끽 하고 무언가가 휘는 소리와, 파도에 배의 옆 부분이 텀벙 하고 부딪치는 소리가 났다.―그 사이 기관실에서는 기관 소리가 여러 가지 기구를 통해, 직접적인 약간의 진동과 함께 우르르, 우르르, 우르르…… 하고 울리고 있었다. 때때로 파도 등에 타면 스크루가 헛돌아 날개로 물의 표면을 세차게 내리쳤다.

바람은 점점 더 강해졌다. 두 개의 돛대는 낚싯대처럼 휘어져 윙윙

울기 시작했다. 파도는 돛대 위도 한 번에 넘을 정도로 높게, 배 한쪽에서 다른 쪽으로 폭력단과 같이 난폭하게 들어와서 흘러 나갔다. 그 순간 출구가 콸콸 흐르는 폭포처럼 되었다.

 순식간에 솟아오른 파도의, 지독하게 큰 경사면을 장난감 배처럼 살짝 옆으로 탔나 싶었다. 그러자 배는 고꾸라질 듯이 털썩, 털썩 하고 그 계곡 속으로 빠져들어 갔다. 당장에라도 가라앉는다! 그러나 계곡 속에서는 곧 다른 파도가 부스스 떠올라 와서 쿵 하고 배 옆벽과 부딪쳤다.

 오호츠크 해로 나가자 바다의 색이 더욱 명확히 잿빛을 띠었다. 옷 위부터 오싹오싹하게 추위가 찔러 들어와서, 잡부는 모두 입술이 보라색이 되어 일을 했다. 추워지면 추워질수록 소금과 같이 건조하고 미세한 눈이 휙휙 점차 세차게 불어 왔다. 그것은 유리창의 작은 파편처럼, 갑판에 납죽 엎드려 일하고 있는 잡부와 어부의 얼굴이며 손에 꽂혔다. 파도가 한 차례 갑판을 씻어 간 뒤에는, 곧 얼어서 반들반들하게 미끄러졌다. 모두 갑판에서 갑판으로 로프를 치고, 그것에 각자가 기저귀처럼 매달려 작업을 하지 않으면 안 되었다.―감독은 연어를 잡는 곤봉을 가지고 마구 호통을 쳐 댔다.

 동시에 하코다테를 출항한 다른 게잡이 공선은 어느새 뿔뿔이 흩어져 버렸다. 하지만 가끔씩 배가 알프스 정상에 올라탔을 때쯤에는, 물에 빠진 사람이 두 손을 흔들고 있는 것 같이 몹시 흔들리고 있는 두 개의 돛대만이 멀리 보이는 적이 있었다. 담배 연기만큼의 연기가 파도와 스칠 정도로 바람에 찢어져 날아갔다. …… 파도와 울부짖음 속에서 아마 그 배가 울리고 있는 듯한 기적이 간격을 두고 부우, 부우 하고 들렸다. 하지만 다음 순간 이쪽이 허우적거리기라도 하듯이 계곡 속으로 빠져들어 갔다.

 게잡이 공선은 소형선을 여덟 척 태우고 있었다. 선원도 어부도 그것을 몇천 마리의 상어와 같이 하얀 이를 드러내고 오는 파도에 빼앗기지 않도록 붙들어 매기 위해, 자신들의 목숨을 '헐값에' 내걸지 않으면 안 되었다. "네놈들 하나, 둘이 뭐야. 소형선 한 척 뺏겨 봐라. 용서 안 할 거야." 감독은 일본어로 분명히 그렇게 말했다.

 캄차카 바다는 잘도 왔군, 하면서 기다리고 있었던 듯 보였다. 걸신들린 사자처럼 덤벼들었다. 배는 토끼보다 더 약하디 약했다. 온 하늘의 눈보라는 바람 상태로 인해, 하얗고 커다란 깃발이 나부끼듯이 보였다. 밤이 가까워 왔다. 그러나 비바람은 그칠 것 같지도 않았다.

 작업이 끝나자, 모두 '똥통' 속으로 차례로 들어갔다. 손과 발은 무와 같이 차가워져, 감각 없이 몸에 붙어 있었다. 모두 누에처럼 각자의 선반에 들어가자, 누구도 한마디 말을 하지 않았다. 벌렁 드러누워 철기둥을 꽉 잡았다. 배는 등에 달라붙어 있는 등에를 내쫓는 말처럼 몸을 마구 흔들고 있다. 어부들은 초점 없는 시선을 흰 페인트가 누렇게 그을린 천장으로 돌리거나, 거의 바닷속에 들어가 있는 검푸른 창문으로 돌리거나…… 그중에는 기가 막힌 듯 멍하니 입을 반쯤 벌리고 있는 자도 있었다. 누구도 아무것도 생각하고 있지 않았다. 막연하지만 불안한 자각이 모두를 기분 나쁜 침묵에 빠지게 했다.
 어부가 얼굴을 젖히고 단숨에 위스키를 병째 들이켜고 있었다. 검누렇게 흐려진, 희미한 전등 안에서 언뜻 병의 모서리가 빛나 보였다.—드르륵 하고 빈 위스키 병이 두세 곳에 번개무늬로 부딪치며, 선반에서 통로로 힘껏 팽개쳐졌다. 모두는 머리는 그대로인 채 눈으로만 병을 좇았다.—구석에서 누군가가 화나서 소리쳤다. 비바람에 도중에 끊어져서, 그것이 떠듬떠듬 들렸다.
 "일본을 떠나는군." 둥근 창문을 팔꿈치로 닦고 있었다.
 '똥통'의 난로는 부지지 하고 연기만 내고 있었다. 연어나 송어로 착각하여 '냉장고'에 처넣은 양, 그 안에서 '살아 있는' 인간은 덜덜 떨고 있었다. 즈크*로 덮은 승강구 위를, 콸콸 파도가 성큼성큼 타고 넘어갔다. 그것이 그때마다 북의 내부 같은 '똥통'의 철벽에 굉장한 반향을 일으켰다. 때때로 어부들이 자고 있는 바로 옆이, 힘껏 남자의 강한 어깨에 받힌 듯이 털썩 하고 울렸다.—지금 배는 죽기 직전의 고래가 미친 듯이 날뛰는 파도 사이에서 괴로워 몸부림치고 있는 그 모습이었다.
 "밥이다!" 요리사가 문에서 상반신을 쑥 내밀고, 두 손을 모으고 소리쳤다. "바다가 거칠어서 국물은 없어."
 "뭐라고?"

---

* 굵은 베나 실 등으로 두껍게 짠 직물.

"썩은 자반!" 얼굴을 움츠렸다.

제각기 몸을 일으켰다. 밥을 먹는 것에는 모두 죄수와 같은 집념을 가지고 있었다. 걸신들린 듯했다.

자반 접시를 양반 다리를 하고 앉은 가랑이 사이에 놓고, 후후 김을 불어 가면서, 찰기가 없어 헤식은 뜨거운 밥을 볼이 미어지게 입에 넣고는 혀 위에서 조급하게 이쪽저쪽으로 굴렸다. '처음으로' 뜨거운 것을 코앞에 가져왔기 때문에, 콧물이 자꾸만 흘러 불쑥 밥 속에 빠질 것 같았다.

밥을 먹고 있자니, 감독이 들어왔다.

"참 거지같이 게걸스럽게 잘도 먹는군. 일도 제대로 못하는 날에 밥만 배 터지게 먹어도 되는가."

뚫어지게 선반 위아래를 보고, 왼쪽 어깨만을 앞쪽으로 흔들면서 나갔다.

"도대체 저 자식에게 저런 말을 할 권리가 있는 거야." 뱃멀미와 과로로 훌쭉하게 야윈 학생 출신이 투덜거렸다.

"아사카와淺川라고 하면 게잡이 공선의 아사라는 거야, 아사의 게잡이 공선이라는 거야."

"천황 폐하는 구름 위에 있으니까 우리야 아무래도 상관없지만, 아사가 그렇게 하면 안 되지."

다른 쪽에서,

"쩨쩨하게 굴지 마. 뭐야, 밥 한두 그릇 가지고! 후려갈겨 버려!" 거친 목소리였다.

"훌륭해, 훌륭해. 그 말을 아사 앞에서 하면 더 훌륭하지!"

모두는 어쩔 수 없이 화가 나면서도 웃을 수밖에 없었다.

밤이 꽤 깊어지고 나서 비옷을 입은 감독이 어부들이 자고 있는 곳으로 들어왔다. 요동치는 배에서 선반 틀을 붙잡고 지탱하면서, 일일이 어부 사이에 칸델라*를 갖다 대며 다녔다. 호박처럼 데굴데굴하고 있는 어부의 머리를 함부로 힘껏 방향을 바꾸고 칸델라로 비추어 보고 있었다. 짓밟는다고 해도 깨어날 리가 없었다. 전부 비추어 보고 나서, 잠시 멈추어 서서 혀를 찼다.—어떻게 할까 하는 그런 식이었다. 하지만 곧 옆 식당 쪽으로 걸어 나갔다. 점점 퍼져 가는 푸르스름한 칸델라 불빛이 흔들릴 때마다 너저분한 선반 일부나, 목이 긴 고무 방수장화나, 기둥에 걸려 있는 옷과 한텐, 그리고 고리짝 등의 일부분이 흘끗 빛나고 사라졌다.—발밑에 불빛이 흔들리며 한순간 모였다가 이번에는 식당 문에 슬라이드와 같은 둥근 빛의 고리를 그렸다.—다음 날 아침이 되어, 잡부 한 명이 행방불명된 것을 알았다.

다들 전날의 '지독한 작업'을 생각하고, '아마 파도에 휩쓸렸을 거야'라고 생각했다. 좋지 않은 기분이 들었다. 그러나 어부들은 날이 채 밝지 않을 무렵부터 쉴 새 없이 일에 쫓기고 있었기 때문에, 그 일은 서로 이야기할 수가 없었다.

---

* 휴대용 석유등.

"이런 차가운 물에 누가 좋다고 뛰어들었으려고! 숨어 있겠지. 발견되면, 개새끼, 때려눕혀 버리겠어!"

감독은 곤봉을 장난감처럼 빙글빙글 돌리면서 배 안을 찾아 돌아다녔다.

폭풍은 정점을 넘기고 있었다. 그러나 배가 높아진 파도에 들어가면, 파도는 '살롱' 갑판을 자기 집 문지방이라도 드나드는 듯이 손쉽게 타 넘어 왔다. 하루 밤낮의 투쟁으로 만신창이가 된 듯, 배는 어딘가 기우뚱한 소리를 내며 나아가고 있었다. 얇은 연기와 같은 구름이 하늘에 닿을 듯 높은 돛대와 맞부딪치면서, 급히 방향을 꺾어 바람에 날아갔다. 으스스 추운 비가 아직 그치지 않고 있었다. 사방에서 세차게 파도가 성내어 오자, 바다에 쏟아져 들어오는 빗발이 확실히 보였다. 그것은 원시림 가운데에서 헤매다가 비를 만난 것보다 더 무서웠다.

삼으로 만들어진 로프는 꽁꽁 얼어 있었다. 마치 쇠 파이프를 잡은 듯했다. 학생 출신이 미끄러운 발밑에 주의하면서 그것을 붙잡고서 갑판을 넘어가자, 트랩 계단을 하나 걸러 한 발로 뛰어올라 오던 급사와 마주쳤다.

"잠깐." 급사가 바람을 피할 수 있는 모퉁이로 그를 끌고 갔다. "재미있는 일이 있어."라고 하고는 이야기를 들려주었다.

―오늘 새벽 2시경이었다. 배의 갑판 위까지 파도가 뛰어오르고, 사이를 두었다가 철썩철썩 콸콸 하고 파도가 폭포처럼 흐르고 있었다. 칠흑 같은 어둠 속에서 파도가 이를 드러내는 것이 때때로 푸르스름

하게 빛나 보였다. 폭풍 때문에 다들 잠을 이루지 못하고 있었다. 그때였다.

선장실에 무선사가 당황해서 뛰어들어 왔다.

"선장님 큰일입니다. SOS입니다!"

"SOS? 어느 배인가?"

"지치부마루입니다. 본선과 나란히 나아가고 있었습니다."

"고물선이야, 그것은!" 아사카와가 비웃음을 입은 채, 구석에 있는 의자에 크게 가랑이를 벌리고 앉아 있었다. 한쪽 구둣발을 거만하게 까닥까닥 움직이면서 웃었다. "하긴 어느 배라도 고물선이지만."

"조금도 지체하면 안 될 것 같습니다."

"음, 그거 큰일이군."

선장은 조타실에 오르기 위해 서둘러 겉옷도 걸치지 않고 문을 열려고 했다. 느닷없이 아사카와가 선장의 오른쪽 어깨를 잡았다.

"쓸데없이 돌아서 가라고 누가 명령했어?"

누가 명령했냐고? '선장'이 아닌가.—하지만 갑작스런 상황에 선장은 말뚝보다 더 멍해졌다. 그러나 곧 그는 정신을 차렸다.

"선장으로서다."

"선장으로서다아—아!?" 선장 앞을 가로막고 선 감독이 말끝을 올리는 모욕적인 말투로 꽉 눌렀다. "이봐, 도대체 이게 누구 배야? 회사가 배를 빌린 거야, 돈을 내고. 말을 할 수 있는 사람은 회사 대표인 스다 씨와 바로 나야. 당신 따위가 선장이랍시고 허세를 떨고 있지만, 화장실의 휴지만도 못해. 알고 있어? 저런 것에 관계되면 일주일이나 헛되게 보내게 돼. 농담이 아냐. 하루라도 늦어 보라구! 게다가 지치부마루에는 과분할 정도의 보험이 걸려 있어. 고물선이야. 차라리 가라앉는 게 이득이야."

급사는 '지금' 무서운 싸움이! 하고 생각했다. 싸움이 이대로 끝날 리가 없다. 그러나(!) 선장은 목에 숨이라도 틀어박힌 듯, 선 채 꼼짝 못하고 있는 것이 아닌가. 급사는 선장의 이런 모습을 이제껏 단 한 번도 본 적이 없었다. 선장의 말이 통하지 않는다? 그런 어처구니없는 일이! 하지만 그 말도 안 되는 일이 일어나고 있었다.─급사는 도무지 이해할 수가 없었다.

"인정미 같은 걸 분수에 맞지도 않게 갖고서, 국가와 국가 간의 싸움을 치를 수 있겠어!" 감독은 입술을 몹시 일그러뜨리며 침을 뱉었다.

무전실에서는 수신기가 때때로 작고 푸르스름한 불꽃을 일으키며 끊임없이 울리고 있었다. 어쨌든 경과를 보기 위해 모두 무전실로 갔다.

"보세요. 이렇게 치고 있어요. 점점 빨라지는데요."

무선사는 자신의 어깨 너머로 들여다보고 있는 선장과 감독에게 설명했다.─모두가 여러 가지 기계의 스위치와 버튼 위로 무선사의 손가락 끝이 여기저기 부산하게 움직이는 것을, 그것에 꿰매 붙인 듯이 눈으로 좇으면서 엉겁결에 어깨와 목덜미에 힘을 주고 꼼짝 않고 바라보고 있었다.

배가 흔들릴 때마다 종기처럼 벽에 달려 있는 전등이 밝아졌다가 어두워졌다가 했다. 배 옆구리에 힘껏 부딪치는 파도 소리와 끊임없이 울리고 있는 불길한 경적警笛이 바람 상태에 따라서 멀어지거나, 금방 머리 위로 가까워지거나, 배의 철문을 사이에 두고 들려오고 있었다.

지— 지— 하고 길게 꼬리를 끌며 불꽃이 튀었다. 그러자 그것으로 딱 소리가 멎어 버렸다. 그 순간 모두의 가슴이 덜컥 내려앉았다. 무선사는 당황해서 스위치를 비틀거나 기계를 조급하게 움직이거나 했다. 그러나 그것으로 끝이었다. 더 이상 무선이 오지 않았다.

무선사는 몸을 뒤틀어 회전의자를 휙 돌렸다.

"침몰했습니다."

머리에서 수신기를 떼면서 낮은 목소리로 말했다. "승무원 425명. 최후다. 구조될 가망 없음. SOS, SOS, 이것이 두세 번 이어진 뒤 연락이 끊어져 버렸습니다."

그 말을 듣자 선장은 목덜미와 깃 사이에 손을 처넣고, 숨이 막히는 듯 머리를 흔들며 목을 길게 뺐다. 무의미한 시선으로 불안하게 주위를 둘러본 뒤, 문 쪽으로 돌아서 버렸다. 그리고 넥타이 매듭 주위를 눌렀다.—그런 선장을 차마 보고 있을 수가 없었다.

……

학생 출신은 "음, 그래!" 하고 말했다. 그 이야기에 마음이 끌리고 있었다.—그러나 어두운 마음이 들어, 바다로 눈을 돌렸다. 바다에는 아직 큰 파도가 넘실거리고 있었다. 수평선이 순식간에 발아래에 보이는가 싶더니, 2, 3분도 채 지나지 않아, 골짜기에서 좁아진 하늘을 바라

보듯이 아래로 끌어내려져 있었다.

"정말 침몰했으려나." 혼잣말로 중얼거렸다. 걱정이 되어 견딜 수 없었다.―똑같은 낡은 배에 타고 있는 자신들의 처지가 머리에 떠올랐다.

―게잡이 공선은 전부 낡은 배였다. 노동자들이 북오호츠크의 바다에서 죽는 것 따위는 도쿄의 빌딩에 있는 회사 중역들에게는 어찌 되든 상관없는 일이었다. 자본주의가 극히 당연한 곳에서의 이윤만으로는 벽에 부딪치고, 금리가 내려가 돈이 남아돌게 되자, '말 그대로' 어떤 일이라도 하고, 어디라도 필사적으로 활로를 찾아 나갔다. 더군다나 배 한 척으로 감쪽같이 몇십만 엔이 손에 들어오는 게잡이 공선,―그들이 정신이 없는 것도 무리가 아니었다.

게잡이 공선은 '공선(공장선)'이고, '항선'이 아니다. 그러므로 항해법은 적용되지 않았다. 20년 동안이나 매어 놓은 채로 있어, 침몰시키는 것밖에 방법이 없는 비틀거리는 '매독 환자'와 같은 배가, 부끄러운 기색도 없이 겉에만 화장을 짙게 칠하고 하코다테에 돌아왔다. 러일전쟁에서 '명예롭게도' 절름발이가 되어 물고기 창자처럼 방치된 병원선과 운송선이, 유령보다도 죽음이 임박해 보이는 모습으로 나타났다.―조금만 증기의 압력을 세게 하면 파이프가 터져 뿜어 나왔다. 러시아 감시선에 쫓겨 스피드를 올리면(그런 경우는 몇 번이나 있었다), 배의 모든 부분이 우지직 소리가 나면서 당장이라도 하나하나가 분해되어 풀려 버릴 것 같았다. 중풍 환자처럼 전신을 떨었다.

그러나 그런데도 전혀 신경 쓰지 않았다. 왜냐하면 일본 제국을 위해 어떤 일이라도 시작해야 할 '시기'였기 때문이었다.—게다가 게잡이 공선은 순수한 '공장'이었다. 그러나 공장법의 적용도 받고 있지 않았다. 그러므로 이만큼 좋은 조건에, 마음대로 할 수 있는 것은 없었다.

영리한 중역은 이 일을 '일본 제국을 위해'와 연결시키고 있었다. 거짓말과 같은 돈이 모두 중역의 품에 들어왔다. 그러나 그는 그것을 더 확실하게 하기 위해 '국회의원'에 출마하는 것을 자동차를 운전하며 생각하고 있었다.—하지만 그것과 정확히 1분도 다르지 않을 시간에, 지치부마루의 노동자들이 몇천 마일이나 떨어진 북오호츠크의 어두운 바다에서, 깨진 유리 조각처럼 날카로운 파도와 바닷바람에 맞서 사투를 벌이고 있는 것이다!

…… 학생 출신은 '똥통' 쪽으로 트랩을 내려오면서 생각하고 있었다.
"남의 일이 아냐."
'똥통'의 트랩을 내려오자 바로 막다른 곳에 오자투성이로

> 잡부 미야구치를 발견하는 자에게는 담배 두 갑, 수건 한 장을 상으로 준다.
>
> 아사카와 감독

이라고 쓰인 종이가 붙어 있었다. 풀 대신 밥알을 사용하여 우둘투둘한 채로.

3

안개비가 며칠이나 그치지 않았다. 그래서 뿌옇게 가려진 캄차카의 해안은 칠성장어를 쭉 늘어놓은 것처럼 보였다.

연안 4해리 되는 곳에 핫코마루가 닻을 내렸다.—3해리까지 러시아 영해이기 때문에, 그 안으로는 들어갈 수 없는 '것으로 되어 있었다'.

어망 손질이 끝나고 언제부터라도 게잡이가 가능하도록 준비되었다. 캄차카의 새벽은 2시경이므로 어부들은 완벽하게 채비를 하고, 허벅지까지 오는 고무장화를 신은 채, 침상에 들어가 아무렇게나 쓰러져 잠을 잤다.

브로커에게 속아서 오게 된 도쿄의 학생 출신은 이럴 리가 없다고 투덜대고 있었다.

"혼자 자는 거라더니, 입 발린 소리나 하고!"

"틀림없지, 혼자 자는 것. 아무데나 쓰러져 자는 거지만."

학생은 17, 18명 와 있었다. 60엔을 선불로 받기로 했는데 기찻삯, 여관비, 담요, 이불, 거기에 알선료를 지불하니, 결국 배에 왔을 때에는 한 사람당 7, 8엔의 빚(!)을 지고 있었다. 그것을 처음 알았을 때, 돈이라 생각하고 잡고 있던 것이 사실은 마른 잎이었다는 것에 어리둥절해졌다.─처음에 그들은 귀신들에게 둘러싸인 망자亡者처럼, 어부들 속에서 자기들끼리만 모여 있었다.

하코다테를 출항하고 나서, 나흘째부터 매일 나오는 흐슬부슬한 밥과 언제나 똑같은 국 때문에, 학생들은 모두 몸 상태가 나빠졌다. 침상에 들어가서 무릎을 세우고 서로의 정강이를 손가락으로 눌렀다. 몇 번이나 반복해서 그때마다 쑥 들어간다, 안 들어간다 하며, 그들의 기분은 순간 밝아지거나 어두워지거나 했다. 정강이를 쓰다듬어 보면, 약한 전기에 감전된 듯 저려 오는 이가 두세 명 나왔다. 선반 모서리에 양다리를 늘어뜨리고, 무르팍을 손바닥으로 쳐서 다리가 튀어 올라오는지 어떤지 시험했다. 게다가 나쁜 일은 '대변'이 나흘이고 닷새고 나오지 않는 것이었다. 학생 한 명이 의사에게 변비약을 받으러 갔다. 돌아온 학생은 흥분해서 얼굴이 창백했다. "그런 사치스러운 약 따윈 없대요."

"그럴걸. 의사란 원래 그런 거야." 옆에서 듣고 있던 늙은 어부가 말했다.

"어디 의사든 마찬가지야. 내가 있던 회사의 의사도 똑같았어." 광산의 어부였다.

모두 뒹굴뒹굴하며 누워 있을 때, 감독이 들어왔다.

"모두 좀 잤는가. 잠시 듣도록. 지치부마루가 침몰했다는 무전이 들어왔다. 생사 여부에 관한 자세한 사항은 모른다고 한다." 입술을 일그러뜨리고 침을 퉤 뱉었다. 버릇이었다.

학생은 급사에게 들은 이야기가 곧바로 머리에 떠올랐다. 자신이 실제로 손을 써 죽인 400~500명의 노동자들의 생사를 태연한 얼굴로 말하는 감독을, 바다에 처넣어 버려도 시원치 않을 놈이라고 생각했다. 모두 부스스 고개를 들었다. 갑자기 웅성웅성하기 시작했다. 아사카와는 그 말만 하고는 왼쪽 어깨를 앞쪽으로 흔들며 나가 버렸다.

행방을 알 수 없던 잡부가 이틀 전에 보일러실에서 나오다가 붙잡혔다. 이틀을 숨어 있었지만 배가 너무 고파 도저히 참지 못하고 나온 것이었다. 붙잡은 것은 중년을 넘긴 어부였다. 젊은 어부가 그 어부를 두들겨 패겠다며 화를 냈다.

"시끄러운 놈이군. 담배를 피우지 않으니 담배 맛을 알 리 있나." 담배를 두 갑 얻은 어부는 맛있다는 듯 피우고 있었다.

잡부는 셔츠 한 장만 입은 채로, 감독에 의해 두 칸 있는 변소 중 한 칸에 갇혔고, 문에는 자물쇠가 채워졌다. 모두 처음에는 변소에 가기를 꺼렸다. 옆에서 울부짖는 소리를 도저히 듣고 있을 수 없었다. 이틀째에는 목이 쉬어 낑낑거리고 있었다. 그리고 그 소리는 점차 뜸해졌다. 그날이 다 갈 무렵 일을 끝낸 어부가 걱정이 되어 곧바로 변소에 가 보았지만, 이제 문 안쪽에서 두드리는 소리도 나지 않았다. 이쪽에서 신호를 보내도 답이 없었다.―밤늦게 변기에 한 손을 걸치고 휴지통에 머리를 박고 쓰러져 있던 미야구치가 풀려났다. 파란 잉크를 바른 듯한 입술 색을 띠고 분명 죽어 가고 있었다.

아침은 추웠다. 날은 밝았지만 아직 3시였다. 어부들은 추위에 곱은 손을 품속에 쑤셔 넣으면서, 등을 구부리고 일어나 나왔다. 감독은 잡부, 어부, 하급선원, 보일러공의 방까지 돌아다니면서, 감기 든 사람이나 병든 사람도 상관없이 밖으로 끌어냈다.

바람은 없었지만 갑판에서 일을 하고 있으면 손과 발끝이 나무 막대기처럼 감각이 없어졌다. 잡부장이 큰소리로 욕을 퍼부으면서 잡부 15, 16명을 공장으로 몰아넣고 있었다. 그가 들고 있는 대나무의 끝에는 가죽이 달려 있었다. 그것은 공장에서 게으름 피우는 자를 기계 너머 맞은편에서도 후려갈길 수 있도록 만들어져 있었다.

"어제 풀려났을 뿐 도저히 힘이 되지 못하는 미야구치를 오늘 아침부터 일하지 않으면 안 된다면서 아까 발로 차고 있었어."

학생 출신과 친숙한 몸이 연약한 잡부가 잡부장의 얼굴을 보면서 그 사실을 알려 주었다. "어떻게 해도 움직이지 못하니깐 결국 포기한 것 같지만!"

그곳에, 감독이 몸을 오들오들 떨고 있는 잡부를 뒤에서 쿡쿡 찌르면서 밀고 왔다.―차가운 비를 맞으며 일했기 때문에 그 잡부는 감기에 걸렸고, 늑막이 나빠져 있었다. 춥지 않은 날에도 종일 몸을 떨고 있었다. 어린이답지 않게 주름살을 미간에 드리운 채, 핏기 없는 얇은 입술을 묘하게 일그러뜨리고 몹시 신경질적인 눈빛을 하고 있었다. 그가 추위를 견디지 못하고 보일러실에 어정버정하고 있던 것을 찾아낸 것이었다.

출어出漁를 위해 소형선을 윈치에서 내리고 있던 어부들은 그 두 사람을 아무 말도 없이 바라보고 있었다. 마흔쯤 되어 보이는 어부는 도저히 보고 있을 수 없다는 듯, 외면을 하고는 싫다고 도리질하듯이 머리를 느리게 두세 번 흔들었다.

"감기 들거나, 드러누워 버리라고 비싼 돈 주고 데려온 줄 알아?—바보 자식들, 쓸데없는 건 안 봐도 돼!"

감독은 갑판을 곤봉으로 두드렸다.

"감옥이라도 여기보다 나쁘진 않을 거야!"

"이런 일을 고향에 가서 아무리 얘길 해도 믿지 않아."

"그렇지! 우선 이런 일이 있기나 하겠나."

증기 힘으로 윈치가 드르륵하고 돌기 시작했다. 소형선은 몸을 공중에서 흔들면서 일제히 내려오기 시작했다. 하급선원과 보일러공도 강제로 내몰려, 미끄러운 갑판에서 발끝을 조심하면서 이리저리 뛰어다니고 있었다. 그들 속을 감독은 볏을 세운 수탉처럼 돌아다녔다.

일이 일단락되어서 학생 출신이 잠시 바람을 피해 짐 뒤편에 앉아 있자, 탄광에서 온 어부가 입 주위를 두 손으로 둥글게 감싸고, 후후 입김을 불면서 갑자기 모퉁이를 돌아 나왔다.

"목숨을 걸어야 돼!" 그 말을—마음속에서 문득 실감하여 학생은 무의식중에 정신이 번쩍 들었다. "역시 탄광과 다를 게 없이, 죽을 각오를 하지 않으면 살아갈 수 없군.—가스도 무섭지만, 파도도 무섭네."

정오를 조금 지나고부터 하늘 모양이 어딘지 모르게 달라졌다. 엷은 바다 안개가 온통—그러나 그렇지 않다고 하면 그렇지 않다고도 말할 수 있을 정도로 희미하게 끼었다. 파도는 보자기라도 집어 올리듯이 무수히 삼각형으로 일기 시작했다. 바람이 갑자기 돛대를 울리면서 불어왔다. 화물에 걸쳐 있는 즈크 덮개 자락이 퍼덕퍼덕 갑판을 때렸다.

"토끼가 뛴다—토끼가!" 누군가 큰 소리로 외치며, 오른쪽 갑판을 뛰어갔다. 그 소리가 세찬 바람에 곧 찢어져 의미 없는 부르짖음처럼 들렸다.

벌써 바다는 온통 삼각파도의 꼭대기가 하얀 물보라를 날리면서, 마치 수없이 많은 토끼가 대평원을 뛰어다니는 듯했다.—그것이 캄차카 '돌풍'의 전조였다. 갑자기 조류의 흐름이 빨라져 왔다. 배가 옆으로 움직이기 시작했다. 지금까지 오른쪽에 보이던 캄차카가 어느새 왼쪽이 되어 있었다.—배에 남아 일을 하고 있던 어부와 하급선원은 갑자기 당황하기 시작했다.

바로 머리 위에서 경적이 울리기 시작했다. 모두는 우뚝 선 채 하늘을 올려다보았다. 바로 밑에 있었던 탓인지 비스듬히 뒤로 튀어나와 있는, 생각했던 것보다 훨씬 굵은, 목욕통 같은 굴뚝이 하늘하늘 흔들리고 있었다. 그 굴뚝의 중간 부분에 달려 있는 독일 모자와 같은 스피커에서 울리는 경적 소리가 몹시 사나워져 있는 폭풍우 속에서 왠지 비장하게 들렸다. 멀리 본선을 떠나 작업을 하고 있던 소형선이 끊임없이 울리고 있는 이 경적에 의지해 높은 파도를 헤치며 돌아오는 것이었다.

어둑어둑한 기관실 출구 쪽에 어부와 하급선원이 한데 모여 웅성거리고 있었다. 비스듬한 위쪽에서 배가 흔들릴 때마다 깜빡깜빡 희미한 빛줄기가 새고 있었다. 흥분한 어부의 가지각색의 얼굴이 순간순간 떠올랐다 사라졌다.

"무슨 일이야?" 광부가 무리 속으로 끼어들었다.

"아사카와 새끼, 때려죽여 버리겠어!" 살기를 띠고 있었다.

감독은 실은 오늘 아침 일찍, 본선으로부터 10해리 정도 떨어진 곳에 정박해 있던 ××호로부터 '돌풍'의 경계경보를 받았다. 거기에는 만약 소형선이 작업에 나가 있으면 신속히 돌아오게 하도록, 하는 말까지 덧붙여 있었다. 그때, "이런 일 하나하나에 벌벌 떨다가는 이 캄차카까지 일부러 와서 일할 수 있나?" 그렇게 아사카와가 말한 것이 무선사로부터 새어 나왔다.

그 사실을 제일 처음 전해 들은 어부는, 무선사가 아사카와라도 되는 듯이 호통을 쳤다. "사람 목숨을 뭘로 생각하고 있는 거야!"

"사람 목숨?"

"그래."

"그런데, 아사카와는 너희들을 애당초 인간이라고 생각하고 있지 않아."

뭔가 말하려고 하던 어부는 놀라서 입을 다물었다. 그는 얼굴이 새빨개졌다. 그리고 모두에게 달려온 것이었다.

모두는 어두운 얼굴로, 그러나 마음 밑바닥에서부터 바작바작 솟는 흥분을 억누르지 못하고 내내 서 있었다. 아버지가 소형선에 나가 있는 잡부가 어부들이 모여 있는 원 밖에서 안절부절못하고 있었다. 버팀줄이 끊임없이 울리고 있었다. 머리 위에서 울리는 소리를 듣고 있으면, 어부들은 바싹바싹 가슴이 미어졌다.

저녁 무렵, 함교艦橋에서 커다란 함성이 일었다. 밑에 있던 사람들은 트랩 계단을 두세 개씩 뛰어 올라왔다.—소형선 두 척이 접근해 온 것이었다. 두 배는 서로 로프로 연결되어 있었다.

배는 바로 눈앞에 와 있었다. 그러나 큰 파도는 소형선과 본선을 시소 양 끝에 태운 듯이, 번갈아서 심하게 흔들어 올리거나 흔들어 내리거나 했다. 잇따라 두 배 사이에 끊임없이 큰 파도가 솟아올라, 배가 좌우로 흔들렸다. 바로 눈앞에 있으면서 좀처럼 가까이 오지 못했다.

안타까웠다. 갑판에서 로프를 던졌다. 하지만 닿지 않았다. 그것은 쓸데없는 물보라만 일으키고, 바다로 떨어졌다. 그리고 로프는 바다뱀처럼 끌어당겨졌다. 그것이 몇 번이나 반복되었다. 이쪽에서는 모두 소리를 맞추어서 불렀다. 하지만 대답이 없었다. 어부들의 얼굴 표정은 가면처럼 굳어져 움직이지 않았다. 눈도 무언가를 본 순간, 그대로 굳어 버린 것처럼 움직이지 않았다.—그 모습은 눈앞에서 보고 있을 수 없는 쓸쓸함으로 어부들의 가슴을 후볐다.

또 로프가 던져졌다. 처음 용수철 모양으로—그리고 뱀장어처럼 로프의 끝이 뻗었나 하고 생각하자—그 끝이, 그것을 잡으려고 두 손을 들고 있던 어부의 목덜미를 옆으로 세게 후려쳤다. 모두 "앗!" 하고 소리쳤다. 어부는 갑자기 그대로 옆으로 쓰러졌다. 하지만 붙잡았다!— 로프는 한껏 죄어지자, 물방울을 떨어뜨리며 일직선으로 팽팽해졌다. 이쪽에서 보고 있던 어부들은 무의식중에 어깨에서 힘이 쭉 빠졌다.

버팀줄은 끊임없이 바람 상태에 따라 높아지거나 멀어지거나 하며 소리를 내고 있었다. 저녁이 될 때까지 두 척을 남겨 두고 그래도 모두 돌아올 수 있었다. 어느 어부라도 본선 갑판에 발을 딛자마자 그대로 정신을 잃었다. 한 척은 난파해 물이 차 버렸기 때문에 닻을 내려놓고, 다른 소형선으로 옮겨 타서 돌아왔다. 다른 한 척은 어부 모두가 행방불명이었다.

감독은 몹시 화가 나 있었다. 몇 번이나 어부들의 방에 내려왔다 올라갔다 했다. 모두는 처죽여 버릴 것 같은 증오에 가득 찬 시선으로, 잠자코, 그때마다 가는 것을 바라보았다.

다음 날, 소형선 수색 겸 게 뒤를 쫓아 본선이 이동하게 되었다. '인간 대여섯 마리는 아무것도 아니지만 소형선이 아까웠기' 때문이다.

아침 일찍부터 기관실이 부산했다. 닻을 올리는 진동이, 닻줄과 등을 맞대고 있는 어부를 콩을 볶는 것처럼 부딪쳐 나가떨어지게 했다.

배 옆벽의 철판이 너덜너덜해져서, 그때마다 철판 부스러기가 흘러 떨어졌다.―핫코마루는 제1호 소형선을 북위 51도 5분까지 수색했다. 결빙結氷의 파편이 살아 있는 것처럼, 느린 파도의 물결 사이에 이따금 모습을 드러내며 흐르고 있었다. 하지만 여기저기 그 부서진 얼음이 엄청나게 커다란 덩어리를 이루고, 거품을 내면서 배를 순식간에 한가운데로 둘러싸 버리는 일이 있었다. 얼음은 김과 같은 수증기를 내고 있었다. 그러자 선풍기 바람이라도 맞은 것처럼 '한기'가 밀려왔다. 배의 모든 부분에 갑자기 오도독오도독 하는 소리가 울리기 시작하면서, 물에 젖어 있었던 갑판과 난간에 얼음이 얼어 버렸다. 선체는 하얀 분이라도 뿌린 것 같이 서리의 결정으로 반짝반짝 빛났다. 하급선원과 어부는 양쪽 볼을 감싸고 갑판을 달렸다. 배는 뒤로 길게 광야의 오솔길과 같은 흔적을 남기며 힘차게 나아갔다.

소형선은 좀처럼 발견되지 않았다.

9시 가까이 되어 함교의 망루에서 전방에 소형선 한 척이 떠 있는 것을 발견했다. 그것을 알자, 감독은 "빌어먹을, 겨우 찾았구나, 빌어먹을!" 하고 갑판을 달리고 걸으며 기뻐했다. 즉시 발동기선이 내려졌다. 하지만 그것은 찾고 있었던 제1호가 아니었다. 그것보다 더 새 배로, '제36호'라고 새겨져 있는 것이었다. 분명히 ××호의 것인 듯한 쇠 부표가 붙어 있었다. 그것으로 보면 ××호가 어딘가로 이동할 때에, 원래의 위치를 알기 위해서 그렇게 해 두고 간 것이었다.

아사카와는 소형선의 동체를 손가락 끝으로 톡톡 치고 있었다.

"이것은 왜 이렇게 훌륭한 거야." 히쭉 웃었다. "끌고 간다."

그리고 제36호 소형선은 윈치로 핫코마루의 갑판에 끌어올려졌다. 소형선은 선체를 공중에서 흔들면서 물방울을 '쏴아' 하고 갑판에 떨어뜨렸다. "한 건 했다." 그런 의젓한 태도로, 매달려 올라가는 소형선을 보면서, 감독이,

"대단해. 대단해!"라고, 혼잣말을 했다.

어망 작업을 하면서 어부가 그것을 보고 있었다. "뭐야! 도둑고양이! 체인이라도 끊어져서 놈의 머리에 떨어져 버리면 좋겠군."

감독은 일을 하고 있는 그들 한 사람 한 사람을, 거기에서 무엇인지 도려낼 것 같은 눈빛으로 내려다보면서 옆을 지나갔다. 그리고 목수를 성급하고 탁한 목소리로 불렀다.

그러자 다른 쪽 승강구의 입구에서 목수가 얼굴을 비추었다.

"무슨 일입니까."

예상이 빗나간 감독은 뒤돌아보면서, 화난 기색으로 말했다. "무슨 일입니까?—바보. 번호를 깎아 낸다. 대패. 대패."

목수는 이해가 안 가는 얼굴을 했다.

"멍청이, 와 봐!"

어깨통이 넓은 감독 뒤에서 톱의 손잡이를 허리에 끼우고, 대패를 가진 몸집이 작은 목수가, 다리를 절기라도 하는 것 같은 위험한 발걸음으로 갑판을 건너갔다.—소형선 제36호의 '3'이 대패로 깎여 떨어져, '제6호 소형선'이 되었다.

"이걸로 됐어. 이걸로 됐어. 하하, 꼴 좀 봐!" 감독은 입을 세모꼴로 일그러뜨리고, 기지개라도 켜듯 입을 크게 벌리고 웃었다.

 이 이상 북쪽으로 가도 소형선을 발견할 가능성은 없었다. 제36호 소형선 인양으로 제자리걸음을 하고 있던 배는 원래의 위치로 돌아가기 위해 완만하고 크게 커브를 틀기 시작했다. 하늘은 맑게 개어, 씻긴 듯 청명했다. 캄차카 연봉連峯이 그림엽서에서 본 스위스의 산들처럼 선명하게 빛나고 있었다.

 행방불명된 소형선은 돌아오지 않았다. 어부들은 웅덩이처럼 오도카니 빈 선반에서, 남겨져 있던 그들의 짐과 가족이 있는 주소를 조사하거나, 각자 만일의 경우 곧바로 조치를 취할 수 있도록 한데 모았다.—기분 좋은 일이 아니었다. 그 일을 하고 있으면, 어부들은 마치 자신의 아픈 어딘가를 들여다보고 있는 것 같은 괴로움을 느꼈다. 보급선이 오면 보내려고 한 듯, 같은 성의 여자 이름이 수신자로 되어 있는 소포와 편지가 그들의 짐 속에서 나왔다. 그중 한 사람의 짐 속에서 가타가나와 히라가나가 섞인, 연필을 핥고 핥아서 쓴 편지가 나왔다. 그것이 울퉁불퉁하고 거친 어부들의 손에서 손으로 전해졌다. 그들은 콩알이라도 줍는 듯이 하나둘, 그러나 탐하듯이 그것을 다 읽고는, 기분 나쁜 것을 봐 버렸다는 듯이 머리를 흔들며 다음 사람에게 건네주었다.—아이에게서 온 편지였다.

 한 사람이 훌쩍 코를 킁킁거리며 편지에서 얼굴을 들어 올리고는,

퍼석퍼석한 낮은 목소리로, "아사카와 때문이야. 죽었다는 게 확인되면 복수를 해야 해."라고 말했다. 그 남자는 홋카이도의 오지에서 여러 가지 일을 해 왔다는 덩치가 큰 남자였다. 더 낮은 목소리로,

"그놈 한 놈쯤은 바다에 처넣어 버릴 수 있어." 하고, 어깨가 솟은 젊은 어부가 말했다.

"아, 이 편지 안 되겠구먼. 전부 기억나 버렸어."

"이보게들." 맨 처음 어부가 말했다. "멍청히 있다가는 우리들도 놈에게 당할 거야. 남의 일이 아니라구."

구석에서 한쪽 무릎을 세우고 앉아 엄지손가락의 손톱을 깨물면서 눈을 치켜뜨고 모두의 이야기를 듣고 있던 남자가, 그때 응, 응 하고 고개를 끄덕거렸다. "만사, 내게 맡겨, 그때는! 그 자식 한 놈 단숨에 해치워 버릴 테니까."

다들 아무 말도 없었다.─아무 말 없었지만, 안심했다.

핫코마루가 원래의 위치로 돌아오고 난 뒤, 사흘이 지나 돌연(!) 그 행방불명되었던 소형선이, 그것도 건강하게 돌아왔다.

그들은 선장실에서 '똥통'으로 돌아오자, 금세 모두에게 소용돌이처럼 에워싸였다.

─그들은 '대폭풍우'로 잠시도 버티지 못하고 조종의 자유를 잃어버렸다. 그렇게 되자 정말 목덜미를 붙잡힌 아이보다 맥을 못 추었다. 가장 멀리 나가 있었고, 게다가 바람의 상태도 정반대 방향이었다. 모

두 죽는 것을 각오했다. 어부는 언제라도 '편안하게' 죽을 각오를 하는 데 '익숙해져' 있었다.

그런데(!) 이런 일은 좀처럼 자주 있는 일은 아니었지만, 다음 날 아침 소형선은 반쯤 물이 찬 채, 캄차카 해안에 밀려 올라가 있었다. 그리고 모두는 근처의 러시아인에게 구조되었던 것이다.

그 러시아인 가족은 네 명이었다. 여자가 있다든가, 아이가 있다든가 하는 '집'이라는 것에 목말라 있던 그들에게, 그곳은 뭐라고 말할 수 없을 정도로 매력적인 곳이었다. 게다가 친절한 사람들뿐이어서 여러 가지로 기꺼이 도움을 베풀어 주었다. 그러나 처음에 모두는 역시 알아들을 수 없는 말을 쓰거나, 머리 색깔이나 눈 색깔이 다른 외국인이라는 것이 어쩐지 두려웠다.

그러나 곧, 뭐야 우리들과 같은 인간이잖아, 하는 것을 알게 되었다. 난파 소식이 알려지자 마을 사람들이 많이 몰려왔다. 그곳은 일본 어장이 있는 곳과는 상당히 떨어져 있었다.

그들은 그곳에서 이틀을 지내며 몸을 회복하고는 돌아온 것이었다. "돌아오고 싶지 않았어. 누가 이런 지옥에 돌아오고 싶겠나!" 하지만 그들의 이야기는 그것만으로 끝나지 않았다. '재미있는 이야기'가 그 외에 숨겨져 있었다.

돌아오는 바로 그날이었다. 그들이 난로 주위에서 돌아갈 준비를 하면서 이야기를 하고 있는데, 러시아인이 네댓 명 들어왔다.—그 속에 중국인이 한 명 섞여 있었다.—얼굴이 크고 붉으며 잔 수염이 많은, 새우등진 남자가 갑자기 무언가 큰 소리로 손짓을 해 가며 이야기하기 시작했다. 기관사는 자신들이 러시아어를 모른다는 것을 알려 주기 위해 눈앞에서 손을 흔들어 보였다. 러시아인이 한 구절 입을 떼자 그의 입가를 보고 있던 중국인은 일본어로 말하기 시작했다. 그것은 듣고 있는 쪽의 머리가 오히려 뒤죽박죽이 되어 버릴 것 같은, 순서가 뒤바뀐 일본어였다. 단어와 단어가 술 취한 사람처럼 뿔뿔이 흩어져 비틀거리고 있었다.

"당신들 분명히 돈 가지고 있지 않다."

"그렇다."

"당신들, 가난한 사람."

"그렇다."

"그러니까, 당신들 프롤레타리아―알아?"

"응."

러시아인이 웃으면서 그들 주위를 걷기 시작했다. 때때로 멈추어 서서 그들 쪽을 보았다.

"부자들, 당신들을 이것 한다(목을 조르는 모습을 한다). 부자 점점 커진다(배가 불룩해지는 흉내). 당신들 아무리 해도 안 돼, 가난뱅이 된다.―알아?―일본이라는 나라 안 돼. 일하는 사람, 이것(얼굴을 찡그리고 환자와 같은 모습), 일하지 않는 사람, 이것, 에헴, 에헴(뽐내며 걸어 보인다)."

그 말들이 젊은 어부들에게는 재미있었다. "그렇다, 그렇다!" 하며 웃어 댔다.

"일하는 사람, 이것. 일하지 않는 사람, 이것(앞 동작을 반복해서). 그런 것 안 돼.—일하는 사람, 이것(이번에는 거꾸로 가슴을 펴고 뽐내 보인다). 일하지 않는 사람, 이것(늙은 거지와 같은 모습). 이것 좋다.—알아? 러시아라는 나라, 이 나라. 일하는 사람뿐이다. 일하는 사람만, 이것(뽐낸다). 러시아, 일하지 않는 사람 없다. 교활한 사람 없다. 남의 목 조르는 사람 없다.—알아? 러시아 조금도 무섭지 않은 나라. 모두, 모두 거짓말만 하며 다닌다."

그들은 막연히 이것이 '무서운' '적화'라는 것이 아닐까 하고 생각했다. 하지만 한편으로 그것이 '적화'라면 너무나 '당연'한 소리를 하는 것 같은 생각이 들었다. 무엇보다 세차게 마음이 끌려들어 갔다.

"안다. 정말 안다!"

러시아인 두세 명이 와글와글 무언가 떠들기 시작했다. 중국인은 그 말들을 듣고 있었다. 그리고 다시 말더듬이처럼 일본어 단어를 하나하나 뽑아내면서 말했다.

"일하지 않고 돈 버는 사람 있다. 프롤레타리아, 언제나 이것(목이 졸리는 모습)—이것 안 돼! 프롤레타리아, 당신들 한 명, 두 명, 세 명…… 100명, 1000명, 5만 명, 10만 명, 모두, 모두, 이것(어린이의 '손을 마주 잡고'의 흉내를 내 보인다). 강해진다. 걱정 없다(팔을 두드리며). 지지 않는다, 누구에게도. 알아?"

"응, 응!"

"일하지 않는 사람, 도망친다(쏜살같이 도망가는 모습). 걱정 없다, 정말로. 일하는 사람, 프롤레타리아, 뽐낸다(당당하게 걸어 보인다). 프롤레타리아, 가장 위대하다.―프롤레타리아 없다. 모두 빵 없다. 모두 죽는다.―알아?"

"응, 응!"

"일본, 아직, 아직 안 돼. 일하는 사람, 이것(허리를 굽혀 몸이 오그라들어 보인다). 일하지 않는 사람, 이것(뽐내며 상대를 후려갈겨 넘어뜨리는 모습). 그것, 모두 안 돼!―일하는 사람, 이것(무시무시한 표정으로 일어선다. 덤벼드는 모습, 상대를 후려갈겨 넘어뜨리고 짓밟는 흉내). 일하지 않는 사람, 이것(도망가는 모습)―일본, 일하는 사람뿐, 좋은 나라.―프롤레타리아의 나라!―알아?"

"응, 응, 알아!"

러시아인이 괴성을 지르며 춤출 때와 같은 발놀림을 했다.

"일본, 일하는 사람, 한다(일어나서 맞서는 모습). 기쁘다. 러시아, 모두 기쁘다. 만세.―당신들, 배에 돌아간다. 당신들의 배, 일하지 않는 사람, 이것(뽐낸다). 당신들, 프롤레타리아, 이것 한다(권투하는 것과 같은 흉내―그리고 '손을 마주 잡고'를 하고, 다시 덤벼드는 모습)!―걱정 없다, 이긴다!―알아?"

"알아!" 자신도 모르는 사이에 흥분해 있던 젊은 어부가 느닷없이 중국인의 손을 잡았다. "하겠어, 꼭 하겠어!"

기관사는 이것이 '적화'라고 생각하고 있었다. 어처구니없이 무서운 것을 시키는 것이다. 이것으로—이 방법으로 러시아가 감쪽같이 일본을 속이는 것이다, 하고 생각했다.

 러시아인들은 이야기가 끝나자, 뭔가 큰 소리를 지르고 그들의 손을 힘껏 잡았다. 부둥켜안고 딱딱한 털의 뺨을 비벼 대기도 했다. 당황한 일본인은 목을 뒤로 빳빳이 젖힌 채 어찌해야 좋을지 몰랐다…….

 모두는 '똥통'의 입구 쪽에 때때로 눈길을 보내며 그 이야기를 더욱 더 재촉했다. 그들은 그리고, 보고 온 러시아 사람에 대한 여러 가지 이야기를 했다. 그 어느 것이나 다 흡묵지吸墨紙에 빨려들어 가듯이, 모두의 마음이 빨려들어 갔다.

 "이봐, 이제 그만해."

 기관사는 모두가 이상하게 정색하고 그 이야기에 끌려들어 가는 것을 보고, 열심히 떠들고 있는 젊은 어부의 어깨를 쿡쿡 찔렀다.

4

 안개가 끼고 있었다. 언제나 엄격하게 기계적으로 짜 맞추어져 있는 통풍 파이프, 굴뚝, 윈치의 가로대, 매달려 있는 소형선, 갑판의 난간 등의 윤곽이 엷고 희미해, 지금까지 없던 친근함을 보이고 있었다. 부드럽고 미적지근한 공기가 뺨을 어루만지며 흘렀다.—이런 밤은 드물었다.
 선미의 승강구 근처에서 게의 뇌수 냄새가 확 풍겼다. 그물이 산처럼 쌓여 있는 사이로 키가 다른 두 개의 그림자가 서성거리고 있었다.
 과로로 심장이 나빠져 몸이 검푸르게 부어오른 어부가, 두근두근하는 심장 소리 때문에 도저히 잠들 수가 없어 갑판으로 올라왔다. 난간에 기대어 풀이라도 녹인 듯 걸쭉해져 있는 바다를 멍하니 바라보고 있었다. 이 몸으로는 감독에게 살해당한다. 이 먼 캄차카에서, 게다가 육지도 밟아 보지 못하고 죽는 것은 너무 쓸쓸하다.—곧 깊은 생각에 잠겼다. 그때 그물과 그물 사이에 누군가 있는 것을 어부는 눈치챘다.

때때로 게 등딱지 조각을 밟는 듯한 소리가 났다.

목소리를 낮춘 소리가 들려왔다.

어부의 눈이 어둠에 익숙해지자 그것이 무엇인지 알았다. 열네댓 살 정도의 잡부에게 한 어부가 뭔가 말하고 있는 모습이었다. 무엇을 말하고 있는지는 알 수 없었다. 등을 돌리고 있는 잡부는, 때때로 싫다고 도리질하고 있는 어린이처럼 토라진 듯이 방향을 바꾸고 있었다. 어부도 잡부를 따라 방향을 바꾸었다. 그것이 잠시 동안 계속되었다. 어부는 엉겁결에(그런 기색이었다) 큰 소리를 냈다. 하지만 곧 낮고 빠른 어조로 무엇인가 말했다. 그리고 느닷없이 잡부를 꼼짝 못하게 꽉 껴안아 버렸다. 싸움이다, 하고 생각했다. 옷으로 입이 막혀 "음, 음……" 하는 숨소리만이 잠시 들려왔다. 그러나 그대로 움직이지 않았다.─그 순간이었다. 부드러운 안개 속에 잡부의 두 다리가 양초처럼 떠올랐다. 하반신이 완전히 알몸이 되어 있었다. 그리고 잡부는 그대로 웅크렸다. 그러자 그 위를 어부가 두꺼비처럼 덮었다. 그것만이 '눈앞'에서 짧은─꿀꺽 하고 목구멍에 막히는 순간에 일어났다. 보고 있던 어부는 엉겁결에 눈을 딴 데로 돌렸다. 술에 취한 듯한, 세게 얻어맞은 듯한 흥분을 울렁울렁 느꼈다.

어부들은 점점 몸 안에서 솟아오르는 성욕으로 괴로워하기 시작했다. 4~5개월이나 이 건강한 남자들이 어쩔 수 없이 '여자'로부터 떨어져 있었다.─하코다테에서 샀던 여자 이야기와 노골적인 여자의 음부

이야기가 밤이 되면 반드시 나왔다. 한 장의 춘화가 부스스하게 종이에 털이 곤두설 정도로 몇 번이고 몇 번이고 뱅글뱅글 돌려졌다.

……
이불을 펴라든가,
이쪽으로 향하라든가,
입으로 빨라든가,
발을 감으라든가,
기분을 달래라든가,
정말 창녀는 괴로운 몸.

누군가 노래했다. 그러자 한 번에 그 노래가 스펀지에라도 빨아들여지듯이, 모두에게 기억돼 버렸다. 무슨 일이 있으면 곧 그 노래를 부르기 시작했다. 그리고 부르고 나서는 "에잇! 빌어먹을!" 하고 마구 외쳤다. 눈만을 번뜩거리고.
어부들은 잠자리에 들고 나서,
"젠장. 틀렸다! 아무리 해도 잘 수가 없네." 하며, 몸을 데굴데굴 굴렸다. "틀렸어. 물건이 서서!"
"어떻게 하면 좋을까!" 마지막에는 그렇게 말하고 발기해 있는 물건을 잡으면서 알몸으로 일어났다. 커다란 몸을 한 어부가 그렇게 하는 것을 보고 있으면, 몸이 죄이는 뭔가 처참한 생각조차 들었다. 깜짝 놀란 학생은 구석에서 눈으로만 그것을 보고 있었다.

몽정을 하는 자가 몇 명이나 있었다. 아무도 없을 때, 참을 수 없어서 자위를 하는 자도 있었다.—선반 구석에, 자국이 나고 더러운 잠방이*와 훈도시**가 눅눅하고 시큼한 냄새를 풍기며 뭉쳐 있었다. 학생은 그것을 들에 있는 똥처럼 짓밟기도 했다.

—그리고 잡부 쪽으로 '밤 잠입'이 시작되었다. 담배를 캐러멜로 바꾸어 주머니에 두세 개 넣고 승강구를 나갔다.

요리사가 변소 냄새 나는, 절인 음식 나무통이 쌓여 있는 헛간을 열자, 어둑어둑하고 후덥지근한 안쪽에서 느닷없이 따귀라도 후려갈기는 것 같이 고함이 일었다.

"문 닫아! 지금 들어오면 이 새끼, 때려죽인다!"

무선사가 다른 배들이 교환하고 있는 무전을 듣고 그 어획량을 하나하나 감독에게 알렸다. 그것으로 보면 아무래도 이 배가 지고 있는 것을 알 수 있었다. 감독이 안달하기 시작했다. 그러자 그 부담이 몇 배가 되어, 어부와 잡부에게 부딪쳐 왔다.—언제라도, 그리고 무엇이라도, 막판에 떠맡는 것은 '그들'뿐이었다. 감독과 잡부장은 일부러 '선원'과 '어부', '잡부' 사이에 작업 경쟁을 시키도록 계획을 짰다.

---

* 길이가 무릎 조금 아래까지 내려오도록 짧게 만든 남자용 홀바지.
** 일본에서 성인 남자가 입던 면으로 된 전통 속옷. 오늘날에는 입지 않고 마쓰리(축제)에서나 가끔 볼 수 있다.

같은 게 으깨기를 하면서 "선원에 졌다."고 하면(자신의 돈벌이가 되는 일이 아닌데도) 어부와 잡부는 "뭣이 어째!" 하는 기분이 된다. 감독은 '손뼉을 치며' 기뻐했다. 오늘은 이겼다, 오늘은 졌다, 이번에야 질까 보냐―피 튀기는 경쟁이 터무니없이 계속되었다. 같은 날인데 지금까지보다 생산량이 50~60퍼센트나 늘어났다. 그러나 대엿새가 지나자 양쪽 모두 맥이 빠진 듯, 작업량이 자꾸자꾸 줄어 갔다. 작업을 하면서 때때로 푹 하고 머리를 앞으로 떨어뜨렸다. 감독은 말도 하지 않고 후려갈겼다. 허를 찔려서 그들은 스스로 생각할 새도 없이 비명을 "캭!" 하고 질렀다.―모두는 적인가 동지인가 말을 잊어버린 사람처럼 서로 아무 말 없이 일했다. 말을 하는 사치스러운 '덤'조차 남아 있지 않았다.

감독은 그러나 이번에는 이긴 조에게 '상품'을 주기 시작했다. 완전히 연기만 내고 있던 나무가 다시 타오르기 시작했다.

"어리석은 놈들이야." 감독은 선장실에서 선장을 상대로 맥주를 마시고 있었다.

선장은 살진 여자처럼 손등에 보조개가 나 있었다. 솜씨 좋게 담배를 톡톡 테이블에 털며, 알 수 없는 웃음으로 대답했다.―선장은 감독이 언제나 자신의 눈앞에서 귀찮게 서성거리며 방해를 하고 있는 것 같아 참을 수 없이 불쾌했다. 어부들이 와악 하고 사건을 일으켜서 이놈을 캄차카 바다에 처넣는 일이라도 없을까, 그렇게 생각하고 있었다.

감독은 '상품' 외에 반대로, 가장 작업량이 적은 자에게 '단근질'을 한다는 벽보를 써 붙였다. 쇠몽둥이를 시뻘겋게 달궈 몸에 그대로 대는 것이었다. 그들은 어디까지 도망쳐도 떨어질 수 없는, 마치 자기 자신의 그림자와 같은 '단근질'에 늘 쫓겨 가며 일을 했다. 작업량이 늘수록 눈금을 올려 갔다.

인간의 육체의 한계는 어디까지일까. 그것은 그 본인보다도 감독 쪽이 잘 알고 있었다.—작업이 끝나고 통나무처럼 선반 위에 옆으로 쓰러지면 '예기치 않게' 우, 우 하는 신음 소리가 나왔다.

한 학생은 어릴 때 할머니를 따라서 간 절의 어둑어둑한 불당 안에서 본 적이 있는 '지옥' 그림이 바로 여기와 같음을 떠올렸다. 어릴 적의 그에게 지옥은 마치 이무기와 같은 동물이 늪지대를 꿈틀꿈틀 기어가고 있는 듯한 모습이었다. 그것과 완전히 똑같았다.—과로 때문에 오히려 잠이 오지 않았다. 밤이 깊어지자 갑자기 유리 표면에 마구 흠을 내는 것 같은, 섬뜩한 이빨 가는 소리와 잠꼬대, 가위눌리고 있는 듯 이상하게 울부짖는 소리가 어슴푸레한 '똥통'의 여기저기에서 들렸다.

그들은 잠을 이루지 못하고 있을 때, 문득 "용케 아직 살아 있구나……." 하고 스스로 자신의 살아 있는 몸에게 되풀이해서 속삭인 적이 있었다. 용케 아직 살아 있구나…….—그렇게 자신의 몸에게!

학생 출신이 가장 '힘들어 하고' 있었다.

"도스토예프스키의 죽음의 집도 여기에서 보면, 그것도 별게 아니라는 생각이 들어." 그 학생은 항문이 며칠이나 막혀, 머리를 수건으로 힘껏 졸라매지 않으면 잠들지 못했다.

"그건 그렇겠지." 상대는 하코다테에서 가져온 위스키를 약이라도 먹듯이 혀끝으로 조금씩 핥듯이 맛보고 있었다. "어쨌든 대사업이니까. 인적미답人跡未踏의 땅에서 자원을 개발한다는 것이니까, 대단한 일이지.―이 게잡이 공선도 지금은 이나마 좋아진 것이라고 해. 날씨와 조류의 변화에 대한 관측이 불가능했고, 지리를 충분히 숙지하지 못했던 창업 당시에는 얼마나 많은 배가 침몰되었는지 모른대. 러시아 배에 침몰되거나, 포로가 되거나 살해당해도, 그래도 굴하지 않고 다시 일어서서 분투해 왔기 때문에 이 대자원이 우리들 것이 되었던 거야. ……어쩔 수 없어."

"……"

―역사가 언제나 쓰고 있는 것처럼, 그것은 그럴지도 모른다는 생각이 들었다. 그러나 그의 마음 밑바닥에 응어리져 불끈 치밀어 오르는 화는 그 말로 조금도 누그러지지 않았다. 그는 잠자코 베니어판처럼 딱딱해져 있는 자신의 배를 어루만졌다. 약한 전기에 감전된 것처럼 엄지손가락 주위가 찌릿찌릿했다. 나쁜 기분이 들었다. 엄지손가락을 눈높이로 추켜올려서 한 손으로 가볍게 문질러 보았다.―모두는 저녁 식사가 끝나자 '똥통' 한가운데 하나 설치되어 지도처럼 금이 가 있는 고물 난로 주변에 모였다. 서로의 몸이 조금 따뜻해지자 김이 났다. 물큰 게 비린내가 나서 숨 막힐 듯 답답했다.

"왜 그런지 이유는 모르지만 살해당하고 싶지 않아."

"그래!"

우울한 기분이 기대듯이 그곳으로 기울어져 갔다. 살해당하고 있는 것이다! 모두는 확실한 초점도 없이, 툭하면 화를 내고 있었다.

"우, 우리들, 서, 성공하지도 못했는데, 제, 제길, 사, 살해당해서는 말도 안 되지!"

말더듬이 어부가 스스로도 안타까운 듯, 얼굴에 시뻘겋게 혈관이 불거지며 갑자기 큰 소리를 냈다.

잠시 동안 모두가 침묵했다. 무엇인가 힘껏 마음을 '갑자기' 밀어 올리는—것을 느꼈다.

"캄차카에서 죽고 싶지 않아……."

"……"

"보급선이 하코다테에서 출발했대.—무선사가 말했어."

"돌아가고 싶구먼……."

"돌아갈 수 있겠나."

"보급선에서 용케 도망치는 놈이 있다던데."

"그런가!?…… 부럽군."

"고기잡이 나가는 척하고 캄차카 땅으로 도망가서, 로스케와 함께 적화 선전을 하고 있는 사람도 있대."

"……"

"일본 제국을 위해선가.—또 좋은 명분을 생각했군." 학생은 가슴의 단추를 풀어, 갈비뼈가 계단처럼 하나하나 움푹 파여 있는 가슴을 내놓고, 하품을 하면서 북북 긁었다. 때가 말라서 엷은 운모雲母처럼 벗겨졌다.

"그래, 회, 회사의 부자들한테만 빼, 빼앗아도."

굴 조가비처럼 층이 생긴, 풀어진 눈꺼풀에서 쇠약하고 흐려진 시선을 난로 위에 멍하니 던지고 있던 중년을 넘긴 어부가 침을 뱉었다. 난로 위에 떨어지자 그것은 빙빙 동그래져, 지글지글하는 소리를 내면서, 콩처럼 튀어 순식간에 작아져 그을음 정도의 작은 찌꺼기를 남기고 없어졌다. 모두는 거기에 멍청한 시선을 던지고 있었다.

"그것이 정말인지도 모르지."

하지만 기관사가 고무 작업화의 깔창을 꺼내어 난로에 비춰 보면서, "이봐, 이봐, 반항 따위 하지 말아 줘."라고 말했다.

"……"

"그건 내 마음이지, 제길." 말더듬이가 입술을 낙지처럼 쑥 내밀었다.

고무가 타는 고약한 냄새가 났다.

"이봐, 영감, 고무!"

"응, 아, 탔네!"

파도가 밀려와 배 옆 부분이 희미하게 보였다. 배도 자장가처럼 흔들리고 있었다. 썩은 꽈리 같은 5촉 등이 난로를 둘러싸고 있는 서로의 뒤에 그림자를 드리웠다. 그림자는 가지각색으로 얽혀 한패가 되었다.―조용한 밤이었다. 난로 입구에서 빨간 불이 무릎부터 아래로 깜빡깜빡 비추고 있었다. 불행했던 자신의 인생이 갑자기―아주 갑자기, 게다가 한순간만 되돌아 보였다.―이상하게 조용한 밤이었다.

"담배 없나?"

"없어……."

"없는가?"

"없어."

"빌어먹을."

"이봐, 위스키를 이쪽에도 돌려 봐, 응."

상대방은 네모난 병에 든 위스키를 거꾸로 들고 흔들어 보였다.

"앗, 아까운 짓 하지 마."

"하하하하하."

"터무니없는 곳이지. 하지만 와 버렸군. 나도……."

그 어부는 시바우라의 공장에서 일한 적이 있었다. 그곳에 관한 이야기가 시작되었다. 그곳은 홋카이도의 노동자들에게는 '공장'이라고는 생각할 수 없을 정도로 '훌륭한 곳'으로 여겨졌다. "여기의 100분의 1 정도만 됐어도, 그곳에서는 파업이야."라고 말했다.

이로부터―이 말을 계기로 서로가 지금까지 해 온 여러 가지 일이 불쑥 화제로 튀어나왔다. '국도 개척 공사', '관개 공사', '철도 부설', '축항築港 매립', '새로운 광산 발굴', '개간', '배에 짐을 싣는 일', '청어잡이'―대부분이 그 어느 일이든지 했었다.

―본토에서는 노동자가 '건방져'져서 억지가 통하지 않게 되고, 시장도 대체로 다 개척되어 정체 상태에 빠지자, 자본가는 '홋카이도로, 사할린으로!' 하며 발톱을 뻗었다. 그곳에서 그들은 식민지인 조선과 대만에서와 똑같이, 우스울 정도로 지독한 '학대'가 가능했다. 그러나

누구도 뭐라고도 말할 수 없는 것을, 자본가는 확실하게 터득하고 있었다. '국도 개척', '철도 부설'을 하는 노동자 방에서는 이蝨보다도 간단히 인부가 맞아 죽었다. 학대를 견디지 못해 도망갔다. 그러다 붙잡히게 되면, 나무 말뚝에 붙들어 매어 두고 말 뒷다리로 차게 하거나, 뒤뜰에서 도사견에게 물려 죽게 하거나 했다. 그것을 게다가 모두의 눈앞에서 해 보이는 것이다. 갈비뼈가 흉중胸中에서 부러지는 듯한 파삭하는 소리에 '인간이 아닌' 인부조차 엉겁결에 얼굴을 가리는 자가 있었다. 기절하면 물을 부어 정신이 들게 해서, 그것을 몇 번이나 몇 번이나 반복했다. 마지막에는 보자기에 싼 것처럼 도사견의 강인한 목에 휘둘려 죽는다. 축 늘어져 광장 구석에 던져져 방치되고 나서도, 몸의 어딘가가 실룩실룩 움직인다. 달구어진 부젓가락을 느닷없이 엉덩이에 대거나, 육각 봉으로 허리를 똑바로 설 수 없을 정도로 후려갈기는 것이 '일상'이었다. 밥을 먹고 있으면 갑자기 뒤뜰에서 날카로운 비명이 들렸다. 그러면 사람의 살이 타는 비린내가 흘러들어 왔다.

"됐다, 됐어. 도저히 밥을 먹을 수가 없잖아."

젓가락을 던지고, 서로 어두운 얼굴로 마주보았다.

각기병으로 몇 명이나 죽었다. 무리하게 일을 시키기 때문이었다. 죽어도 '쉴 틈이 없기' 때문에 그대로 며칠이나 방치되었다. 뒤뜰 쪽으로 가는 어두운 곳에 아무렇게나 걸쳐 놓은 거적 아래로, 아이같이 묘하게 작아진, 검누렇고 생기 없는 양쪽 발만이 보였다.

"얼굴에 파리가 가득 꾀어 있어. 옆을 지나갈 때 한꺼번에 윙— 하고 날아오르지 않겠어!"

이마를 손으로 톡톡 치며 들어오면서, 그렇게 말하는 사람이 있었다.

모두는 아침 해가 뜨기 전에 작업장으로 내보내졌다. 그리고 곡괭이 날이 번뜻번뜻 푸르스름하게 빛나고 주변이 보이지 않을 때까지 일해야 했다. 모두는 근처에 세워진 감옥에서 일하고 있는 죄수 쪽을 오히려 부러워했다. 특히 조선인은 감독과 십장에게도, 같은 동료인 인부(일본인)에게도 '짓밟히는' 대우를 받고 있었다.

그곳에서 4, 5리나 떨어진 마을에 주재하고 있는 순사가 그래도 가끔 수첩을 가지고 터벅터벅 조사하러 찾아왔다. 저녁때까지 머무르거나 하룻밤 묵거나 했다. 그러나 인부들 쪽으로는 한 번도 얼굴을 보이지 않았다. 그리고 돌아갈 때는 시뻘건 얼굴을 하고, 걸으면서 길 한가운데를 소방관 흉내라도 내듯이, 소변을 사방으로 쏴아 하고 뿌리면서 알 수 없는 혼잣말을 하며 돌아갔다.

홋카이도에서는 문자 그대로 어느 철도의 침목이든 그것은 하나하나가 노동자의 창백하게 부어오른 '시체'였다. 항구를 매립할 때에는 각기병에 걸린 인부가 산 채로 '제물'처럼 묻혔다.—홋카이도의 그러한 노동자를 '낙지'라고 불렀다. 낙지는 자신이 살아가기 위해서는 자신의 팔다리까지도 먹어 버린다. 이것이야말로 정말 꼭 닮지 않았는가! 그곳에서는 누구에게도 꺼릴 것 없는 '원시적인' 착취가 가능했다. '이익'이 몽땅 캐어져 돌아왔다. 게다가 그 일을 교묘하게 '국가적' 자원 개발이라는 것으로 결부시켜서 감쪽같이 합리화하고 있었다. 빈틈이 없었다. '국가'를 위해 노동자는 '배가 고프고' '맞아 죽어' 갔다.

"그곳에서 살아서 돌아오다니, 신이 도우신 일이야. 감사했지! 그래도 이 배에서 살해당하면 마찬가지겠지. 이게 뭐냐고!" 그리고 이상야릇하게 큰 소리로 웃었다. 그 어부는 웃고 나서, 그러나 눈썹 주위를 역력히 어둡게 하고 옆을 보았다.

광산에서도 똑같았다.―새로운 산에 갱도를 판다. 그곳에 어떤 가스가 나오는지, 어떤 뜻하지 않은 변화가 일어나는지, 그것을 철저히 조사해 하나의 확신을 얻기 위해서, 자본가는 '실험 재료'보다 싸게 살 수 있는 '노동자'를, 노기 마레스케*가 했던 것과 똑같은 방법으로, 계속해서 연달아 쉽게 쓰고 버렸다. 코 푸는 종이보다 간단히! '참치' 생선회와 같은 노동자의 살점이 갱도 벽을 겹겹이 몇 번이나 튼튼하게 만들어 갔다. 도시로부터 떨어져 있는 것을 호기로 삼아, 이곳에서도 역시 '오싹한' 일이 행해지고 있었다. 광차로 운반되어 오는 석탄 속에 엄지손가락과 새끼손가락이 여기저기 섞여 오기도 했다. 여자와 어린이는 그러나 그런 일에는 눈썹 하나 까딱하지 않았다. 그렇게 '익숙해져 있었다'. 그들은 무표정하게 그것을 다음 담당 구역까지 밀고 갔다.―그 석탄이 거대한 기계를, 자본가의 '이윤'을 위해 움직이게 했다.

어느 광부나 오랫동안 감옥에 갇힌 사람처럼 윤기 없이 누렇게 붓고, 언제나 멍청한 얼굴을 하고 있었다. 햇볕 부족과 석탄 가루와 유해

---

* 일본 군인(1849~1912). 러일전쟁 때 제3군 사령관으로 뤼순을 공격했는데 이때 승리는 부하 3만 명의 목숨을 담보로 한 것이었다.

가스를 머금은 공기와, 온도와 기압 이상으로 눈에 띄게 몸이 이상해져 갔다. "7, 8년이나 광부 생활을 하면 대충 4, 5년 정도는 계속 어두운 곳에 있어 한 번도 태양을 보지 못하게 되지. 4, 5년이나!"—하지만 어떤 일이 있을지언정, 대신 일할 노동자를 언제라도 충분히 얻을 수 있는 자본가에게는 그런 것쯤은 아무래도 좋았다. 겨울이 오면 '역시' 노동자들은 그 광산으로 몰려들어 왔다.

그리고 '이주移住 농민'—홋카이도에는 '이주 농민'이 있다. '홋카이도 개척', '인구 식량문제 해결, 이주 장려', 일본 소년에게 어울릴 '이주 벼락부자' 등 좋은 것만 늘어놓은 활동사진을 이용해, 논밭을 빼앗기게 될 처지에 있는 본토의 빈농을 선동해 이주를 장려했다. 하지만 정작 이주한 농민은 4, 5치만 파헤치면 아래가 찰흙뿐인 땅으로 내팽개쳐진다. 비옥한 토지에는 벌써 팻말이 서 있었다. 눈 속에 묻혀, 감자도 먹을 수 없어 일가족이 다음 해 봄에 굶어 죽는 일이 있었다. 그것은 '사실' 몇 번이나 있었다. 눈이 녹을 때가 되어, 1리나 떨어져 있는 '이웃 사람'이 찾아와 비로소 그것을 알았다. 입안에서 반쯤 먹은 짚 부스러기가 나오기도 했다.

드물게 아사餓死를 피할 수 있어도, 그 황무지를 10년이나 일궈서 겨우 보통 밭으로 만들었다고 생각될 때쯤, 그것은 실로 빈틈없이 '외지인'의 것이 되도록 되어 있었다. 자본가가—고리대금업자, 은행, 귀족, 재벌이 돈을 빌려 주면(내버려 두면), 황무지가 거짓말처럼 살진 검은 고양이의 가지런한 털과 같이 비옥한 토지가 되어, 틀림없이 그들의 것이 되었다. 그러한 것을 흉내 내어 쉽게 많은 이익을 얻기 위해서, 눈이 예리한 사람도 홋카이도에 비집고 들어왔다.―농민은 이쪽에서도 저쪽에서도 자신의 것을 물어 뜯겼다. 그리고 마지막에는 그들이 본토에서 그랬던 것과 똑같이 '소작인'이 되고 말았다. 그제야 비로소 농민들은 깨달았다.―'속았다!'

그들은 조금이라도 돈을 만들어 고향 마을로 돌아가자, 그렇게 생각해서 쓰가루 해협을 건너 눈 많은 홋카이도에 찾아온 것이었다.―게잡이 공선에는 자신의 토지를 '타인'에게 뺏겨 쫓겨난 그러한 사람들이 많이 있었다.

배에 짐을 싣는 인부는 게잡이 공선의 어부와 비슷했다. 감시가 붙어 있는 오타루의 하숙집에서 빈둥빈둥하고 있으면, 배에 실려 사할린이나 홋카이도의 오지로 끌려갔다. 발을 '잠깐' 헛디디면, 쿵쿵 지축을 흔드는 소리를 내며 굴러떨어지는 통나무 밑에 깔려 남부센베이*보다도 얇아졌다. 상태가 좋지 않은 윈치로 덜컹덜컹하며 배에 실려 가는, 물로 껍질이 흐물흐물해져 있는 목재에 어쩌다 한 번 맞으면, 그 사람은 머리가 찌부러져서는 벼룩 새끼보다도 가볍게 바닷속에 처박혔다.

―본토에서는 더는 잠자코 '살해당하지 않는' 노동자가 하나의 집단으로 모여서 자본가에게 반항하고 있다. 그러나 '식민지'의 노동자

---

* 에도(江戶) 시대, 남부지방의 명물과자(전병). 단맛을 가하지 않고 밀가루와 소금만으로 만들어, 검은 참깨를 바른 것. 처음에 하치노헤(八戶)에서 만들어졌고, 지금은 모리오카(盛岡) 지방의 명물이 되어 있다.

는 그러한 사정으로부터 완전히 '차단'되어 있었다.

괴롭고 괴로워서 견딜 수가 없었다. 하지만 굴러가면 갈수록 커지는 눈사람처럼 괴로움을 몸에 짊어질 뿐이었다.

"어떻게 될까……?"

"살해당하는 거지, 알잖아."

"……" 뭔가 말하고 싶은 것 같았지만, 갑자기 막힌 채 모두 아무 말이 없었다.

"사, 사, 살해당하기 전에 우리 쪽에서 죽여 버리자." 말더듬이가 무뚝뚝하게 내뱉었다.

철썩철썩 부드럽게 배 옆구리에 파도가 부딪치고 있었다. 위층 갑판 쪽 어딘가의 파이프에서 스팀이 새고 있는 듯, 시— 시— 시— 하고 쇠 주전자가 끓는 것 같은 부드러운 소리가 끊임없이 나고 있었다.

자기 전에, 어부들은 때 때문에 마른오징어같이 헐렁헐렁해진 러닝이나 모직 셔츠를 벗어 난로 위에 펼쳤다. 둘러싸고 있는 자들이 고타쓰*처럼 각각 그 가장자리를 잡고, 뜨겁게 하고 나서 팔랑팔랑 털었다. 난로 위에 이나 빈대가 떨어지자, 톡톡 소리를 내며 사람이 탈 때와 같은 비린내가 났다. 뜨거워지자 견딜 수 없게 된 이가, 셔츠의 솔기에서부터 자잘하게 많은 다리를 필사적으로 움직이며 나왔다. 집어 올리

---

* 각로(脚爐). 일본의 실내 난방 장치의 하나. 나무틀에 화로를 넣고 그 위에 이불·포대기 등을 씌운 것. 이 속에 손발을 넣고 몸을 녹인다.

자, 기름기 있는 피부에 작고 둥근 몸의 감촉이 오싹했다. 섬뜩한 머리가 사마귀라고 할 수 있을 정도로 살찐 것도 있었다.

"이봐, 가장자리를 잡아 줘."

훈도시의 한쪽 끝을 잡고 펼치면서 이를 잡았다.

어부는 이를 입에 넣고, 앞니로 소리를 내며 으깨거나, 양쪽 엄지손가락으로 손톱이 새빨갛게 될 때까지 으깨었다. 아이가 더러운 손을 바로 옷에 닦듯이 한텐 옷자락에 닦고 또 시작했다.―그러나 그래도 잘 수 없었다. 어디에서 나오는지 밤새도록 이와 벼룩과 빈대에 시달렸다. 아무리 해도 완전히 퇴치할 수 없었다. 어둑어둑하고 눅눅한 선반에 서 있으면, 바로 스멀스멀 몇십 마리의 벼룩이 정강이를 기어올라왔다. 마지막에는 자신의 몸 어딘가가 썩어 있는 것은 아닌가 생각되었다. 구더기와 파리가 매달려 있는, 썩어 문드러진 '시체'는 아닌가, 그런 까닭 모를 두려움을 느꼈다.

더운 목욕물에는 처음에는 하루 걸러서 들어갔다. 몸에 비린내가 나고 더러워져 어쩔 수 없었다. 그러나 일주일이 지나자 3일 간격이 되고, 한 달 정도 지나자 일주일에 한 번. 그리고 결국 월 2회가 되어 버렸다. 물의 낭비를 막기 위해서였다. 그러나 선장과 감독은 매일 더운 목욕물에 들어갔다. 그것은 낭비가 아니었다(!).―몸이 게의 즙으로 더러워졌다. 그것이 그대로 며칠이나 계속되었다. 그래서 이나 빈대가 끓지 않을 '수'가 없었다.

훈도시를 풀면 검은 알알이 흘러 떨어졌다. 훈도시를 맨 곳이 붉게 자국이 나서 배에 테 모양을 만들었다. 그곳이 견딜 수 없이 가려웠다. 자고 있으면 북북 몸을 마구 긁는 소리가 어디에서나 들렸다. 스멀스멀 작은 용수철 같은 것이 몸 아래쪽을 달리는가 하면—찔렀다. 그때마다 어부는 몸을 비비 꼬며 뒤척였다. 그러나 또 곧 같아졌다. 그것이 아침까지 계속되었다. 피부가 옴이 오른 것 같이 까슬까슬해졌다.

"죽여주는 이네."

"응, 정말 그러네."

어쩔 수 없이 웃어 버렸다.

5

 당황한 어부 두세 명이 갑판 위를 달려갔다.
 모퉁이에서 미처 방향을 바꾸지 못하고, 휘청거리며 난간을 꽉 잡았다. 살롱 앞 갑판에서 수리를 하고 있던 목수가 발돋움을 하고 어부가 달려간 쪽을 바라보았다. 휘몰아치는 찬바람을 그대로 맞아, 눈물이 나서 처음에는 잘 보이지 않았다. 목수는 옆을 보며 기세 좋게 손을 코에 대고 코를 풀었다. 콧물이 바람에 날려 일그러진 선을 그리며 날아갔다.
 선미의 왼쪽 윈치가 덜컹덜컹 소리를 내고 있었다. 모두 게를 잡으러 나가 있는 지금, 윈치를 작동하고 있는 사람이 있을 리 없었다. 그리고 윈치에는 무엇인가 매달려 있었다. 그것이 흔들리고 있었다. 매달려 있는 와이어가 그 주위를 천천히 원을 그리며 돌아가고 있었다. "뭐야?"—그 순간 가슴이 철렁 내려앉았다.

목수는 당황한 듯이 또 한 번 옆을 보며 손을 코에 대고 코를 풀었다. 그것이 바람에 날려 바지에 걸렸다. 눅진눅진한 옅은 콧물이었다.

"또 하고 있군?" 목수는 눈물을 몇 번이나 팔로 닦으며 눈을 가늘게 떴다.

이쪽에서 보니, 비가 갠 듯 은빛을 띤 회색 바다를 뒤로, 불쑥 튀어나온 윈치의 팔 부분, 거기에 완전히 몸이 묶여서 매달려 있는 잡부가 뚜렷이 검게 드러나 보였다. 윈치 끝 부분까지 하늘 쪽으로 올라갔다. 그리고 걸레 조각이라도 걸려 있는 것처럼 오랫동안—20분이나 그대로 매달려 있었다. 그러고는 내려왔다. 몸을 비비 꼬며 발버둥 치듯 두 다리가 거미집에 걸린 파리같이 움직이고 있었다.

이윽고 앞쪽 살롱의 그늘에 가려 보이지 않게 되었다. 일직선으로 팽팽해져 있던 와이어만이 가끔 그네처럼 움직였다.

눈물이 코에 들어갔는지 콧물이 자꾸만 나왔다. 목수는 또 손을 코에 대고 코를 풀었다. 그리고 옆 주머니에 대롱대롱 매달려 있는 쇠망치를 들고 일하기 시작했다.

목수는 슬쩍 귀를 기울이고—뒤돌아보았다. 와이어로프가 누군가 아래쪽에서 흔들고 있는 것처럼 돌아가고 있고, 탁 탁 하는 둔탁하고 어쩐지 기분 나쁜 소리가 나고 있었다.

윈치에 매달렸던 잡부는 얼굴색이 변해 있었다. 시체와 같이 굳게 닫은 입술 사이로 거품을 물고 있었다. 목수가 내려갔을 때, 잡부장이 장작을 옆구리에 끼고 한쪽 어깨를 올린 옹색한 모습으로, 갑판에서 바다로 소변을 보고 있었다. 저걸로 때렸구나 하고, 목수는 장작을 힐끔 보았다. 소변은 바람이 불 때마다 쏴아 쏴아 하고 갑판 끝 부분에 걸려 튀어 올랐다.

어부들은 며칠씩이나 계속된 과로로 인해, 점점 아침에 일어날 수 없게 되었다. 감독이 빈 석유 깡통을 자고 있는 어부들의 귓전에 대고 두드리며 돌아다녔다. 눈을 떠서 일어날 때까지 마구 깡통을 두드렸다. 각기병에 걸린 사람이 머리를 반쯤 들고 무언가 말하고 있었다. 하지만 감독은 못 본 척하며 깡통을 계속 두드렸다. 목소리가 들리지 않기 때문에 금붕어가 물가에 나와 공기를 들이마시고 있는 것처럼, 입만 빠끔빠끔 움직이는 듯이 보였다. 어지간히 두드리고 나서,

"어떻게 된 거야! 안 일어나면 두드려 깨운다!"라고 큰 소리로 꾸짖었다. "적어도 일이 국가적인 일인 이상, 전쟁이랑 똑같은 것이다. 죽을 각오로 일해! 바보들아!"

환자들은 모두 이불을 빼앗기고 갑판으로 밀려 나갔다. 각기병에 걸린 사람은 계단 층계에 발끝이 걸려 넘어질 듯 비틀거렸다. 난간을 잡으면서 몸을 비스듬히 하고, 발을 손으로 들어 올리며 계단을 올라갔다. 한 발 한 발 내딛을 때마다 심장이 기분 나쁘게 쿵쿵 발로 차는 듯이 뛰었다.

감독도 잡부장도 환자에게는 의붓자식이라도 대하듯이 바작바작 음험했다. 게를 깡통에 채우고 있으면 내몰아서, 갑판에서 '게 으깨기'

를 시켰다. 그것을 한동안 하고 나면 '상표를 붙이는 일' 쪽으로 돌려졌다. 뼛속까지 춥고, 어두침침한 공장 안에서 미끄러지지 않도록 발밑에 주의하면서 내내 서 있으면, 무릎 밑으로는 의족을 만지는 것보다 무감각해져, 어쩌면 무릎 관절의 이음매가 떨어진 것 같이, 자신도 모르게 풀썩 주저앉아 버릴 것 같았다.

학생이 게를 으깬 지저분한 손등으로 이마를 가볍게 두드리고 있었다. 잠시 그러더니, 그대로 옆으로 쓰러져 버렸다. 그때 옆에 쌓아 두었던 빈 통조림 깡통들이 엄청난 소리를 내며 쓰러진 학생 위로 무너져 내렸다. 깡통들이 배의 경사를 따라서, 기계 밑이나 화물 사이로 반짝거리면서 둥글게 굴러갔다. 동료들이 당황해서 학생을 승강구로 데려가려고 했다. 그런데 마침 휘파람을 불며 공장으로 내려오는 감독과 마주쳤다. 힐끗 쳐다보더니,

"누가 작업장을 뜨라고 했나!"

"누가!?" 자신도 모르게 울컥한 한 명이 몹시 흥분하여 어깨로 대들 듯했다.

"누가—? 이 바보 자식, 다시 한 번 말해 봐!" 감독은 주머니에서 권총을 꺼내어 장난감처럼 여기저기 만지작거렸다. 그러더니 갑자기 큰 소리로, 입을 삼각형으로 삐죽 내밀면서, 기지개를 켜듯 몸을 흔들면서 웃어 댔다.

"물을 갖고 와!"

감독은 물이 가득 찬 통을 받더니, 침목과 같이 마루에 쓰러져 있는

학생의 얼굴에 느닷없이―한 번에 그것을 끼었었다.

"이걸로 됐어. 필요 없는 놈 따위 보지 않아도 좋아. 일이라도 하라니까!"

다음 날 아침, 잡부가 공장에 내려가니, 선반 쇠기둥에 전날의 학생이 붙들어 매어져 있는 것을 보았다. 목이 비틀어진 닭처럼, 목을 푹 가슴 쪽으로 떨어뜨리고, 등줄기 끝에 큰 관절을 하나 쑥 드러내 보이고 있었다. 그리고 가슴에 어린아이의 앞치마처럼, 분명한 감독의 필치로,

'이 자는 충성하지 않는 꾀병쟁이이므로 포승을 푸는 것을 금함.'

이라고 쓴 마분지가 매달려 있었다.

이마에 손을 대 보니 차가워진 철처럼 싸늘했다. 잡부들은 공장에 들어갈 때까지 와글와글 떠들고 있었다. 그런데 지금은 누구도 말을 하는 자가 없었다. 뒤에서 잡부장이 내려오는 소리를 듣자, 그들은 그 학생이 묶여 있는 기계에서 둘로 나뉘어 각자의 담당 구역으로 흘러갔다.

게잡이가 바빠지자, 몹시 가혹하게 대했다. 앞니가 부러지고, 밤새 '피로 물든 침'을 뱉거나, 과로로 작업 중에 졸도하거나, 눈에서 피가 나거나, 손바닥으로 마구 맞아 귀가 들리지 않게 되거나 했다. 너무 피곤하면, 모두는 술에 취한 것처럼 정신을 잃었다. 시간이 되어 '이제 됐다' 하고 잠시 안심하자, 순간 어찔어찔했다.

모두가 뒷정리를 하고 있자,

"오늘은 9시까지다."라고, 감독이 고함치며 돌아다녔다. "이 자식들,

끝이라고 할 때만 손놀림을 빨리하고 말이야!"

모두들 빠르게 촬영한 영화 장면처럼 느릿느릿 다시 일어섰다. 그 정도밖에 기력이 남아 있지 않았다.

"알겠나. 여기는 두 번 세 번 되돌아갔다가 다시 나올 수 있는 곳이 아니다. 게다가 언제라도 게를 잡을 수 있다고 정해진 것도 아니다. 그것을 하루 10시간 일했으니까, 13시간 일했으니까 하며 딱 그만두어 버리면 당치도 않지.—일의 성질이 다른 것이다. 알겠는가? 그 대신 게가 잡히지 않을 때에는 너희들을 과분할 정도로 빈둥빈둥 놀게 해 두는 것이다." 감독은 '똥통'에 내려와 이러한 이야기를 했다. "로스케 놈들은 고기가 아무리 눈앞에 떼 지어 모여도, 일을 끝낼 시간이 오면 1분도 어김없이 일을 집어던져 버린다. 그러니까—그런 마음가짐으로 일을 하니까 러시아라는 나라가 저렇게 된 것이다. 일본 남아는 결코 따라 해서는 안 될 일이다!"

무슨 소리를 하는 거야, 사기꾼 자식! 이렇게 생각해서 듣고 있지 않은 자도 있었다. 그러나 대부분은 감독이 그렇게 말하면 일본인은 역시 위대하구나, 하는 기분이 되었다. 그리고 자신들이 매일 겪는 잔학한 고통이 뭔가 '영웅적'인 것으로 보여, 그것이 그나마 모두를 위로해 주었다.

갑판에서 일을 하고 있으면, 자주 수평선을 가로질러 구축함이 남하해 갔다. 함미에 일본 국기가 펄럭이는 것이 보였다. 어부들은 흥분해서 눈에 눈물을 가득 글썽이며 모자를 쥐고 흔들었다.—저것뿐이다.

우리들 편은, 하고 생각했다.

"빌어먹을, 저 녀석을 보면, 눈물이 처나와."

점점 작아져서, 연기에 휘감겨서 보이지 않게 될 때까지 바라보았다.

걸레 조각과 같이 녹초가 되어 돌아오면, 모두는 갑자기 생각난 듯이 상대도 없이, 단지 "빌어먹을!"이라고 소리쳤다. 어둠 속에서 그것은 증오에 가득 찬 황소의 신음 소리와 닮아 있었다. 누구에 대해서인가는 그들 자신도 알지 못했지만, 그러나 매일매일 같은 '똥통' 안에 있어서, 200명 가까운 사람들이 서로 무뚝뚝하게 이야기하고 있는 사이에, 눈에 보이지 않게 생각하는 것, 말하는 것, 행동하는 것이(민달팽이가 지면을 기어가는 정도로 느렸지만) 똑같아졌다.―물론 그 같은 흐름 속에서도 정체한 듯이 제자리걸음을 하는 자가 생기거나, 다른 방향으로 새어 가는 중년의 어부도 있었다. 그러나 그 모두가 아무것도 알아차리지 못하는 사이에 그렇게 되어 가서, 그리고 어느새 명확히 나뉘어져, 분파가 되어 있었다.

아침이었다. 탄광에서 온 남자가 트랩을 느릿느릿 올라가면서,

"도저히 못하겠어."라고 말했다.

전날은 10시 가까이까지 일해서, 몸은 부서져 가는 기계와 같이 삐걱거리고 있었다. 트랩을 올라가면서 문득 보니, 자고 있었다. 뒤에서 "이봐!" 하고 부르자, 엉겁결에 손과 발을 움직였다. 그리고 발을 헛디디며 엎드러지고 말았다.

일을 하기 전에, 모두가 공장에 내려와서 한쪽 구석에 모였다. 어느

누구나 다 진흙 인형과 같은 얼굴을 하고 있었다.

"나는 일 안 할래. 못하겠어." 탄광 출신이었다.

모두들 잠자코 얼굴을 움직였다.

잠시 후,

"혼날 텐데……."라고 누군가 말했다.

"꾀부려서 안 하는 게 아니야. 일할 수 없기 때문이야."

탄광에서 온 사람이 소매를 위팔까지 걷어 올려, 눈앞에 비춰 보듯이 머리 위로 추켜올렸다.

"내 목숨은 이제 길지 않을 거야. 나는 꾀부려서 안 하는 게 아니야."

"그건 그렇지."

"……"

그날 감독은 벼슬을 꼿꼿이 세운 싸움닭과 같이 공장을 헤집고 돌아다녔다. "어떻게 된 거야? 어떻게 된 거야?" 하고 마구 호통을 쳐 댔다. 하지만 느릿느릿 일을 하고 있는 자가 한두 사람이 아니고, 여기도 저기도—거의 전부였기 때문에 그저 신경질적으로 여기저기 돌아다니는 것밖에 할 수 없었다. 어부들도 선원들도 그런 감독을 보는 것은 처음이었다. 갑판에서, 그물로부터 벗어난 게가 무수히 버석거리며 기어 다니는 소리가 났다. 잘 빠지지 않는 하수도와 같이, 일이 자꾸 쌓여 갔다. 그러나 '감독의 곤봉'은 아무런 도움도 되지 않았!

일이 끝나고 나서 찌든 수건으로 목을 닦으면서, 모두 줄줄이 '똥통'으로 돌아왔다. 얼굴을 마주 보자 엉겁결에 웃음을 터뜨렸다. 왠지 모르지만, 못 견디게 재미있고 재미있었다.

그것이 선원들 쪽에도 옮아갔다. 선원을 어부와 적대시키며 일을 시켜서, 어지간히 어이없는 꼴을 당하고 있는 것을 알고 나서, 그들도 때때로 '태업'을 하기 시작했다.

"어제 엄청나게 일을 했기 때문에, 오늘은 태업이다."

일을 나가려고 할 때, 누군가 그렇게 말하면 모두 그렇게 했다. 그러나 '태업'이라고 해 봤자, 몸을 좀 편하게 한다는 것밖에 없었지만.

누구든 몸이 비정상이었다. 만일의 경우 '어쩔 수 없이' 하리라. '살해당하는 것'은 어느 쪽도 마찬가지다. 그런 생각이 모두에게 있었다.─더는 참을 수 없었다.

* * *

"보급선이다! 보급선이다!" 갑판에서 외치는 소리가 아래까지 들려왔다. 모두는 제각각 '똥통'의 선반에서 누더기 차림으로 뛰어내렸다.

보급선은 어부와 선원을 '여자'보다도 애타게 했다. 이 배만은 소금 냄새가 아니고,─하코다테 냄새가 났다. 몇 개월이나, 몇백 일이나 힘껏 밟은 적이 없는 그 움직이지 않는 '흙' 냄새가 났다. 게다가 보급선에는 육지에서 보내온 날짜가 다른 몇 통의 편지, 셔츠, 속옷, 잡지 등이 실려 있었다.

그들은 게 냄새 나는 울툭불툭한 손으로 짐을 움켜쥐고, 황급히 '똥통'으로 뛰어내렸다. 그리고 선반에 크게 책상다리를 하고 앉아, 그 책상다리 안에서 짐을 풀었다. 여러 가지 물건이 나왔다.—옆에서 엄마가 말하고 적게 한, 자신의 아이의 더듬거리는 편지와 수건, 칫솔, 이쑤시개, 화장지, 옷, 그것들의 틈새에서 생각지도 않았던 아내의 편지가 무게 때문에 깔끔히 납작해져서 나왔다. 그들은 그 어느 것에서든지 육지에 있는 '집' 냄새를 맡으려고 했다. 젖내 나는 아이 냄새와 숨이 막힐 듯한 아내의 살 냄새를 더듬었다.

……

보지에 홀려서 곤란해 하고 있다.
3전 우표로 닿으면
보지 통조림으로 보내고 싶은—가!

매우 큰 소리로 '유행가'를 불렀다.
아무것도 받지 못한 선원과 어부는 바지 주머니에 막대기와 같이 팔을 찔러 넣고, 여기저기 걸어 돌아다니고 있었다.
"네가 없는 사이에, 남자라도 끌어들인 것이야."
모두에게서 놀림을 받았다.
어두침침한 구석에 얼굴을 향하고, 모두가 왁자지껄 떠들고 있는 것을 아랑곳하지 않고, 몇 번이나 손가락을 다시 꼽으며, 생각에 잠겨 있는 자가 있었다.—보급선으로 온 편지에서 아이가 죽었다는 통지를 읽은 것이었다. 두 달이나 전에 죽은 아이의 소식을 알지 못한 채 '지금까지' 있었다. 편지에는 전보를 부탁할 돈도 없어서, 하고 쓰여 있었다. 어부인가!?―라고 생각될 정도로, 그 남자는 언제까지나 무뚝뚝하게 있었다.

그러나 그와 정반대의 경우도 있었다. 물에 젖어 불은 문어 새끼 같은 갓난아이 사진이 들어 있었다.

"이놈인가!?" 하고, 괴상한 소리로 웃음을 터뜨렸다.

그리고 "어때, 이놈이 태어난 거야." 하고, 일부러 한 사람, 한 사람마다 보이면서 싱글벙글 돌아다녔다.

짐 속에는 아무것도 아닌, 그러나 또한 아내가 아니라면 할 수 없을 것 같은 세심한 마음 씀씀이를 알 수 있는 것이 들어 있었다. 그런 때는 갑자기 누구라도 쿵쾅거리며 마음이 '위태롭게' 동요되었다.―그리고 무턱대고 돌아가고 싶어졌다.

보급선에는 회사에서 파견된 영화부가 타고 있었다. 완성된 만큼의 통조림을 보급선에 옮기고 난 밤, 배에서 영화를 상영했다.

납작한 사냥 모자를 약간 비스듬히 쓰고, 나비넥타이를 하고 통이 큰 바지를 입은, 같은 모습의 젊은 남자 두세 명이 무거워 보이는 트렁크를 들고 배에 올라왔다.

"냄새, 냄새!"

그렇게 말하면서 겉옷을 벗고 휘파람을 불면서 커튼을 치거나, 거리를 재어 영화 스크린을 설치하기 시작했다. 어부들은 그 남자들에게서 무언가 '바다'가 아닌 것—자신들과 같지 않은 것을 느끼고, 그것에 몹시 매혹되었다. 선원과 어부는 어딘가 들뜬 기분으로 그들의 준비를 거들었다.

가장 나이 들고 품위가 없어 보이는 굵은 금테 안경을 쓴 남자가 조금 떨어진 곳에 서서 목의 땀을 닦고 있었다.

"변사님, 그런 곳에 서 있으면 발에서 벼룩이 기어 올라옵니다요!"

그러자, "히야앗—!" 달군 철판이라도 밟은 듯 튀어 올랐다.

보고 있던 어부들이 와 하고 웃었다.

"정말 지독한 곳에 있군!" 목이 쉬고 밴들거리는 목소리였다. 그는 역시 변사였다. "아마 모르겠지만 이 회사가 여기서 이렇게 해서, 해 와서 얼마나 벌고 있다고 생각해? 대단한 돈이야. 6개월에 500만 엔이야. 1년엔 1000만 엔이지.—입으로는 1000만 엔이라고 말하면 그뿐이지만 대단한 돈이지. 게다가 주주에게 2할 2푼 5리라는 터무니없는 배당을 하는 회사는 일본이라도 별로 없어. 이번에 사장이 국회의원이 된다고 하니 더할 나위 없지.—역시 이런 식으로 지독하게 하지 않으면 그만큼 벌어들일 수 없겠지."

밤이 되었다.

'1만 상자 축하'를 겸해 술, 소주, 마른오징어, 고기 조림, 담배, 캐러멜이 모두에게 나누어졌다.

"자, 아버지 곁에 와."

잡부는 어부와 선원 사이에서 인기가 높았다. "편안히 안아 줄 테니까."

"위험해, 위험해! 나한테 오라니까."

그것이 와자지껄 한동안 계속되었다. 앞 열 쪽에서 네댓 명이 갑자기 박수를 쳤다. 다들 영문도 모른 채 따라서 박수를 쳤다. 감독이 하얀 스크린 앞에 나왔다.—허리를 펴고 뒷짐을 지고서, '제군은'이라든가 '저는'이라든가 보통 말한 적이 없는 단어를 말하거나, 또 언제나처럼 '일본 남아'라든가 '자원'이라든가 하면서 말하기 시작했다. 대부분은 듣고 있지 않았다. 관자놀이와 턱뼈를 움직이면서 '마른오징어'를 씹고 있었다.

"그만둬, 그만둬!" 뒤에서 고함쳤다.

"너 따위, 들어가! 변사가 있다고, 분명히."

"육각 봉 쪽이 어울려!" 모두들 와 하고 웃었다. 휘파람을 휙휙 불며, 마구 박수를 쳤다.

감독도 막상 그곳에서는 화를 낼 수 없어 얼굴을 붉히고 뭔가 말하고(모두 떠들고 있어서 들리지 않았다.) 물러났다. 그리고 영화가 시작되었다.

처음에는 '기록'이었다. 미야기, 마쓰시마, 에노시마, 교토……가 흔들흔들 스크린에 비쳤다. 때때로 끊어졌다. 갑자기 사진 두세 장이 겹쳐져 현기증이라도 날 듯 어지럽다고 생각했을 때, 순간 없어지고 확 하얀 막이 되었다.

그리고 서양 영화와 일본 영화가 상영되었다. 둘 다 사진에 흠이 있어 스크린에 몹시 '비가 내렸다'. 게다가 군데군데 끊어져 있는 것을 이은 듯, 사람의 움직임이 부자연스러웠다.—그러나 그런 것은 아무래도 좋았다. 모두들 완전히 빨려 들어가 있었다. 외국의 좋은 몸매를 한 여자가 나오면 휘파람을 불거나 돼지처럼 코를 킁킁거렸다. 변사는 화가 나서 잠시 설명을 하지 않기도 했다.

서양 영화는 미국 영화로 '서부 개척사'를 다룬 것이었다.—야만인의 습격을 받거나, 가혹한 자연에 파괴되면서도 다시 일어서서 한 칸 한 칸 철도를 넓혀 간다. 도중에 임시변통으로 만든 '마을'이 마치 철도의 매듭처럼 생긴다. 그리고 철도가 나아가고, 그 앞으로, 앞으로 마을이 생겨 간다.—그곳에서 일어나는 여러 가지 고난이, 한 인부와 회사 중역의 딸과의 '러브 스토리'와 서로 뒤엉키며 표면화하거나 뒤로 숨거나 하면서 그려지고 있었다. 마지막 장면에서 변사가 목소리를 높였다.

"그 수많은 청년들의 희생에 의해 마침내 성공적으로 놓인 장장 몇 백 마일의 철도는 긴 뱀처럼 들판을 달리고, 산을 관통해, 어제까지의 황무지는 이리하여 국가 자산으로 변한 것입니다."

중역의 딸과 어느 사이에 신사처럼 된 인부가 서로 껴안는 장면에서 막이 내렸다.

중간에 의미 없이 껄껄 웃게 하는 단편 서양 영화가 한 편 끼어서 상영되었다.

일본 영화 쪽은 가난한 한 소년이 '낫토 팔이', '신문팔이' 등에서부터 '구두닦이'를 하고, 공장에 들어가 모범 직공이 되고, 발탁되어 일대 부호가 되는 영화였다.―변사는 자막에는 없었지만,

"실로 근면이야말로 성공의 어머니가 아니고 무엇이란 말입니까!"라고 말했다.

잡부들의 '진지한' 박수가 나왔다. 그러나 어부였나 선원이었나,

"거짓말! 그러면 나라도 사장이 되었겠다."라고 큰 소리로 말하는 사람이 있었다.

그래서 모두 크게 웃었다.

뒤에 변사가 "저런 부분에서는 잔뜩 힘을 주고, 반복하고, 반복해서 말해 주길 바란다고 회사에서 명령 받고 왔다."고 말했다.

마지막은 회사의 각 소속 공장과 사무소 등을 찍은 것이었다. '근면'하게 일하고 있는 많은 노동자가 찍혀 있었.

상영이 끝나고 나서 모두는 1만 상자 축하주에 취했다.

오랫동안 술을 입에 대지 못했기도 하고 너무 피로했기 때문에, 곤드레만드레 취해 버렸다. 어슴푸레한 전등 아래에 담배 연기가 구름과 같이 자욱이 끼어 있었다. 공기가 무더워 흐물흐물 삭아 있었다. 옷을 벗어 상반신을 드러내거나, 머리를 수건으로 동여매거나, 크게 책상다리를 하고 옷자락을 완전히 걷어 올리거나, 큰 소리로 이런저런 일을 서로 고함쳤다.―때때로 치고받는 싸움이 일어났다.

그것이 12시 넘어서까지 계속되었다.

각기병으로 언제나 누워 있던, 하코다테에서 온 어부가 베개를 약간

높여 달라고 해서, 모두가 떠드는 것을 보고 있었다. 같은 곳에서 온 어부 친구는 옆 기둥에 기대어 잇새에 낀 마른오징어를 성냥개비로 '시이', '시이' 소리를 내며 쑤시고 있었다.

꽤 지나고 나서였다.―'똥통' 계단을 어부가 마대 자루처럼 굴러 떨어졌다. 옷과 오른손이 완전히 피투성이였다.

"식칼, 식칼! 식칼을 갖다 줘!" 바닥을 기면서 소리쳤다. "아사카와 자식, 어디 갔어. 없어졌어. 죽여 버린다."

감독 때문에 맞은 적이 있는 어부였다.―그는 난로 부지깽이를 들고, 눈빛을 바꾸고 다시 나갔다. 누구도 그것을 막지 않았다.

"이봐!" 하코다테 어부는 친구를 쳐다보았다. "어부라고 언제까지나 나무 그루터기 같은 바보는 아니군. 재밌어지겠어!"

다음 날 아침이 되어, 감독실의 창유리를 통해서 탁자의 집기가 완전히 엉망으로 부서져 있는 것을 알았다. 감독만은 어디에 있었는지 운 좋게 '부서져' 있지 않았다.

6

 뭉게뭉게, 비가 올 듯이 잔뜩 흐려 있었다.―어제까지 비가 내렸다. 그것이 막 그친 때였다. 흐린 하늘과 같은 색깔의 비가, 역시 흐린 하늘과 같은 색깔의 바다에, 때때로 부드럽고 둥근 파문을 남기고 있었다.

 정오를 조금 지나서 구축함이 왔다. 틈이 난 어부와 잡부와 선원이 갑판 난간에 기대어 정신없이 보면서 구축함에 대해 와글와글 떠들고 있었다. 신기했다.

 구축함에서 작은 배가 내려져 사관들이 본선으로 건너왔다. 배 옆에 비스듬히 내려진 트랩 아래 계단의 층계참에는 선장, 공장 대표, 감독, 잡부장이 기다리고 있었다. 배가 도착하자 서로 거수경례를 하고, 선장을 선두로 올라왔다. 감독이 위를 무심코 쳐다보고는 눈썹과 입가를 찡그리고 손을 내저으며 말했다. "뭘 보고 있어? 저리 가, 저리 가!"

 "까불지 마, 이 자식아!" 뒷사람이 앞사람을 차례로 밀면서 줄줄이 공장으로 내려갔다. 비린내가 갑판에 떠돌았다.

"어휴! 비린내." 멋진 콧수염을 한 젊은 사관이 고상하게 얼굴을 찡그렸다.

뒤에서 따라온 감독이 당황해서 앞으로 나가서 뭐라고 하며 머리를 몇 번이나 숙였다.

어부들은 멀리에서, 장식이 달린 단검이 걸을 때마다 엉덩이에 부딪쳐 튀어 오르는 것을 보고 있었다. 어느 쪽이 어느 쪽보다 높다든가 높지 않다든가 하면서 진지하게 언쟁했다. 결국에 싸움과 같아졌다.

"저걸 보면, 아사카와도 별거 아니군."

감독이 머리를 자꾸 조아리는 모습을 흉내 내어 보였다. 모두들 그래서 와 하고 웃었다.

그날은 감독도 잡부장도 없었기에 모두는 마음 편히 일을 했다. 노래를 부르거나 기계 너머로 큰 소리로 이야기했다.

"이런 식으로 일을 하게 하면 얼마나 좋을까."

모두가 일을 끝내고 위층 갑판으로 올라왔다. 살롱 앞을 지날 때, 안에서 술에 취해 거리낌 없이 큰 소리로 마구 떠들고 있는 소리가 들렸다.

급사가 나왔다. 살롱 안은 담배 연기로 후덥지근했다.

급사의 상기된 얼굴에는 땀이 방울방울 맺혀 있었다. 양손에 빈 맥주병을 가득 들고 있었다. 턱으로 호주머니를 가리키며,

"얼굴 좀 닦아 줘."라고 말했다.

어부가 손수건을 꺼내 닦아 주면서, 살롱을 보며 "뭐 하고 있어?"라고 물었다.

"야, 대단해. 벌컥벌컥 마시면서 무슨 이야기를 하는가 하면—여자의 그것이 어떻다든가 이렇다든가 그런 얘기야. 덕분에 100번이나 뛰어다녔어. 농림부 관리가 오면 트랩에서 때려 떨어뜨릴 정도로 취해 있어!"

"뭐 하러 올까?"

급사는 모르지, 하는 얼굴을 하고, 서둘러 주방으로 뛰어갔다.

젓가락으로는 먹기 힘든 호슬부슬해진 안남미安南米에 종잇조각 같은 건더기가 떠 있는 짜디짠 된장국으로 어부들이 식사를 하고 있었다.

"먹은 적도, 본 적도 없는 양식洋食이 살롱에 얼마나 갔는지."

"똥이나 처먹어라—다."

탁자 옆벽에는,

하나, 밥을 가지고 불평을 하는 자는 훌륭한 인간이 될 수 없다.

하나, 한 알의 쌀도 소중히 여겨라. 피와 땀의 선물이다.

하나, 부자유와 괴로움을 참아라.

후리가나*가 붙은 서툰 글자로 쓴 전단지가 붙어 있었다. 아래 여백

* 한자 옆에 읽는 음(音)을 붙인 것.

에는 공중변소에 있을 듯한 외설스런 낙서가 적혀 있었다.

　식사가 끝나자, 자기 전까지 잠시 동안 난로를 빙 둘러쌌다.—구축함 이야기부터 군대 이야기가 나왔다. 어부 중에는 아키타, 아오모리, 이와테 출신 농부가 많았다. 그래서 군대 이야기가 나오자 영문도 모르게 열중했다. 군대에 갔다 온 사람이 많았다. 그들은 당시의 잔혹했던 군대 생활을 오히려 그리워하며 여러 가지 일들을 회상했다.

　모두 잠자리에 들었을 때, 갑자기 살롱에서 떠드는 소리가 갑판 판자와 배 옆벽을 타고 이곳까지 들려왔다. 무심코 눈을 뜨니 '아직 하고 있는' 소리가 귀에 들렸다.—이미 동이 틀 때가 아닌가. 누군가—급사인지도 모르지만, 갑판을 왔다 갔다 하고 있는 구두 소리가 뚜벅뚜벅 들렸다. 그리고 실제로 소란은 새벽까지 계속되었다.

　사관들은 구축함에 돌아간 듯 트랩은 내려진 채 그대로 있었다. 그리고 그 층계에 밥알과 게살과 갈색의 걸쭉한 물질이 뒤섞인 토사물이 대여섯 단 이어져 걸려 있었다. 토사물에서는 썩은 알코올 냄새가 강하게 코에 확 하고 왔다. 가슴이 엉겁결에 꽉 막히는 냄새였다.

　구축함은 날개를 접은 잿빛 물새처럼, 보이지 않을 정도로 몸을 흔들며 바다 위에 떠 있었다. 그것은 몸 전체가 '잠'을 탐내고 있는 것처럼 보였다. 굴뚝에서는 담배 연기보다도 가는 연기가 바람 없는 하늘로 털실처럼 올라갔다.

　감독과 잡부장 등은 낮이 되어도 일어나지 않았.

　"제멋대로인 새끼야!" 일을 하며 다들 투덜거렸다.

주방 구석에는 지저분하게 흘리며 먹은 빈 게 통조림 깡통과 맥주병이 산더미처럼 쌓여 있었다. 아침이 되자, 그것을 날랐던 급사 자신조차 용케도 이만큼 먹고 마셨구나 하고 놀랐다.

급사는 일의 특성상 어부와 선원 들이 도저히 알 수 없는 선장과 감독, 공장 대표 등의 드러난 생활을 잘 알고 있었다. 그리고 동시에 어부들의 비참한 생활(감독은 술에 취하면 어부들을 '돼지 놈들'이라고 불렀다.)도 확실히 비교해 알고 있었다. 공평하게 말해서 위쪽 인간은 오만하고, 이득을 위해 무서운 일을 '태연하게' 꾸몄다. 어부와 선원은 거기에 감쪽같이 빠져들어 갔다.—그것은 보고 있을 수 없었다.

아무것도 모르는 동안은 괜찮아, 급사는 언제나 그렇게 생각하고 있었다. 그는 당연히 어떤 일이 일어날지, 일어나지 않을지를 자신은 안다고 생각하고 있었다.

2시쯤이었다. 선장과 감독 등은 서투르게 개어 두었기 때문인 듯, 여기저기 주름이 진 옷을 입고, 통조림을 선원 두 명에게 들려서 발동기선을 타고 구축함으로 나갔다. 갑판에서 게를 떼어 내고 있던 어부와 잡부가 손을 쉬지 않고 '시집가는 행렬'이라도 보듯이 그것을 보고 있었다.

"뭘 하는 건지, 알 수가 없구먼."

"우리들이 만든 통조림을 마치 화장지보다도 소홀히 하네!"

"그렇지만 말이야……." 중년을 막 넘긴, 왼쪽 손가락이 세 개밖에 없는 어부였다. "이런 곳까지 와서 일부러 우리들을 지켜 주고 있잖나.

괜찮지 뭐."

―그날 저녁, 구축함이 모르는 사이에 뭉게뭉게 굴뚝에서 연기를 내뿜기 시작했다. 수병들이 바쁘게 갑판을 왔다 갔다 했다. 그리고 그로부터 30분쯤 후에 움직이기 시작했다. 함미의 깃발이 바람에 펄펄 펄럭이는 소리가 들렸다. 게잡이 공선에서는 선장의 선창으로 '만세'를 외쳤다.

저녁 식사가 끝나고 나서, '똥통'에 급사가 내려왔다. 모두는 난로 주위에서 이야기를 하고 있었다. 침침한 전등 아래에 서서, 셔츠의 이를 잡고 있는 사람도 있었다. 전등을 가로지를 때마다 큰 그림자가 페인트를 칠한, 낡아 찌들어 거무스름해진 배 옆벽에 비스듬히 비쳤다.

"사관과 선장, 감독의 이야기인데 말이야, 이번에 러시아 영해에 몰래 숨어 들어가 작업을 한대. 그래서 구축함이 계속 옆에서 지켜 준대. ―아마 이걸 상당히 준 것 같아(엄지와 검지로 둥글게 해 보였다)."

"그들의 이야기를 들으면, 돈이 그대로 지천으로 널려 있는 것 같은 캄차카나 북사할린 등 그 근처 일대를 언젠가는 어떻게 해서라도 일본 것으로 만든다는 거야. 일본 경제는 중국이나 만주뿐만이 아니라, 이쪽도 중요하다고 말했어. 그 일은 이 회사가 미쓰비시 등과 하나가 되어, 정부를 교묘하게 꼬드기고 있는 모양이야. 이번에 사장이 국회의원이 되면 그걸 더 일사천리로 할 모양이야."

"그리고 말야. 구축함이 게잡이 공선의 경비 때문에 출동했다고 말하는데, 천만의 말씀, 그것 때문만이 아니고, 이 주변의 바다, 북사할린,

지시마 부근까지 상세하게 측량한다거나 기후를 조사한다거나 하는 것이 오히려 더 큰 목적으로, 만일의 사태에 실수 없게 하려는 이유에서지. 이건 비밀일 거라고 생각하지만, 지시마의 가장 끝 섬에 몰래 대포를 옮기거나, 중유를 옮기고 있다는 거야."

"난 처음에 그 말을 듣고 깜짝 놀랐지만 말이야, 지금까지 일본의 어떤 전쟁이라도 사실은―그 속을 들여다보면, 모두 부자 두세 명의 (그 대신 엄청난 재벌인) 지시로, 억지로 여러 가지 동기動機를 갖다 붙여서 일으킨 거라고들 하더군. 어쨌든 장래성이 있는 곳을 어떡하든 손에 넣고 싶어서 파닥파닥 발버둥치고 있기 때문에, 그놈들은―위험하다는 거야."

7

　덜컹덜컹 윈치가 돌아가면서 소형선이 내려왔다. 윈치를 지탱하는 가로대가 짧아서, 그 밑에 어부 네 명 정도가 내려오는 소형선을 갑판 바깥으로 밀어내며, 그것이 바다로 내려갈 수 있도록 해 주고 있었다. ―위험한 일이 자주 일어났다. 낡아 빠진 배의 윈치는 각기병 환자의 무릎처럼 삐걱거렸다. 와이어를 감고 있는 톱니바퀴 또한 시원찮아서, 휙 하고 한쪽 와이어만이 짝짝이로 늘어졌다. 소형선이 훈제 청어처럼 모두 비스듬하게 매달려 버리는 때도 있었다. 그럴 때 허를 찔려 밑에 있던 어부들이 자주 부상을 당했다.―그날 아침에도 그런 일이 있었다. "앗, 위험해!"라고 누군가가 외쳤다. 바로 위에서부터 맞아서, 아래에 있던 어부의 목이 가슴 안으로 말뚝처럼 들어가 버렸다.
　어부들은 다친 어부를 껴안고 의사를 찾아갔다. 그들 중에서 이제는 확실히 감독 등에 대해 '개새끼'라고 생각하고 있던 사람들은 의사에게 '진단서'를 써 달라고 부탁하기로 했다. 감독은 뱀에게 인간 가죽을 입힌 자식이었으므로 어떻게든 트집을 잡을 것임에 틀림없었다. 그때를 대비하기 위해 진단서가 필요했다. 게다가 의사는 비교적 어부와 선원에게 동정하는 마음을 가지고 있었다.

"이 배는 작업으로 다치거나 병에 걸리는 것보다, 맞아서 다치거나 병에 걸리는 사람이 훨씬 더 많으니 원……." 하고 놀라워했다. 하나하나 일기에 기록해서 나중에 증거로 삼지 않으면 안 되겠군, 하고 말했었다. 그래서 병에 걸리거나 다쳐서 오는 어부와 선원들을 비교적 친절하게 보살펴 주고 있었다.

진단서를 좀 써 주셨으면 하는데요, 하고 한 사람이 말을 꺼냈다.

그 말을 듣자, 의사는 깜짝 놀란 듯했다.

"글쎄, 진단서는 말이야……."

"본 대로 써 주시기만 하면 됩니다."

조바심이 났다.

"이 배에서는 진단서를 써 주지 않기로 되어 있거든. 마음대로 그렇게 정한 모양이지만 말이야. …… 뒷일이 있어서 말이야."

성미가 급한 말더듬이 어부가 "쳇!" 하고 혀를 찼다.

"이전에, 아사카와 군에게 맞아서 귀가 들리지 않게 된 어부가 왔기에 무심코 진단서를 써 줬더니, 터무니없는 일이 생겨서 말이야.―그것이 아사카와 군에게는 언제까지나 증거로 남으니 말이지……."

그들은 진료실을 나오면서, 그렇게까지 말하는 걸 보면 의사도 역시 '자신들' 편은 아니라고 생각했다.

그러나 그 어부는 '불가사의하게도' 그럭저럭 생명을 건질 수 있었다. 그렇지만 대낮에도 자주 무엇인가에 차여서 비틀거리고 넘어지는 듯했고, 어두운 구석에 쓰러진 채, 끙끙거리는 소리가 며칠이나 들려왔다.

그가 낫기 시작해 신음 소리가 모두를 괴롭히지 않게 되었을 때, 예전부터 죽 누운 채로 지내던 각기병 어부가 죽었다.―스물일곱이었다. 도쿄 닛포리의 브로커 소개로 온 자로, 함께 온 동료가 10명 정도 있었다. 그러나 감독은 다음 날 작업에 지장이 있다고 하면서, 작업에 나가지 않는 '병에 걸린 자들만' 밤새 '빈소'를 지키도록 했다.

탕관湯灌*을 해 주기 위해 옷을 벗기자, 몸에서 메슥거리는 악취가 뿜어져 나왔다. 그리고 섬뜩할 만큼 새하얗고 납작한 이들이 줄줄 뛰쳐나왔다. 몸 전체는 비늘 모양의 때가 끼어 있어, 마치 소나무 줄기가 누워 있는 듯했다. 가슴에는 갈비뼈가 하나하나 그대로 드러나 있었다. 각기병이 심해지고 나서 자유롭게 걸어 다닐 수 없었기 때문에 소변 등은 누운 자리에서 싼 듯, 온통 지독한 악취가 났다. 훈도시도 셔츠도 검붉게 색이 변해, 잡아 올리자 황산이라도 뿌린 듯 너덜너덜 떨어져 나갈 것 같았다. 배꼽 부근에는 때와 먼지가 가득 차 있어서 배꼽이 보이지 않았다. 항문 주위에는 대변이 완전히 말라서 점토처럼 달라

---

* 불교식 장례에서 관(棺)에 넣기 전에 시체를 목욕시키는 일.

붙어 있었다.

"캄차카에서는 죽고 싶지 않아." 그는 죽을 때 이렇게 말했다고 한다. 하지만 그가 막 숨을 거두려 할 때, 곁에서 돌봐 준 사람이 아무도 없었을지도 모른다. 캄차카에서는 누구라도 죽고 싶지 않을 것이다. 어부들 중에는 그때의 그의 심정을 생각하며, 소리 높여 우는 자도 있었다.

탕관에 사용할 더운물을 얻으러 가자, 주방장이 "가엾기도 하지." 하며, "충분히 가지고 가게. 몸이 아주 더러울 거야."라고 말했다.

더운물을 가지고 오는 도중에 감독과 마주쳤다.

"어디로 가는 거지?"

"탕관하러요."라고 하자,

"적당히 써."라며, 아직 뭔가 더 말하고 싶은 모양으로 지나갔다.

돌아와서 그 어부는, "그때만큼 뒤에서 그 자식 머리에 뜨거운 물을 확 끼얹어 버리고 싶은 적은 없었어!"라고 말했다. 흥분해서 몸을 부들부들 떨었다.

감독은 집요하게 찾아와서는 모두의 기색을 살피고 갔다.―그러나 모두는 내일 꾸벅꾸벅 졸아도, 앞으로 고꾸라지면서 일을 해도,―앞의 '태업'을 하는 한이 있어도, 모두 밤새 '빈소'를 지키기로 했다. 그렇게 결정했다.

8시쯤 되자 겨우 대강 준비가 갖추어져, 향과 초에 불을 붙이고 모두가 그 앞에 앉았다. 감독은 끝내 오지 않았다. 선장과 의사가 그나

마 한 시간 정도 앉아 있었다. 떠듬떠듬 단편적으로 불경의 문구를 기억하고 있는 어부가, "그 정도로 괜찮아. 마음이 통하니까."라는 모두의 말에 경을 올리게 되었다. 불경을 외는 동안 모두 조용했다. 누군가 흐느껴 울었다. 경이 끝날 때쯤 되자 몇 사람이나 흐느껴 울었다.

불경이 끝나고 한 사람, 한 사람 차례로 분향했다. 그리고 자세를 편히 하고 삼삼오오 모여 앉았다. 동료가 죽은 일부터, 살아 있는—그러나 잘 생각해 보면 정말 위태롭게 살아 있는 자신들의 이야기에까지 이야기가 흘러갔다. 선장과 의사가 돌아간 후, 말더듬이 어부가 향과 초가 놓여 있는 시신 옆의 탁자 쪽으로 나갔다.

"나는 불경은 몰라. 불경을 올려 야마다 군의 영혼을 위로해 주는 일은 할 수 없어. 그러나 나는 정말 이렇게 생각한다. 야마다 군은 얼마나 죽고 싶지 않았을까, 하고.—아니, 사실을 말하면, 얼마나 살해당하고 싶지 않았을까, 하고. 분명히 야마다 군은 살해당한 거다."

듣고 있던 사람들은 찬물을 끼얹은 듯 조용해졌다.

"그러면 누가 죽였는가?—말하지 않아도 알고 있겠지! 나는 불경으로 야마다 군의 영혼을 위로해 줄 수는 없다. 그러나 우리는 야마다 군을 죽인 놈의 원수를 갚음으로써, 야마다 군을 위로해 줄 수 있다. —이것을, 지금이야말로 야마다 군의 영혼에게 우리는 맹세하지 않으면 안 된다고 생각한다……"

선원들이었다, 가장 먼저 "그렇다."라고 말한 것은.

게 비린내와 후끈한 사람 열기로 가득한 '똥통' 안에 향냄새가 향수

와도 같이 감돌았다. 9시가 되자, 잡부들이 돌아갔다. 지쳐 있었기 때문에 졸고 있던 사람들은 돌 넣은 자루같이 좀처럼 일어나지 못했다. 시간이 조금 지나자, 어부들도 한 사람, 두 사람 깊이 잠들어 버렸다.─파도가 일었다. 배가 흔들릴 때마다 초의 불꽃이 꺼질 듯 희미해지다가 다시 밝게 타기를 반복했다. 시신의 얼굴 위로 올려놓은 흰 천이 떨어질 듯 움직이나 싶더니 결국 미끄러져 내렸다. 그곳만 보고 있으면 소름이 끼치도록 섬뜩했다.─배 옆을 때리는 파도 소리가 나기 시작했다.

다음 날 아침 8시 넘어서까지 조금 일을 하고 나서, 감독이 정해 준 네 명의 선원과 어부만이 밑으로 내려갔다. 지난밤과 같이 어부가 불경을 올린 후에, 네 명 외에 환자 서너 명이 함께 삼베 자루에 시체를 넣었다. 삼베 자루는 새것도 많이 있었지만, 감독은 곧 바다에 던져질 텐데 새것을 쓰는 것은 사치라고 하면서 들어주지 않았다. 향은 이제 배에 남아 있지 않았다.

"불쌍하기도 하지. 이렇게는 정말 죽고 싶지 않았겠지."

좀처럼 구부러지지 않는 팔을 짜 맞추면서, 눈물을 삼베 자루 안에 떨어뜨렸다.

"안 돼, 안 돼. 눈물을 떨구면……."

"어떻게든 하코다테까지 가져갈 수 없을까. ……이봐, 얼굴을 보라구. 캄차카의 차가운 물에 들어가고 싶지 않다고 말하고 있잖아. 바다에 던져지다니, 믿을 수 없구먼……."

"똑같은 바다라도 캄차카야. 겨울이 되면─9월이 지나면, 배 한 척

없이 얼어붙어 버리는 바다라고. 북쪽 가장 끄트머리!"

"엉엉." 울고 있었다. "게다가, 이렇게 삼베 자루에 넣으라고 하면서, 겨우 예닐곱 명이라니. 300~400명이나 있는데 말이야!"

"우리들은 죽어서도 변변찮은 처지구먼······."

모두는 반나절이라도 좋으니 쉬게 해 달라고 부탁했지만, 전날부터 게가 많이 잡히기 시작해 허락해 주지 않았다. "공과 사를 혼동하지 말란 말이다." 감독은 그렇게 말했다.

감독이 '똥통' 천장에서 얼굴만 들이밀고,

"이제 됐나?" 하고 물었다.

어쩔 수 없이 그들은 "됐다."고 말했다.

"자, 옮겨."

"그래도 선장님이 그전에 조사弔詞를 읽어 주기로 되어 있는데."

"선장? 조사—?" 비웃듯이, "바보 같은 놈! 그런 태평한 짓을 할 시간이 있는가?"

태평한 짓은 할 수 없었다. 게가 갑판에 산더미처럼 쌓여 바스락바스락 집게로 바닥을 긁고 있었다.

그리고 지체 없이 운반되어, 연어나 송어를 거적으로 싼 것처럼 아무렇게나 선미에 달려 있는 발동기선에 실렸다.

"됐나?"

"됐—다······."

발동기선이 분주하게 움직이기 시작했다. 선미에서 물이 휘저어져,

거품이 일었다.

"그럼……."

"그럼."

"잘 가게."

"외로워도 참게나." 낮은 목소리로 말했다.

"그럼, 부탁하네!"

본선에서 발동기선에 탄 사람에게 부탁했다.

"응, 응, 알았네."

발동기선은 먼 바다 쪽으로 멀어져 갔다.

"그럼, 자!……"

"가 버렸네."

"삼베 자루 속에서 가기 싫어, 싫어, 하는 것 같아서 말이야……. 눈에 보이는 것 같아."

—어부들이 고기잡이에서 돌아왔다. 감독의 '제멋대로인' 조치를 들었다. 그걸 듣자, 화가 나기 전에 자신이—시체가 된 자신의 몸이 시키면 캄차카 바다 바닥에 그렇게 떨어지기라도 한 듯이 무서워서 오싹했다. 모두는 아무 말도 하지 않고, 그대로 줄줄이 트랩을 내려갔다. "알았다고, 알았어." 속으로 투덜거리면서, 소금기에 젖어 묵직해진 한텐을 벗었다.

8

 겉으로는 아무것도 드러내지 않는다. 눈치챌 수 없도록 작업을 느릿느릿 해 간다. 감독이 아무리 있는 힘껏 호통을 쳐도, 곤봉을 내리치며 걸어 다녀도, 말대꾸도 하지 않고 '얌전히' 한다. 그것을 하루걸러 반복한다(처음에는 흠칫흠칫 떨긴 했지만).―그런 식으로 해서 '태업'을 계속했다. 수장水葬이 있고 나서는 더욱더 발이 맞았다.
 작업량은 눈앞에서 줄어들어 갔다.
 중년이 넘은 어부는 일을 하게 되면 가장 몸이 힘들 텐데도 '태업'에는 싫은 기색을 보였다. 하지만 내심(!) 걱정하고 있던 일이 일어나지 않고, 정말 이상하게 생각되지만 오히려 '태업'의 효과가 나는 것을 보자, 젊은 어부들이 말하는 대로 움직이기 시작했다.
 곤란해진 자는 소형선의 기관사였다. 그들은 소형선에 대해서 모든 책임이 있고 감독과 일반 어부 사이에 위치해, '어획량'에서 곧 감독에게 당하는 것이었다. 그래서 가장 괴로웠다. 결국 3분의 1만이 '어쩔 수 없이' 어부 편에 서고, 나머지 3분의 2는 감독의 조그마한 '지점'—그 작은 'ㅇ'이었다.

"그건 피곤하지. 공장처럼 정확하고 분명히 일을 정할 수는 없어. 상대는 살아 있는 것이잖아. 게라는 것이 인간님에게 편하도록 시간대별로 나와 주진 않으니까. 어쩔 수 없어."—그대로 감독의 축음기였다.

이런 일이 있었다.—똥통에서, 자기 전에 어떤 이야기가 뜻밖에 여러 방향으로 옮아갔다. 그때 무심코 기관사가 으스댄 일을 말해 버렸다. 그것은 그다지 으스댄 것도 아니었지만, '일반' 어부에게는 욱하고 화가 치밀 만했다. 그리고 그 어부는 조금 취해 있었다.

"뭐라고?" 하며 갑자기 소리쳤다. "너 이 자식, 뭐야. 그렇게 까불지 않는 편이 좋을 거야. 작업에 나갔을 때 우리들 네다섯이서 너를 바다에 처넣어 버리는 것쯤 식은 죽 먹기라고.—그것으로 끝이겠지. 캄차카야. 네가 어떻게 죽든 누가 아냐고!"

그렇게 말한 사람은 아직 없었다. 그것을 목이 쉰 큰 소리로 마구 떠들어 댔다. 누구도 아무 말도 하지 않았다. 이제까지 이야기하고 있던 다른 이야기들도 거기서 뚝 끊어져 버렸다.

그러나 이런 일은 기세 좋아 과격하게 허세 부린 말만은 아니었다. 그것은 지금까지 '굴종'밖에 몰랐던 어부를, 전혀 뜻하지 않게 등 뒤에서 엄청난 힘으로 떼밀어 넘어뜨렸다. 떼밀려 넘어진 어부는 처음에는 얼떨떨하여 우왕좌왕했다. 그것이 알지 못하고 있던 자신의 힘이라는 것을 모른 채.

—그런 일이 '우리들에게' 가능할까? 하지만 가능한 것이었다.

그렇게 생각하자, 이번에는 반항적인 마음이 불가사의한 매력으로 모두의 마음속에 파고들어 갔다. 지금까지 잔혹하기 짝이 없는 노동으로 몹시 착취당하던 사실이 오히려 반항을 위해서는 더할 나위 없이 좋은 발판이었다.—이렇게 되면 감독이고 지랄이고 다 필요 없어! 모두 유쾌해 했다. 일단 이러한 마음을 갖자 갑자기 회중전등이 눈앞에 들이대어진 것처럼, 자신들의 구더기 그대로의 생활이 생생히 보이기 시작했다.

"까불지 마, 이 자식아." 이 말이 모두들 사이에서 유행하기 시작했다. 무슨 일이 생기면 "까불지 마, 이 자식아."라고 했다. 다른 일에서도 곧잘 그 말을 사용했다.—까부는 녀석은, 그러나 어부 중에는 한 사람도 없었다.

그것과 비슷한 일이 한두 번이 아니었다. 그때마다 어부들은 '알아' 갔다. 그리고 그것이 거듭되어 가는 사이에, 그런 일로 어부들 중에서 언제나 앞으로 내세워지는 정해진 서너 명이 생겼다. 그것은 누군가가 정한 것도 아니었고, 사실 또한 정해진 것도 아니었다. 단지 무슨 일이 일어나거나 또는 하지 않으면 안 되거나 할 때, 그 서너 명의 의견이 모두의 의견과 일치했고, 그래서 모두가 그대로 움직이게 되었다.—학생이었던 자가 두 명 정도, 말더듬이 어부, '까불지 마'의 어부 등이 그들이었다.

학생이 연필을 계속 핥으며, 밤새 엎드려 종이에 무엇인가 썼다.—그것은 학생의 '제안'이었다.

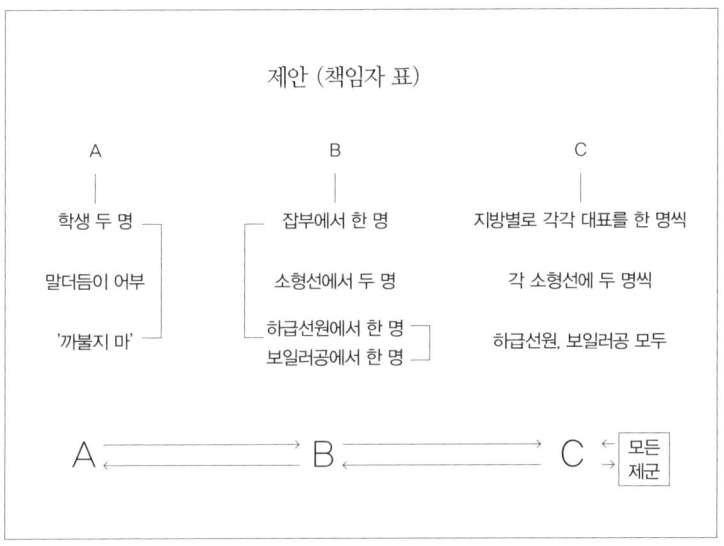

학생은 아무 문제가 없다고 말했다. 어떤 일이 A에서 일어나든, C에서 일어나든, 전기보다도 빠르게 빈틈없이 '전체의 문제'로 할 수 있다고 우쭐거렸다. 그리고 그것이 대강 정해졌다.—실제로는 그것이 그리 쉽게는 행해지지 않았지만.

"살해당하고 싶지 않은 사람은 오시오!" 그 학생 출신의 득의양양

한 선전 문구였다. 모리 모토나리*의 활을 꺾는 이야기와 내무성인가의 포스터에서 본 적이 있는 '줄다리기'의 예를 가져왔다. "우리들 네다섯이 있으면, 기관사 한 놈쯤 바다 속에 처넣어 버리는 일 따윈 아무것도 아냐. 힘내자구."

"한 사람, 한 사람으로는 안 돼. 위험해. 하지만 저쪽은 선장이건 뭐건 모두 합해 봤자 열 놈도 되지 않아. 그런데 이쪽은 400명에 가까워. 400명이 하나가 되면, 당연히 이쪽이 이기는 거야. 10명 대 400명! 스모로 친다면, '해 보라고.'인 거야." 그리고 마지막에 "살해당하고 싶지 않은 사람은 오시오!"였다.—어떤 '멍청이'라도 '주정뱅이'라도, 자신들이 반죽음되는 생활을 강요당하고 있는 것은 알고 있었고(실제로 눈앞에서 살해당한 동료가 있는 것도 알고 있다.), 게다가 너무 괴로운 나머지 가끔 했던 '태업'이 의외로 효과가 있었기 때문에 학생 출신과 말더듬이가 말하는 것도 잘 먹혀들었다.

일주일쯤 전의 대폭풍으로 발동기선의 스크루가 고장 나 버렸다. 그래서 수리를 위해 잡부장이 하선下船해 네댓 명의 어부와 함께 육지로 갔다. 돌아왔을 때, 젊은 어부가 몰래 일본어로 인쇄된 '적화 선전' 팸플릿과 전단을 잔뜩 가져왔다. "일본인이 이런 일을 많이 하고 있어."라고 말했다.—자신들의 임금과 긴 노동 시간의 이야기나, 회사가 몽땅 가져가는 돈벌이에 대한 이야기나, 파업에 대한 이야기들이 적혀 있

---

* 16세기 중기에 서부 일본의 패권을 장악한 인물.

었기 때문에 모두가 재미있어 했고, 서로 돌려 가면서 읽거나 뜻을 물어보거나 했다. 하지만 그중에는 거기에 쓰여 있는 문구에 오히려 반발심을 느끼고, 이처럼 무서운 일이 '일본인'에게 가능한가, 라고 말하는 자가 있었다.

그러나 "난 이게 진짜라고 생각하지만." 하며 전단을 가지고 학생 출신에게 물으러 온 어부도 있었다.

"진짜라니깐. 좀 얘기가 거창하지만 말이야."

"그렇지, 이렇게라도 하지 않으면, 아사카와 그놈 성깔이 고쳐질 리가 없지." 하며 웃었다. "게다가 그놈들에게서는 훨씬 더 심한 일을 당했으니까, 이래도 당연할 거야!"

어부들은 터무니없는 일이라고 말하면서도, 그 '적화 운동'에 호기심을 가지기 시작했다.

폭풍이 칠 때도 그랬지만 안개가 짙어지면, 소형선을 부르기 위해 본선에서는 끊임없이 기적을 울렸다. 음폭이 넓은 소 울음소리와 같은 기적이 물처럼 짙게 깔린 안개 속을 한 시간이고 두 시간이고 울려 댔다.─그럼에도 불구하고 제대로 돌아오지 못하는 소형선이 있었다. 그런데 그럴 때 괴로운 작업 때문에 일부러 방향을 잃어버린 척하며 캄차카에 표류하는 배가 있었다. 비밀리에 가끔 했다. 러시아 영해로 들어가 조업을 하면서부터 미리 육지 위치를 어림잡아 두면 그런 식의 표류는 의외로 간단했다. 그 사람들 중에서도 '적화'에 대한 이야기를 듣고 오는 자가 있었다.

―언제나 회사는 어부를 고용하는 데에 세심한 주의를 기울였다. 모집 대상지의 이장이나 서장에게 부탁해서 '모범 청년'을 데리고 왔다. 노동조합 등에 관심이 없는, 말 잘 듣는 노동자를 골랐다. '빈틈없이' 만사형통으로! 그러나 게잡이 공선의 '작업'은 지금 딱 정반대로, 그들 노동자를 단결―조직시키려고 하고 있었다. 아무리 '빈틈없는' 자본가라도 이 불가사의한 전도前途까지는 눈치 채지 못했다. 그것은 얄궂게도 미조직未組織 노동자, 손을 댈 수 없는 '주정뱅이' 노동자를 일부러 그러모아서 단결하는 것을 가르쳐 주고 있는 것과 같은 행위였다.

9

감독은 당황하기 시작했다.

매년 평균보다 게 어획량이 확실히 줄었다. 다른 배의 상황을 들어 보면, 작년보다는 성적이 더 좋은 것 같았다. 2000상자는 뒤떨어져 있다.—감독은 이제 지금까지와 같이 '석가모니'처럼 하고 있어서는 안 되겠다고 생각했다.

본선은 이동하기로 했다. 감독은 끊임없이 무선을 몰래 엿듣게 해서, 다른 배의 그물이라도 상관없이 계속해서 올리게 했다. 20해리 정도 남하해 최초로 올린 그물에는 게가 우글우글 그물눈에 다리를 걸고 매달려 있었다. 틀림없이 ××호의 것이었다.

"자네 덕분이야."라고 하면서, 감독은 그답지 않게 무선사의 어깨를 두드렸다.

그물을 올리다가 들켜서, 발동기선이 허둥지둥 도망쳐 온 적도 있었다. 다른 배의 그물을 닥치는 대로 올리다 보니 일이 갈수록 늘어나고 바빠졌다.

> 일을 조금이라도 게으름 피운다고 보일 때에는 크게 혼을 낸다.
> 조를 이루어 게으름 피우는 자에게는 캄차카 체조를 시킨다.
> 벌로써 임금 말소,
> 하코다테에 돌아가면 경찰에게 넘긴다.
> 만일 감독에 대해, 조금의 반항이라도 보일 때에는 총살당한다고 생각할 것.
>
> 아사카와 감독
> 잡부장

이 큰 벽보가 공장의 출구 통로에 붙었다. 감독은 총알을 채운 권총을 항상 가지고 있었다. 뜻하지 않은 때에, 모두가 일을 하고 있는 머리 위에서 갈매기나 배의 어딘가를 겨누고, '시위 운동'을 하듯이 쏘았다. 깜짝 놀라는 어부를 보고 히죽히죽 웃었다. 그것은 정말 어떤 순간에 '진짜로' 맞아 죽을 것 같은 섬뜩한 느낌이 들게 했다.

하급선원, 보일러공도 모두 동원되었다. 제멋대로 여기저기 부려졌다. 선장은 그것에 대해서 한 마디도 할 수 없었다. 선장은 '간판' 역할만 한다면, 그것으로 훌륭했다. 전에 있었던 일이다.―고기잡이를 위해 러시아 영해로 배를 움직이라고 선장에게 강요했다. 선장은 선장으로서의 공적인 입장에서 그런 일을 할 수는 없다고 버텼다.

"마음대로 해!" "부탁 안 해!"라고 말하고, 감독 등이 자기들만으로 영해 내에 배의 닻을 내려 버렸다. 그런데 그만 러시아 감시선에 발견되어 추적당했다. 그리고 심문을 당하자 갈피를 못 잡고 횡설수설하면서, '비겁'하게도 발뺌했다. "그런 모든 것은 배에서는 물론 선장이 대답해야 하니까……." 억지로 떠맡겨 버렸다. 사실 이 간판은 그래서 필요했다. 그것만으로 좋았다.

그 일이 있고 나서, 선장은 배를 하코다테로 돌리려고 몇 번이나 생각했다. 그러나 그렇게 못하게 하는 힘이―자본가의 힘이 역시 선장을 붙잡고 있었다.

"이 배 전체가 회사 것이야. 알았나!" 와하하하하하 하고, 감독은 입을 삼각형으로 일그러뜨리고 기지개를 켜듯 거리낌 없이 크게 웃었.

―똥통으로 돌아오자 말더듬이 어부는 벌렁 나자빠졌다. 분하고 억울해서 참을 수 없었다. 어부들은 그와 학생들 쪽을 가여운 듯이 보았지만, 아무것도 말할 수 없을 정도로 완전히 지쳐 있었다. 학생이 만든 조직도 휴지처럼 쓸모가 없었다.―그래도 학생은 비교적 활력을 유지하고 있었다.

"뭔가 있으면 벌떡 일어나는 거야. 그 대신 그 무언가를 잘 움켜잡는 거야."라고 말했다.

"이래도 벌떡 일어날 수 있을까."—'까불지 마'의 어부였다.

"있을까—? 바보. 이쪽은 사람 수가 많아. 두려워할 것 없어. 게다가 그놈들이 난폭한 일을 하면 할수록 지금은 안으로, 안으로 담아 두지만, 화약보다도 강한 불평과 불만이 모두의 마음속에, 요컨대 그만큼 잔뜩 쌓이고 있는 거야. 나는 그것을 믿고 있어."

"모양새는 좋구먼." '까불지 마'는 '똥통' 안을 휘휘 둘러보고,

"그런 녀석들이 있으려나. 이놈도 저놈도······." 푸념에 찬 듯 말했다.

"우리들부터 푸념에 차면—이미 끝이야."

"봐, 봐, 기운 있는 건 너뿐이야.—이번에 사건이 일어나면, 목숨을 걸어야 돼."

학생은 어두운 얼굴이 되었다. "그렇지······." 하고 말했다.

감독은 부하를 데리고 밤에 세 번 시찰하러 왔다. 서너 명만 모여 있으면 호통을 쳤다. 그래도 아직 부족해서, 비밀리에 자신의 부하를 '똥통'에 재웠다.

—'쇠사슬'은 단지 눈에 보이지 않을 뿐이었다. 모두의 발은 걸을 때에, 굵은 쇠사슬을 실제로 뒤에 질질 끌고 있는 듯이 무거웠다.

"난 분명히 살해당할 거야."

"응. 그래도 어차피 살해당할 거라는 걸 알면, 그때는 들고일어나겠어."

시바우라의 어부가,

"바보 같은 놈!" 하며, 옆에서 큰소리로 꾸짖었다. "살해당할 거라는 걸 알면? 바보 같은 놈, 언제야, 그때가. 지금 살해당하고 있지 않아? 조금씩 말이야. 그놈들은 능숙해. 권총은 당장에라도 쏠 수 있도록 언제나 가지고 있지만, 좀처럼 그런 바보짓은 하지 않아. 저건 '책략'이야. 알겠냐? 우리들을 죽이면 자기들 쪽이 손해라구. 목적은—진짜 목적은 우리들을 엄청나게 일 시켜서, 기름틀에 걸고 다 짜내어 잔뜩 벌어들이는 것이야. 그걸 지금 우리들은 매일 당하고 있는 거야. 어때, 이 부당함은. 마치 누에에게 먹히는 뽕잎같이 우리들 몸이 살해당하고 있는 거야."

"그래!"

"그래! 개똥도 없어." 두꺼운 손바닥에 담뱃불을 굴렸다. "뭐, 지금은 기다려 보자, 제길!"

배가 너무 남하해 몸집이 작은 암게만 많아졌기 때문에, 장소를 북쪽으로 이동하게 되었다. 그래서 모두는 잔업을 하지 않고, 좀 일찍(오랜만에!) 일이 끝났다.

다들 '똥통'으로 내려왔다.

"기운 없구먼." 시바우라였다.

"이봐, 발을 좀 봐 줘. 후들거려서 계단을 내려갈 수가 없어."

"불쌍하네. 그래도 아직 열심히 일하겠다고 하다니."

"누가! 어쩔 수 없잖아."

시바우라가 웃었다. "살해당할 때도, 어쩔 수 없을까."

"……"

"음, 이대로 가면 넌 4, 5일이겠군."

상대는 순간, 싫은 표정을 하고 누르스름하게 부어오른 한쪽 뺨과 눈꺼풀을 찡그렸다. 그리고 잠자코 자기 선반 쪽으로 가서, 가장자리로 무릎부터 아래 발을 축 늘어뜨리고 관절을 수도手刀로 두드렸다.

―밑에서 시바우라가 손을 흔들며 지껄이고 있었다. 말더듬이가 몸을 흔들면서 맞장구를 쳤다.

"……알겠나, 설령 부자들이 돈을 내서 만들었으니까 배가 있다고 하자. 하급선원과 보일러공이 없으면 움직일까. 게가 바다 밑에 몇억 마리나 있지. 가령 이런저런 채비를 하고 이곳까지 나오는 데 부자들이 돈을 냈기 때문이라고 해도 좋아. 우리들이 일하지 않으면 게 한 마리라도 부자들의 호주머니에 들어갈까? 알겠어? 우리들이 여름 내내 여기서 일해서, 그래서 도대체 얼마나 벌지? 그런데 부자들은 이 배 한 척으로 순이익만 40만~50만 엔이라는 돈을 먹고 있는 거야.―자 그게, 그 돈의 출처야. 무에서 유는 나오지 않아.―알겠나? 모두 우리들의 힘인 거야.―그러니까 그렇게 당장에라도 죽을 것 같은 불경기 같은 얼굴을 하지 마, 하고 말하는 거지. 잔뜩 뻐기고 있는 거야. 깊숙이 들어가 보면 거짓말이 아냐, 저쪽이 우리들을 무서워하고 있어. 벌벌 떨지 마.

하급선원과 보일러공이 없으면 배는 움직이지 않아. 노동자가 일하지 않으면 돈 한 푼이라도 부자들의 주머니에 들어가지 않아. 아까 말한 배를 사거나, 도구를 준비하거나, 채비하는 돈도, 역시 다른 노동자가 피를 짜서, 벌게 해 준 거야. 우리들을 착취해서 얻은 돈이라구. 부자들과 우리들은 부모와 자식 관계인 거야…….”

감독이 들어왔다.

모두는 당황한 모습으로 부스럭거리기 시작했다.

10

　공기가 유리처럼 차갑고, 먼지 하나 없이 맑았다.—2시인데 벌써 날이 밝아 오고 있었다. 캄차카의 죽 이어져 있는 산봉우리가 금자색金紫色으로 빛나고, 바다에서 2, 3치 높이로 지평선이 남쪽으로 길게 뻗어 있었다. 잔물결이 일고, 그 하나하나의 면이 아침 해를 하나하나 받아 새벽답게 추위 속에 빛나고 있었다.—그것이 뒤섞여 부서지고 뒤엉켜 부서졌다. 그럴 때마다 반짝반짝 빛났다. 갈매기 울음소리가(보이지는 않고) 들렸다.—상쾌하고 추웠다. 짐이 걸려 있는, 기름이 밴 즈크 덮개가 때때로 펄럭였다. 모르는 사이에 바람이 불어왔다.
　한텐 소매에 허수아비와 같이 팔을 꿰면서, 어부는 계단을 올라와 승강구에서 머리를 내밀었다. 머리를 내민 채 튕기듯이 놀라 외쳤다.
　"토끼가 날고 있어. 이거 큰 폭풍이 되겠는데?"
　삼각파도가 일고 있었다. 캄차카의 바다에 익숙한 어부는 그것을 금방 알았다.

"위험해. 오늘은 쉬겠지."

한 시간 정도 지나서였다.

소형선을 내리는 윈치 아래 여기저기 일고여덟 명씩 어부들이 모여 있었다. 소형선은 어느 것이나 반쯤 내려진 채 중간에서 흔들리고 있었다. 어깨를 흔들며 바다를 보면서, 서로 말다툼하고 있었다.

잠깐 지났다.

"그만뒀어, 그만뒀어!"

"될 대로 돼라, 다!"

모두는 누군가로 인해 그렇게 되기를 기다리고 있었던 듯했다.

어깨를 서로 밀며, "어이, 끌어올리자!"라고 말했다.

"응."

"응, 그래!"

한 명이 찡그린 눈빛으로 윈치를 올려다보고, "그런데 말야……."라며 주저하고 있었다.

마침 지나가고 있던 자가 자신의 한쪽 어깨를 힘껏 추켜올리며, "죽고 싶으면 혼자서 가!"라고 내뱉었다.

모두가 모여서 걷기 시작했다. 누군가 "정말 괜찮을까?"라고 작은 목소리로 말했다. 두 사람 정도 애매하게 뒤처졌다.

다음 윈치의 아래에도 어부들이 멈춰 선 채로 있었다. 그들은 제2호 소형선의 동료들이 이쪽으로 걸어오는 것을 보고 그 의미를 알았다.

네댓 명이 목소리를 높여 손을 흔들었다.

"그만뒀어, 그만뒀어!"

"응, 그만두자!"

그 두 무리가 합쳐지자, 힘이 났다. 어떻게 할지 몰라 뒤처진 두세 명은 눈부신 듯 이쪽을 보고 멈춰 서 있었다. 모두는 제5호 소형선 쪽에서 다시 하나가 되었다. 그것을 보자 뒤처진 자들은 투덜거리면서 뒤에서 걷기 시작했다.

말더듬이 어부가 뒤돌아보며, 큰 소리로 외쳤다. "똑바로 해!"

눈사람처럼 어부들의 무리가 혹을 붙이며 커져 갔다. 모두의 앞과 뒤를 학생과 말더듬이 어부가 왔다 갔다 쉴 새 없이 뛰어다녔다. "알았나. 처지지 마! 무엇보다 그거야. 이제 괜찮아. 이제―!"

굴뚝 옆에 빙 둘러앉아 로프를 고치고 있던 하급선원이 몸을 펴서 발돋움을 하고,

"이―봐? 무슨 일이야?"라고 고함쳤다.

모두 그쪽으로 손을 추켜올리며, 와― 하고 소리쳤다. 위에서 내려다보던 하급선원들에게는 그것이 숲처럼 흔들려 보였다.

"좋다. 자, 작업 따위 그만둔다!"

로프를 지체 없이 치우기 시작했다. "기다리고 있었어!"

그것을 어부들 쪽에서도 알았다. 두 번 와― 하고 소리쳤다.

"우선 똥통으로 돌아가자"

"그렇게 하자. 정말 나쁜 놈들이야. 분명히 큰 폭풍이 오는 걸 알면

서도 배를 내게 하니까 말이야. 살인자들이야!"

"저런 놈들에게 살해당해서, 되겠냐!"

"이번에야말로 각오하고 있어라!"

거의 한 명도 남기지 않고, 똥통으로 돌아왔다. 그중에는 '어쩔 수 없이' 따라온 자도 있긴 있었다.

―모두가 우르르 들어오자 어둑어둑한 곳에서 자고 있던 환자가 깜짝 놀라 판자와 같은 상반신을 일으켰다. 이유를 말해 주자, 순식간에 눈물을 글썽이며 몇 번이나 몇 번이나 머리를 흔들며 끄덕였다.

말더듬이 어부와 학생이 기관실의 줄사다리 같은 트랩을 내려갔다. 서둘렀고, 익숙하지 않아서 몇 번이나 발을 헛디뎌서 간신히 손으로 매달렸다. 안은 보일러 열로 후덥지근했고 게다가 어두웠다. 그들은 곧 온몸이 땀투성이가 되었다. 보일러 위의 난로 아궁이 같은 곳을 건너, 다시 트랩을 내려갔다. 아래에서 들리는 큰 목소리가 꽝꽝 하고 메아리치고 있었다. ―지하 몇백 미터의 지옥 같은 갱도를 처음 내려가는 것과 같은 무서움을 느꼈다.

"이것도 괴로운 작업이네."

"그래, 게다가 또 가, 갑판에 끌려 나와서 게, 게 으깨기라도 시, 시키면 못 견디겠지."

"문제없어. 보일러공도 우리들 편이야!"

"그래, 문제없―어!"

트랩에서 보일러의 불룩한 부분으로 내렸다.

"뜨거워. 뜨거워 못 견디겠군. 훈제 인간이 될 것 같네."

"농담 아냐. 지금 불을 안 때는 때인데 이렇지. 불 땔 때는 정말!"

"음, 그렇네……."

"인도양을 지날 때는 30분 교대로 맥없이 쓰러져. 멍청히 불평하는 사람이 삽으로 마구 처맞은 끝에 보일러에 타 죽은 일도 있었어. 그렇게라도 하고 싶어질 것 같네!"

"그래……."

보일러 앞에서는 석탄 찌꺼기가 꺼내져, 거기에 물이라도 뿌린 듯 자욱하게 재가 일고 있었다. 그 옆에서 반쯤 벗은 보일러공들이 담배를 물고, 무릎을 끌어안은 채 이야기하고 있었다. 어두컴컴해서 그것은 고릴라가 웅크리고 있는 것과 꼭 닮아 보였다. 석탄 창고의 문이 반쯤 열려서 칠흑 같은 어둠 속을 들여다보니 무서웠다.

"이봐." 말더듬이가 말을 걸었다.

"누구야?" 위를 올려다보았다.―그것이 "누구야― 누구야―, 누구야." 하고 세 번 정도 울려 퍼져 갔다.

그곳으로 두 명이 내려갔다. 둘이라는 걸 알자,

"길을 착각한 것 아냐?"라고 한 명이 큰 소리를 냈다.

"파업을 일으켰어."

"파어가 어쨌다고?"

"파어가 아니라 파업이야."

"했구나!"

"그렇구나. 이대로 계속 불이나 세차게 확 때서 하코다테로 돌아가면 어때. 재밌지 않아."

말더듬이는 '됐다!'라고 생각했다.

"그래서 모두 한곳에 모여, 개새끼들에게 몰려가서 항의하려고 해."

"해라, 해라!"

"해라, 해라가 아니야. 하자, 하자지."

학생이 도중에 끼어들었다.

"그런가. 그런가. 내가 잘못했어. 하자, 하자!" 보일러공이 석탄재로 하얗게 된 머리를 긁었다.

모두 웃었다.

"당신네 쪽이 모두 하나가 되어 주었으면 해."

"그래 알았어. 문제없어. 언제든지 하나쯤은 후려갈겨 주고 싶다고 생각하는 동료들뿐이니까."

―보일러공 쪽은 그것으로 좋았다.

잡부들을 전부 어부 쪽으로 데려왔다. 한 시간 정도 만에 보일러공과 하급선원도 가담해 왔다. 모두 갑판에 모였다. '요구 사항'은 말더듬이, 학생, 시바우라, '까불지 마'가 모여 결정했다. 그것을 모두의 앞에서 그들에게 내밀기로 했다.

감독 등은 어부들이 소동을 일으킨 것을 알고 난 뒤, 전혀 모습을 보이지 않았다.

"이상하네……."

"이거 이상해."

"권총을 가졌다고 해도 이렇게 되면 소용없겠지."

말더듬이 어부가 조금 높은 곳에 올라갔다. 모두 박수를 쳤다.

"여러분, 드디어 왔다! 긴 시간, 긴 시간 동안 우리들은 기다렸다. 우리들은 반 죽어 가면서도 기다렸다. 언젠가 보자, 하고. 그러나 드디어 때가 왔다."

"여러분, 우선 무엇보다도 우리들은 힘을 합치는 것이다. 우리들은 무슨 일이 있어도, 동료를 배신해서는 안 된다. 이것만 확고히 하면 저 놈들 쳐부수는 것은 벌레를 잡는 것보다 쉬운 일이다. 그러면 두 번째는 무엇인가. 여러분, 두 번째도 힘을 합치는 것이다. 낙오자를 한 명도 내지 않는 것이다. 한 명의 배신자, 한 명의 배반자를 내지 않는 것이다. 단 한 명의 배신자는 300명의 생명을 죽이는 것을 알아야 한다. 한 명의 배신자……("알았다. 알았다." "문제없다." "걱정하지 말고 해 줘.")……."

"우리들의 교섭이 그놈들을 때려눕힐 수 있는가, 그 임무를 완전히 다할 수 있는가 없는가는 모두 여러분의 단결력에 달린 것이다."

이어서 보일러공 대표가 서고, 하급선원 대표가 섰다. 보일러공 대표는 보통 한 번도 말한 적이 없는 말을 입 밖에 내고, 스스로 당황했다. 말이 막힐 때마다 벌게져서, 청색 작업복 옷자락을 끌어당겨 보거나 닳아 떨어진 구멍에 손을 넣어 보거나 하면서 안절부절못했다. 모두는 그것을 눈치채고 갑판을 구르며 웃었다.

"……나는 이제 그만둔다. 하지만 여러분, 그놈들을 후려갈겨 버립시다!"라며, 단상을 내려왔다.

일부러 모두가 과장되게 박수를 쳤다.

"그 부분만 좋았어." 뒤에서 누군가가 놀렸다. 그래서 모두는 한꺼번에 와 하고 웃었다.

보일러공은 한여름에 손잡이가 긴 보일러 삽을 사용할 때보다도 흠뻑 땀을 흘리고, 발걸음조차 제대로 가누지 못했다. 내려왔을 때, "내가 무슨 말을 했지?" 하고 동료에게 물었다.

학생이 어깨를 두드리며, "좋아, 좋아." 하고 웃었다.

"자네가 나빠. 다른 사람도 있는데, 나 아니라도……."

"여러분, 우리들은 오늘이 오기를 기다리고 있었습니다." 단상에는 열대여섯 살의 잡부가 서 있었다. "여러분도 알고 있는 우리들의 친구가 이 공선 안에서 얼마나 고통 받고, 반죽음이 되었는가. 밤에는 얄팍한 이부자리를 덮고, 집을 떠올리며 우리들은 자주 울었습니다. 여기에 모여 있는 잡부 누구에게라도 물어보세요. 하룻밤이라도 울지 않은 사람은 없습니다. 그리고 또 한 명이라도 몸에 상처가 없는 사람은 없습니다. 이제 이런 일이 사흘만 계속된다면 틀림없이 죽는 사람도 있을 것입니다.―조금이라도 돈이 있는 집이라면, 아직 학교에 가서 천진난만하게 놀고 있을 나이의 우리들은 이렇게 멀리……(목이 쉰다. 말을 더듬기 시작한다. 압도된 듯 조용해졌다.) 하지만 이제 괜찮습니다. 문제없습니다. 어른들의 도움을 받아서 우리들은 밉고 미운 그놈들에게 복수할 수 있게 되었습니다."

 그것은 폭풍우와 같은 박수를 불러일으켰다. 손뼉을 정신없이 치면서, 굵은 손가락 끝으로 눈가를 몰래 닦는 중년이 지난 어부가 있었다.

 학생과 말더듬이는 모두의 이름을 쓴 서약서를 만들어, 돌아다니며 날인을 받았다.

 학생 두 명, 말더듬이, '까불지 마', 시바우라, 보일러공 세 명, 하급선원 세 명이 '요구 조항'과 '서약서'를 가지고 선장실에 가는 것, 그때에는 밖에서 데모를 하는 것이 결정되었다.―육지처럼 사는 곳이 뿔뿔이 흩어져 있지 않고, 게다가 충분히 준비되어 있었기에 순조롭게 진행되었다. 거짓말처럼 술술 풀렸다.

 "이상하네. 뭐야. 그 귀신이 얼굴을 안 내미네."
 "기를 쓰고 특기인 권총이라도 쏠까 하고 생각했는데."
 300명은 말더듬이의 선창으로, 일제히 '파업 만세'를 세 번 외쳤다. 학생이 "감독 새끼, 이 소리 듣고 떨고 있겠지!"라며 웃었다. 선장실에 우르르 몰려갔다.

 감독은 한 손에 권총을 든 채로 대표를 맞이했다. 선장, 잡부장, 공장 대표…… 등이 지금까지 분명히 무엇인가 의논하고 있던 것을 확실히 알 수 있는 그런 모습으로 맞이했다. 감독은 여유가 있었다.

 들어가자,
 "해 버렸군." 하고, 히쭉히쭉 웃었다.
 밖에서는 300명이 거듭 큰 소리를 지르며 쿵쾅쿵쾅 제자리걸음을 하고 있었다. 감독은 "시끄러운 놈들이네!"라고 낮은 소리로 말했다. 하지만 그것에 전혀 개의치 않는 모습이었다. 대표가 흥분해서 말하는 것을 대강 듣고 나서, '요구 조항'과 300명의 '서약서'를 형식적으로 아물아물 보고는,

"후회하지 않는가."라고, 맥이 빠질 만큼 느긋하게 말했다.

"바보 같은 자식!" 말더듬이가 느닷없이 감독의 콧등을 후려갈기듯이 고함쳤다.

"그런가, 좋다. 후회하지 않는 거지."

그렇게 말하고 나서 잠시 태도를 바꾸었다. "그러면 들어라. 알겠나. 내일 아침이 되기 전에 바라는 대로 대답을 해 줄 테니." 하지만 말하는 것보다 빨랐다. 시바우라가 감독의 권총을 쳐서 떨어뜨리고 주먹으로 뺨을 후려갈겼다. 감독이 하악, 깜짝 놀라 얼굴을 감싸는 순간, 말더듬이가 버섯과 같은 둥근 의자로 옆으로 세게 다리를 챘다. 감독의 몸은 테이블에 걸려서 맥없이 옆으로 쓰러졌다. 그 위에 네 개의 다리를 허공에 띄우며, 테이블이 뒤집혔다.

"바라는 대로 대답해 준다구? 이 자식, 장난치지 마! 생명이 걸린 문제야!"

시바우라는 넓은 어깨를 씩씩거리며 흔들었다. 하급선원, 보일러공, 학생이 두 명을 말렸다. 선장실 창이 굉장한 소리를 내며 깨졌다. 그 순간 "죽여 버려!" "때려죽여!" "때려죽여라!" 밖으로부터의 함성이 갑자기 커지고, 분명하게 들려왔다.―어느새 선장과 잡부장과 공장 대표가

방 한쪽 구석에 서로 모여 말뚝처럼 우두커니 서 있었다. 안색이 어두워졌다.

문을 부수고, 어부와 하급선원과 보일러공이 밀려들어 왔다.

정오가 조금 지났을 때부터 바다는 대폭풍우가 쳤다. 그리고 저녁 무렵이 되자 점점 조용해졌다.

'감독을 때려눕힌다!' 그런 일이 어떻게 가능했을까, 그렇게 생각하고 있었다. 그런데! 자신들의 '손'으로 그것을 잘 해냈던 것이다. 평상시 협박 무기로 하고 있던 권총조차 쏠 수 없었지 않은가. 모두는 들떠서 떠들고 있었다.—대표들은 사람들을 모아서, 앞으로의 여러 가지 대책을 논의했다. '우리가 바라는 대답'이 오지 않으면, '각오해라!' 하고 생각했다.

어둑어둑해진 때였다. 승강구 입구에서 망을 보고 있던 어부가 구축함이 온 것을 보았다.—당황해서 '똥통'에 뛰어들어 왔다.

"끝났다!" 학생 한 명이 용수철처럼 뛰어올랐다. 순식간에 안색이 변했다.

"착각하지 마." 말더듬이가 웃어 댔다. "우리들 상태와 입장, 그리고 요구 등을 사관들에게 자세히 설명하고 원조를 받으면, 오히려 이 파업은 유리하게 해결된다. 당연한 일이야."

다른 사람들도 "그것은 그렇지."라고 동의했다.

"우리 제국 군함이야. 우리들 국민 편일 거야."

"아니, 아니……." 학생은 손을 저었다. 상당한 쇼크를 받은 듯 입술이 떨리고 있었다. 말을 더듬었다.

"국민 편이라고? ……아니, 아니……."

"바보!―국민 편이 아닌 제국 군함, 그런 말도 안 되는 말이 어디 있어!?"

"구축함이 왔다!" "구축함이 왔다!"는 흥분이 학생의 말을 억지로 찌부러뜨렸다.

모두는 우르르 '똥통'으로부터 갑판에 뛰어올라 왔다. 그리고 소리를 맞추어서 갑자기 "제국 군함 만세"를 외쳤다.

트랩의 승강구에는 얼굴과 손에 붕대를 한 감독과 선장과 마주 보고, 말더듬이, 시바우라, '까불지 마', 학생, 하급선원, 보일러공 등이 섰다. 어슴푸레해서 분명히 보이지 않았지만, 구축함에서 세 척의 배가 나왔다. 그것이 본선에 접근했다. 15, 16명의 수병이 가득 차 있었다. 그들이 한꺼번에 트랩을 올라왔다.

앗! 착검을 하고 있는 것이 아닌가! 그리고 모자의 턱 끈을 걸치고 있다!

"끝났다!" 그렇게 마음속에서 외친 것은 말더듬이였다.

다음 배에서도 15, 16명. 그다음 배에서도 역시 총 끝에 착검을 하고, 턱 끈을 걸친 수병! 그들은 해적선에라도 뛰어들듯이 우르르 올라와서 어부와 하급선원, 보일러공을 둘러싸 버렸다.

"끝났다! 빌어먹을, 저질렀군!"

시바우라도, 하급선원과 보일러공 대표도 처음으로 외쳤다.

"꼬락서니 봐라!" 감독이었다. 파업이 일어난 후의, 감독의 이상한 태도를 비로소 알았다. 하지만 늦었다.

다짜고짜 '고얀 놈', '충성심 없는 자', '로스케의 흉내를 내는 매국노' 그렇게 매도되면서, 대표 아홉 명은 총검이 들이대진 채 구축함으로 호송되었다. 그것은 모두가 영문도 모르게 멍하니 넋을 잃고 보던 그 짧은 동안이었다. 완전히 불문곡직이었다.―한 장의 신문지가 타는 것을 보고 있는 것보다 싱거웠다.

―간단하게 '정리되어 버렸다'.

"우리들에게는 우리들밖에 편이 없어. 비로소 알았어."
"제국 군함이라고 큰소리친다고 해도 재벌의 앞잡이야. 국민 편? 웃기시네. 똥이나 처먹으라지!"

수병들은 만일의 사태를 대비해 3일 동안 배에 있었다. 그사이 장교들은 매일 저녁 살롱에서 감독들과 함께 취하고 놀았다.―'그런 것이로군.'

아무리 어부들이라도 이번에야말로, '누가 적'인지, 그리고 그것들이 (전혀 뜻밖에도!) 어떤 식으로 서로 연결되어 있는지를 몸으로 알게 되었다.

매년 어기漁期가 끝날 무렵이면 게 통조림 '헌상품獻上品'을 만들게 되어 있었다. 그러나 '무례하게도' 언제나 특별히 목욕재계를 하고 만드는 것도 아니었다. 그때마다 어부들은 감독을 형편없는 짓을 하는 자라고 생각했다.―하지만 이번에는 달랐다.

"우리들의 진짜 피와 땀을 짜서 만든 것이야. 홍, 분명 맛있겠지. 먹고 나서 복통이라도 일으키지 않았으면 좋겠네."

모두 그런 마음으로 만들었다.

"돌멩이라도 넣어 둬! 상관없어."

"우리들에게는 우리들밖에 편이 없다."

그것은 이제는 모두의 마음속 깊은 곳으로, 깊은 곳으로 깊숙이 파고들어 갔다.―"두고 보자!"

그러나 "두고 보자"를 100번 반복해도 그것이 무슨 의미가 있을까.―파업이 참혹하게 실패하고 나서 작업은 '자식들, 깨달았는가' 하면서 가혹해졌다. 그것은 지금까지의 가혹함에 감독의 복수가 한 단계 더 더해진 것이었다. 한도라는 것의 극단을 넘고 있었다.―이제 작업은 참을 수 없는 곳까지 가고 있었다.

"―잘못했어. 저렇게 아홉 명이면 아홉 명 하는 식으로 몇 명을 대표로 내세우는 게 아니었어. 마치 우리들의 급소는 여기다 하고 알려 준 것이 아닌가. 우리들 모두는, 모두가 하나다 하는 식으로 해야 했어. 그랬다면 감독이라도 구축함에 무전은 칠 수 없었을 거야. 설마 우리들 전부를 인계하는 것은 할 수 없을 테니까 말이야. 작업을 할 수 없으니까."

"그렇지."

"그래. 이번에야말로 이대로 일하고 있다가는 정말로 살해당해. 희생자가 나오지 않도록 전부 함께 태업하는 거야. 지난번과 같은 방법으로. 말더듬이가 말했잖아, 무엇보다 힘을 합하는 것이라고. 게다가 힘을 합하면 어떤 일이 가능한가, 하는 것도 알고 있잖아."

"그래도 만약 구축함을 부른다면, 모두―이때야말로 힘을 합해서 한 명도 남김없이 끌려가자! 그쪽이 오히려 도움이 돼."

"그럴지도 몰라. 그런데 생각해 보면, 그렇게 되면 감독이 제일 당황스럽지, 회사의 앞잡이. 대신할 사람을 하코다테에서 데려오기도 너무 늦고, 어획량도 문제가 될 정도로 적고. ……잘만 하면 이것은 예상외로 괜찮아."

"문제없어. 게다가 이상하게 누구도 무서워하지 않아. 모두 개새끼! 하고 생각하고 있어."

"사실을 말하면, 그런 앞의 성패成敗 따위 아무래도 좋아.―죽느냐, 사느냐니까."

"응, 다시 한 번 해 보는 거야!"

그리고 그들은 일어섰다.―다시 한 번!

후기

이 뒤의 이야기에 두세 개 덧붙여 둔다.

1. 두 번째의 완전한 '태업'은 감쪽같이 성공했다는 것. '설마' 하다가 당황한 감독은 정신없이 무전실에 뛰어들었지만, 문 앞에서 선 채로 오도 가도 못한 것. 어떻게 해야 좋을까 몰라서.

2. 어기가 끝나고 하코다테로 귀항했던 때, '태업'을 하거나 파업을 했던 배는 핫코마루뿐만이 아니었던 것. 두세 척의 배에서 '적화 선전' 팸플릿이 나온 것.

3. 그리고 감독과 잡부장 등이 어기 중에 파업과 같은 불상사를 일으키게 해서 어획량에 큰 영향을 주었다는 이유로, 회사가 그 충실한 개를 '무자비하게' 위로금 한 푼 주지 않고 (어부들보다도 참혹하게!) 해고해 버렸다는 것. 재미있는 것은 "아, 억울하다! 나는 지금까지 빌어먹을, 속고 있었다."라고 그 감독이 부르짖었다는 것.

4. 그리고 '조직' '투쟁'—처음 안 이 위대한 경험을 가지고, 어부와 젊은 잡부들이 경찰 문을 나와서 다양한 노동층으로 각자 깊숙이 들어갔다는 것.

— 이 작품은 『식민지에서의 자본주의 침입사』의 한 페이지다.

(1929. 3. 30.)

방설림
防雪林

홋카이도에게 바친다

1

10월 말이었다.

그날 차가운 진눈깨비가 이시카리의 휑뎅그렁한 평원에 옆으로 들이치며 내리고 있었다.

어디를 보아도 아무것도 없었다. 끝없이 이어진 전봇대의 행렬은 한 줄로 늘어선 성냥개비 같았고, 전봇대가 보이지 않는 거리까지도 여전히 평지여서 시야를 가리는 것은 아무것도 없었다. 여기저기 빗자루처럼 서 있는 미루나무가 비와 바람을 맞아 흔들리고 있었다. 구름이 온통 낮게 깔려 와서 '묘하게' 어둑어둑해져 있었다. 까마귀 한 마리가 때때로 허둥대는 듯 날다가 두세 마리를 이끌고 그나마 희미하게 빛이 남아 있는 지평선 쪽으로 날아갔다.

겐키치는 어깨에 큰 보따리를 지고 정류장이 있는 마을에서 돌아왔다. 그 마을은 12킬로미터 정도 떨어져 있었다. 농민들의 집은 이 비바람을 그대로 맞는 평원에 두세 채씩 20채 정도 흩어져 있었다. 집들은 마을길을 따라서 늘어서 있거나 논밭 안에 쑥 들어가 있거나 했다. 중앙에 있는 초등학교를 제외하고는 모두 띠로 지붕을 이었다. 지붕이 이상하게 기울어지거나 흙벽은 다 금이 갔거나 집 안은 밖에서 조금도 보이지 않을 정도로 어두웠다. 대부분의 집들은 겨우 모양만 갖춘 창문밖에 없었다. 집 뒤쪽 혹은 입구 맞은편에는 마구간이나 외양간이 있었다.

농가 뒤에 있는 토지는 이시카리 강* 쪽으로 약간 경사져 있었다. 그곳은 밭이었지만 곳곳에 돌멩이들과 찰흙, 모래가 보였고 방치되어 있었다. 1년에 한 번, 5월이면 이시카리 강이 범람해 그 주변이 물로 가득 찼기 때문이었다. 그렇기 때문에 그곳은 5월의 범람이 끝나고 나서야 농사를 지을 수 있었다. 밭이 끝나면 키가 무릎까지 오는 초원이 있었다. 그리고 그것이 이시카리 강의 제방을 따라 늘어서 있는 잡목림으로 이어져 있었다. 그곳에서부터 바로 이시카리 강이었다. 폭이 넓고 기분이 나쁠 정도로 깊고, 소리도 내지 않고, 수면의 흐름도 보이지 않고, 구불구불 흐르고 있었다. 강 건너편도 모래로 제방을 쌓았고, 역시 들로 이어져 있었다. 이쪽처럼 초콜릿 같은 농민의 머리가 지평선에서 떠올라 드문드문 보였다. 저쪽에서 수탉이 크게 울면 이쪽 닭이 그에 응답해 서로 부르기도 했다.

---

* 홋카이도 중서부를 흘러 동해로 들어가는 이시카리 수계의 본류. 홋카이도 유산으로 지정되어 있다.

겐키치는 생각에 잠겨 입을 꾹 다물고 돌아왔다. 지나는 집 어디나 모닥불을 피우고 있는 듯, 창문이나 입구나 띳집 지붕 틈에서나 연기가 나고 있었다. 하지만 연기는 비 때문에 곧장 하늘로 올라가지 못하고 옆으로 휘어지며 들에 스치듯이 퍼져 갔다. 집 앞을 지나자 느닷없이 소의 굵은 울음소리가 들렸다. 밖에 풀어 놓은 소가 입을 우물우물 움직이면서 머리를 들어 겐키치 쪽을 보았다. 겐키치가 집에 돌아오자 집 안에 보얗게 연기가 나고 있었다. 어머니가 야단치는 소리가 밖까지 들렸다. 그러자 남동생인 요시가 램프의 뚜껑을 들고 매운지 눈을 비비면서 나왔다. 눈 주위에 더럽게 원이 그려져 있었다.

"에이, 거지 같은 엄마!"

요시는 욕설을 퍼부었다.

겐키치는 잠자코 뒤쪽으로 돌아갔다.

요시는 금이 많이 가서 흐슬부슬 떨어지는 흙벽에 기대어 램프 뚜껑을 닦기 시작했다. 뚜껑 가장자리 쪽을 손바닥으로 누르고 램프 안에 하아 하고 숨을 불어넣고 신문지 뭉친 것을 넣어 닦았다. 그것을 몇 번이나 반복했다. 석유 냄새가 나는 그을음이 손에 묻었다. 요시는 매일 하는 이 뚜껑 닦기가 싫고 싫어서 견딜 수가 없었다. 요시가 그것을 닦기 시작할 때까지 어머니 세키가 몇십 번이나 야단을 쳐야 했다. 그러고 나서 요시의 뺨을 한 번은 때려야 했다.

"에이, 거지 같은 엄마." 요시는 닦으면서 생각이 나서 혼잣말을 했다.

"요시! 그러면 지금까지 어디에서 뭐하고 있었어!"

"지금 간다고!" 그렇게 대답했다. "에이, 거지 같은 엄마."

어머니는 부뚜막 앞에 쭈그리고 앉아 불을 후후 불고 있었다. 머리 칼은 덥수룩하고 눈에 연기가 들어갈 때마다 앞치마로 비볐다. 어스레한 연기 속에서 어머니는 인간이 아닌 뭔가 다른 '생물'이 납죽 엎드려 있는 것처럼 보였다. 부뚜막 불에 얼굴 반쪽만이 비쳐 활활 빛나 보이는 것이 더욱 무서웠다. 요시가 들어오자, "빨리 불 켜!"라고 말했다.

요시는 눈은 맵고 언제나 그렇듯이 기분이 언짢아져서 반쯤 울면서 올라가 선반 위에서 램프를 내렸다. 계속해서 눈물과 콧물이 났다. 램프 받침을 흔들어 보니 석유가 들어 있지 않았다.

"엄마, 석유 없는데."

"바보, 없으면 옆집에 갔다 와. 멍청아."

"돈은?"

"형한테 받아 가."

"옆집 개 무서운데."

요시는 램프 받침을 든 채 어머니 뒤에 어정버정 서 있었다. 어머니는 부엌에 꺼내 놓은 소쿠리의 쌀을 솥 안에 넣었다.

"가라면 좀 가라고."

요시는 맞을 것 같아 밖으로 나갔다.

"형—!" 그렇게 불러 봤다.

그리고 뒷문으로 돌아가면서 다시 한 번 "형—." 하고 불렀다. 겐키치는 뒷문 입구 쪽에서 갈색 그물을 고치고 있었다. 일정한 간격을 두고 망에 추를 달고 있었다.

"형, 돈. 기름 사러 가야 해."

겐키치는 잠자코 허리의 호주머니에서 10전짜리 한 장을 꺼내어 건넸다. 요시는 잠시 멈추어 서서 형이 하는 일을 보고 있었다.

"형, 있잖아 도청 사람이 왔다고 이리에에 사는 후사가 말했어."

"언제?"

"아까, 학교에서."

"어디서 묵는대?"

"몰라."

"바보."

겐키치는 조금 몸을 흔들었다.

"후사가 어떤 곳에, 그러니까 그물을 숨겼다고 말했어. 형, 여기에 도청 사람들이라도 와 봐……. 이거야……." 요시는 뒤로 손을 돌려 보였다.

"바보, 가, 빨리 가!"

요시가 가고 나서 겐키치는 혼자서 히쭉 웃었다. 그러고 나서 폭이 넓고 두꺼운 어깨를 흔들며 웃었다.

해가 저물기 시작하자 바람이 조금 강해졌다. 그리고 추워졌다. 눈을 조금만 들면 끝없이 펼쳐져 있는 평원과 지평선이 보였다. 그 광대한 평원 전체가 어두워지고 겹겹이 포개어진 구름이 흐르고 있었다.

어두워지고 나서 겐키치는 양손으로 옷 앞에 묻은 먼지를 털면서 집 안으로 들어왔다. 요시는 램프 아래에 배를 깔고 누워 두세 장밖에 남지 않은 그림 잡지를 이쪽저쪽 뒤집으며 보고 있었다.

"누나, 이 부분 좀 읽어 줘."

요시가 그렇게 말하고 화롯가에서 버선을 누비고 있던 누나의 소매를 잡아끌었다.

"이 바보!" 누나는 자기 손가락을 입으로 가져와 빨았다. "바보, 바늘에 찔렸잖아."

"있잖아, 누나. 이 개 어떻게 돼?"

"난 모르겠어."

"누나―."

"시끄러워."

"그럼, 장난친다."

겐키치가 계단에서 발을 씻으며 오후미에게,

"요시무라에 사는 가쓰 있었어?"라고 물었다.

오후미는 얼굴을 들고 오빠 쪽을 보았지만 잠시 가만히 있었다. "뭐라고?"

겐키치도 더 말하지 않았다.

"있었어." 그리고 오후미가 이렇게 말했다.

"뭔가…… 뭔가 말하지 않았어?"

"아무것도."

"아무것도? …… 오늘 밤에 어디에 간다고 말하지 않았어?"

"몰라."

겐키치는 방에 들어와 화롯가에 책상다리를 하고 앉았다. 집 안은 장기간 화롯불을 피운 탓에 천장과 판자벽은 물론 거의 모든 곳이 새까맣게 되어 반들반들 빛나고 있었다. 천장에서 긴 그을음이 몇 개나 내려와, 불기운과 바람 때문에 흔들흔들 흔들리고 있었다.

부엌에는 토방이 있었고 토방은 바로 마구간으로 이어졌다. 그래서 항상 마구간 냄새가 집에 그대로 들어왔다. 여름이 되면 그 냄새가 익어 후텁지근했다. 마구간의 커다란 파리들이 무리 지어 날아왔다.―말이 가끔 낮은 소리로 울었다. 판자벽에 몸을 문지르는 소리와 앞발로 거칠게 널빤지를 긁는 소리가 들렸다.

집 안 한가운데에는 하나뿐인 램프가 켜져 있었다. 램프 그림자가 통나무로 짜 맞춘 천장 기둥에 비쳤다. 램프가 움직일 때마다 그림자가 하늘하늘 흔들렸다.

어머니는 테이블을 가지고 나오면서,

"겐, 너 가쓰에게 뭔가 볼일이라도 있는 거니?"라고 물었다.

"아무것도 없는데?"

"그러면 그물잡이 상대는 누구야?"

"음……. 누구든 상관없어."

"도청 직원이 온다고 하던데. 괜찮지?"

겐키치는 어깨를 잠깐 움직이며 "직원이라……." 이렇게 말하며 웃었다.

"근데 형, 이 개 어떻게 해?"

요시가 이번에는 그림책을 겐키치 쪽으로 가지고 왔다.

"이번에 이 개가 복수를 할까—."

"어머니, 도자*를 준비해 줘요."

"근데 형, 이 개 정말 강한 것 같아. 옆집의 쇼는 이 개가 늑대보다 약하다고 하면서 말을 안 들어. 거짓말이지 형."

"두세 달이나 생선을 못 먹었어요, 어머니.—우리를 바보로 만들고 있어!" 겐키치는 거친 소리를 내뱉었다.

"그렇다고, 무서운 짓까지 해서야……."

"바보!"

어머니는 혼잣말하듯이 투덜거렸다.

"자, 밥 먹자."

어머니는 화롯불 위에 올려놓은 야채 된장국을 모두에게 담아 주었다. "자, 오후미도 그만하고 와서 밥 먹어라."

요시는 형 흉내를 내는 것을 좋아했다. 가능한 한 크게 책상다리를 하고, 그리고 팔꿈치를 쳐들고 밥을 먹었다.—때때로 형 쪽을 보면서 자신의 자세를 고쳤다.

"형, 개하고 늑대랑 어느 쪽이 더 강해? 개지?"

"잠자코 빨리 먹어 치워."

어머니가 감자와 팥을 섞은 뜨거운 죽을 후후 불면서 꾸짖었다. 콧

---

* 실로 누벼 만든 감색 옷.

물을 몇 번이나 바쁘게 홀짝거렸다.

죽을 한 그릇 먹은 요시는 젓가락으로 밥그릇을 꽝꽝 치며 어머니에게 건넸다.

"오빠, 오요시에게서 편지 왔었어."

"그래."

"여기 있을 때가 그립다는 둥 써 있어. 흥이지, 이런 곳이 뭐가 좋다고."

오후미는 정말로 흥 하는 것 같은 얼굴을 했다.

"또! 진짜 그럴지도 모르잖아." 어머니가 도중에 끼어들었다.

"거짓말. 새빨간 거짓말. 이런 곳 어디가 좋단 거야. 아무리 둘러봐도 아무것도 없고 휑뎅그렁하고, 옆집에 가는 것도 소풍 가듯이 멀고, 전기도 안 들어오고 통신 수단도 없잖아. 기차를 본 적도 없고……. 그래서 모두 추레한 모습이고 다들 부랑배이고……."

"형, 개가 더 세지."

"그런데 도시는 오염되어 있어서, 그런 것을 느낄 때마다 이시카리 강가에서 일할 때의 기억이 떠오르는데."

"그럴 거야."

"뭐가 그럴 거야야. 이런 곳에서 말 엉덩이나 때리고 똥 냄새에 절어서 일하고—흥이다."

"겐키치, 요즘 오후미 안 되겠네."

어머니가 겐키치 쪽을 보고 말했다.

겐키치는 잠자코 있었다.

"나도 삿포로에 가 봤는데, 거기는 갈 곳이 아니라는 생각이 들더라. ─내가 그렇게 가고 싶어 한 것은 잊어버리고 말이야."

밖에서는 이따금 콩이라도 던지는 듯 비가 옆으로 들이치는 소리가 났다. 그때마다 램프가 흔들려, 뒤에 있는 장지에 크게 비치고 있는 모두의 그림자를 흔들었다.─늘어지거나, 줄어들거나 했다.

요시는 밥을 다 먹고는 화롯불에 두 다리를 세우고 그림책을 보았다. 새끼손가락 끝만큼 고추를 내놓은 채였다.

"형, 늑대 본 적 있어?"

"본 적 없어."

"그림으로만 본 거야."

"응."

"어느 쪽이 더 세?"

"센 쪽이 세겠지."

"아니야. 안 돼─."

겐키치는 큰 소리를 내며 웃었다.

화롯불이 나무뿌리에서 마디 쪽으로 넘어갔는지 톡톡 소리를 내며 불똥이 화로 밖으로 튀어나왔다.

하나가 요시의 '나팔꽃 꽃봉오리' 같은 고추에 튀었다.

"앗 뜨거……!!"

요시는 그림책을 휙 내던지고는 뒤로 쓰러져 옷을 톡톡 털었다.

"자, 봐. 그런 걸 들이대고 있으니까 불의 신이 화나신 거야. 바보."

"제길, 으응 으응."

요시가 반쯤 울 것 같이 몸을 흔들었다.

어머니와 오후미는 부엌에 초를 세우고 밥그릇을 씻었다. 그곳에 달려 있는 창문에 툭툭 빗방울이 부딪쳤다. 그리고 옆으로 쓱 하고 창문에 흘러내렸다.

"심해지네."

오후미도 "오빠, 그치면 좋겠는데 말이야."라고 말했다.

"우리가 처음 왔을 때는 모두 잡고 싶은 만큼 연어를 잡았는데. 밤에 가만히 있으면 큐큐큐 하고 연어가 강의 수면에 머리를 내놓고 우는 소리도 들렸는데 말이지."

오후미가 킥킥 웃었다.

"응, 바보. 정말이야. 이상한 세상이 되어 버렸어."

멀리서 소가 울었다. 그러자 다른 쪽에서도 울었다. 하지만 바람의 영향으로 도중에서 그 소리가 들리지 않게 되었다.

요시는 천장을 바라보고 드러누워 노래 같은 것을 부르고 있었는데,

"엄마, 무당이 뭐야?" 하고 물었다. "무당이 와서 요시카와의 아버지를 불러내 보았어. 그분은 지금 죽고 나서 화장했기 때문에 괴로워하고 있다고 했어.―무당이 할머니겠지. 무당 할머니라고 말했어."

"정말이야?"

"무당 할머니에게 준다고 요시카와네에서 유부를 만들고 있었어."

"곡식의 신이겠지."

"곡식의 신은 여우일걸."

"그래."

"가쓰와 오요시랑 개를 데리고 요시카와네에 놀러 갔을 때 혼났어."

"그럴 거야."

"형, 여우는 개보다 약하겠지."

겐키치는 잠자코 있었다.

"요시카와의 엄마가 슬프고 슬프다고 울고 있었어. 눈이 새빨개져서 말이야."

오후미는 뒤쪽 헛간에 초롱불을 들고 들어갔다. 입구 바로 앞 한쪽 구석에 쌓여 있는 섬 안에 손을 넣어 감자를 꺼내어 앞치마 안에 넣었다. 쥐가 버석거리며 안쪽으로 달려갔다. 초롱불의 그림자가 칠흑 같은 헛간 천장에 둥글게 움직였다.

"여기, 감자."

오후미는 화롯가로 돌아와 앞치마에서 감자를 꺼냈다.

"감자야, 에이, 맛없는데."

요시는 드러누운 채 감자를 발끝으로 여기저기 데굴데굴 굴리며 장난쳤다.

"뭐, 이 천벌을 받을 놈!" 어머니가 그 발을 부젓가락으로 때렸다. 요시는 다리를 움츠리고 혀를 내밀었다.

"요시카와네에서 고구마를 먹고 있었어."

"두고 봐라. 그 발 썩어 갈 테니."

겐키치는 크게 두 팔을 평행선으로 힘껏 위로 펴면서 하품을 했다. 그 그림자가 장지에 마치 귀신처럼 비쳤다.

"무서워." 요시가 목을 움츠리며 그쪽을 보았다.

겐키치가 뒤돌아보고 "뭐야, 바보!" 그렇게 말하며 감자를 두세 개 들고는 화로의 재 안에 묻었다.

"요시야, 나중에 구워지고 나서 먹고 싶다고 말하지 마."

요시는 일부러 다른 방향을 보고 그대로 몸을 옆으로 데구루루 굴렀다.

오후미는 램프 밑으로 꿰매고 있던 옷을 가져왔다. 그리고 자신의 감자를 재에 파묻었다.

"추워졌어. 이제 눈이 올 거야. 싫다. 이제부터의 홋카이도는! 구멍에 들어간 곰처럼 반년 이상이나 한 걸음도 나갈 수 없어.─싫다."

"싫다고 해 봤자 별수 있나?"

"어쩔 수 없으니까."

"그러면 잠자코 있는 거야."

"……." 흥 하는 듯이 "잠자코 있을게."

요시는 뒹굴면서 자를 가지고 그것을 휘거나 만지거나 하고 있었는데 이번에는 누나의 몸에 장난을 치기 시작했다. 처음에 오후미는 화가 나 있었기 때문에 몰랐다. 무의식적으로 장난치는 곳에 손을 대었다. 그것이 요시에게는 재미있었다. 몇 번이나 그렇게 했다. 그러고는

목덜미에 자 끝을 바짝 갖다 대었다. 오후미는 이번에는 알아채고,

"야!" 하고 말했다.

다시 한 번 했다. 그리고 "야아, 여기 누나 목에 자국이 나 있네."라고 하며 그곳을 쿡쿡 찔렀다.

오후미는 갑자기 뒤돌아보고는 자를 힘껏 빼앗아 버렸다.

화롯가에 책상다리를 하고 앉아 있던 어머니는 어느새 졸고 있었다. 램프 빛으로 얼굴에 명확히 음영이 지자, 갑자기 어머니가 늙은 것이 보였다.

"어머니처럼 된다면 가장 좋아."

오후미는 어머니 쪽을 보고 말했다.

램프 불의 상태로 집 안이 밝아지거나 어두워지거나 했다. 집 밖의 진창을 짚신을 신고 질척질척 지나가는 발소리가 들렸다.

나사가 느슨해진 벽시계가 8시인데 천천히 네 번 쳤다. 요시는 화롯가에 등을 돌린 채 잠이 들어 버렸다. 겐키치는 비 오는 상태를 보기 위해서 잠깐 밖에 나가 보았다.

그리고 나서 겐키치는 나갈 채비를 했다. 오후미는 일을 하면서 가끔 오빠를 보았다.

"괜찮을까?"

그러나 겐키치는 아무 말도 없었다. 완전히 준비를 마친 겐키치는 그물을 짊어지고 집을 나갔다. 비는 내리고 있지 않았다. 하지만 어두운 밤이었다. 그는 몇 번이나 움푹 팬 땅에 빠져 휘청했다. 그런 곳은

흙탕물이 괴어 있어서 휘청할 때마다 물이 세게 튀어 얼굴까지 닿았다. 하늘에는 별이 떠 있었다. 먼 곳에서 잡목림인지 어디엔지 바람이 부딪치고 있는 듯한 소리가 어쩐지 기분 나쁘게 계속 들려왔다. 어느 쪽을 보아도 불빛 하나 보이지 않았다. 멀리 동남쪽으로 지평선 근처가 희미하게 아주 작은 부분이 밝게 느껴졌다. 이와미자와*였다.

그는 걸으면서 자신이 지금부터 해치우려고 하는 것을 생각하고 있었다. 겐키치는 뭔가에 대해 "빌어먹을!"이라고 혼잣말을 하였다. 그는 몇 번이나 침을 뱉었다. 가만히 참고 있을 수 없는 기분이었다. 그리고 이렇게 자신이 걷고 있는 것이 답답해서 견딜 수 없었다. "젠장!"

길이 구부러져 있었다.

그곳을 돌자, 200미터 정도 앞에 불빛이 보였다. 작은 창문에서 나오는 램프의 불빛이었다. 15미터 뒤의 풀숲이 갑자기 쏴아 하고 울리더니 비가 내리기 시작했다. 순식간에 온통 그의 앞도 뒤도 옆도 빗소리로 휩싸여 버렸다. 작은 창문 주변만 빗발이 보였다. 겐키치는 그 집 쪽으로 가다가 갑자기 개가 으르렁거리는 소리를 들었다. 그는 문득 생각이 나서 그쪽을 어림잡아 개 이름을 낮게 불러 보았다. 그러자 소리가 멎고, 발에 무엇이 부딪쳤다. 개가 와서 그의 발에 달라붙은 것이었다. 그는 두세 번 개의 이름을 불렀다.

비 내리는 소리가 조금 작아졌나 했는데 점차 그쳐 왔다. 가만히 있

---

* 이시카리 평야 동부의 도시.

으니 서쪽에서부터 시작된 비 그치는 소리가 지금은 동쪽으로 옮겨 가는 것을 확실히 알 수 있었다. 겐키치가 있는 곳에서는 비가 완전히 그쳤는데도 이시카리 강 쪽에 비가 내리고 있는 소리가 났다. 비가 들판을 건너가며 점점 그쳐 가는 것을 분명히 알 수 있었다.

겐키치는 뒷문으로 돌아가서는 "가쓰야, 가쓰." 하고 불렀다.

집 안에서 누군가가 일어서서 토방의 신발을 아무렇게나 신으면서 오는 소리를 겐키치는 들었다. 문이 덜커덩덜커덩하더니 드르르 열렸다. 빛이 쏴아 하고 밖으로 흘러나왔다. 입구에 서 있던 겐키치에게 정면으로 빛이 비쳐 왔다.

"겐이야?"

"응, 가자."

"그래. 잠깐 기다려 줘."

"어때?"

그렇게 말하고 조금 목소리를 낮추면서 "아버지가 뭔가 말하지 않았냐?" 했다.

"아니." 가쓰는 애매하게 대답했다.

겐키치는 히죽 웃고 코를 씰룩거렸다. 오늘 아침에 겐키치는 무서워하며 싫어하는 가쓰에게 억지로 동의 받은 것이었다. 겐키치는 그 일을 생각하자 웃음이 났다.

"그러면 빨리 준비해야 해."라고 말했다.

조금 지나 두 사람은 어두운 길을 걷고 있었다.

"어느 부근에서 하는 거야?"

"약 4킬로미터 올라가야 해. 그러면 기타무라네와 가까워질 거야. 그렇지 않으면 들켰을 때 귀찮아질 거야."

"도청의 관리가 들어와 있대."

"그럴걸 틀림없이. 그러니까 더 재미있어."

"……."

"도청의 말단에게 들켜서야 되겠어. 그놈들도 무서워하고 있고 지금쯤 졸릴 거야."

겐키치는 큰 소리로 웃었다. 하지만 웃음소리는 휑뎅그렁한 평원에 조금도 울리지 않고 기분 나쁘게 사라져 버렸다.

앞에 선 겐키치는 별말 없이 따라오는 가쓰를 억지로 끌고 가기라도 하듯 쭉쭉 걸었다. 5분 정도 걸었을 때 다시 비가 내리기 시작했다. 칠흑같이 어둡고, 넓고 아득한 평원에 비가 쏴아 하는 소리를 내며 한창 내리는데 초롱불도 켜지 않고 걷는 것은 가쓰에게는 역시 기분이 좋지 않았다.

"싫네."

"응?" 겐키치는 뒤돌아보며 빗소리를 거슬러 물었다.

"그다지 좋지 않아."

"뭐가."

가쓰는 쑥스러운 듯 웃었다.

잠시 지나고 나서,

"관리는 어디에 묵고 있어?"

가쓰가 자기 앞에 걸어가는 딱 벌어진 어깨를 한 겐키치에게 물었다.

"기타무라일 거야. 기타무라네의 여관일 거야.—목욕하고 좋은 기분으로 벌렁 드러누워 있을 거야. 여기서부터 12킬로미터나 떨어져 있으니 일부러 이런 비 오는 날에 나오지는 않을 거야."

"오늘 아침에 우리 어머니가 강에 가니 대여섯 마리 연어가 등을 보이며 내려갔다고 했어."

"그래 맛있겠다. 맛있겠다."

그로부터 잠시 동안 두 사람 모두 잠자코 걸었다. 가쓰는 성큼성큼 걷는 겐키치에게 총총걸음으로 따라붙어 걷고 있었다.

갑자기 옆에서 소가 우렁차게 울었다. 뜻밖이어서 두 사람 모두 깜짝 놀랐다.

"제길. 깜짝 놀라게 하는군. 귀엽지도 않은 소네!"

그러자 아주 먼 곳에서 다른 소가 대답하듯이 우는 소리가 들렸다. 집 한 채가 옆에 보였다. 그곳을 지나갈 때 마침 생각난 듯이 가쓰가,

"오요시 소식 들었어?"라고 말을 걸었다. 가쓰는 오요시가 삿포로에 가기 전 겐키치와의 관계를 알고 있었다.

"응." 겐키치는 재미없다는 것을 노골적으로 드러내며 대답을 했다. "오후미도 골칫거리야."

"……."

두 사람은 마치 약속이라도 한 듯 서로 말이 없었다.

"가쓰, 너 오후미한테 쓸데없는 이야기하지 않았지?"

"나?"

"응, 너도 오후미 못지않잖아. 농민이 싫어진 거지?"

가쓰는 여전히 아무 말도 없었다.

"삿포로라는 도시를 보고 나서 꿈만 꾸고 있지?"

"이런 농민이 이제 슬슬 싫증이 나지 않으면 바보일 거야."

"그래,─난 바보야." 그렇게 말하고는 가쓰의 눈앞을 가로막고 있던 어깨가 흔들리며 웃어 댔다. "나는 농민의 아들이야."

가쓰는 왜 그런지 가슴이 철렁했다. 하지만 "자랑도 아니야."라고 낮은 목소리로 말했다.

"가쓰, 너 오요시가 삿포로에서 뭐 하고 있는지 기억해?"

가쓰는 말하기 어려운 듯이 "그다지 좋은 곳이 아니라며."

"몸이라도 팔고 있겠지."

비가 거의 다 그쳐, 진창을 걷는 두 사람의 발소리만이 귀에 들렸다.

"…… 매춘 따위 시키고 싶지 않아."

겐키치는 혼잣말하듯 말했다. 뒤에서 걷고 있던 가쓰에게는 잘 들리지 않았다.

칠흑 같은 들판의 밤길을 30분 가까이나 걸었다.

"여기에서 강가로 나가는 거야."

겐키치는 멈추어 서서 큰길에서 작은 샛길로 들어갔다. "거의 왔어."

밭과 밭 사이의 좁은 길이었다. 그래서 비에 젖어 있는 길 양편의 풀이 걸을 때마다 모모히키에 닿았다. 그리고 곧 모모히키가 기분 나쁘게 흠뻑 젖어 버렸다.

"자, 조심하자." 겐키치는 그렇게 말하고 등 뒤의 그물을 추슬러 올렸다. "설마 이런 비 내리는 날에 관리가 있지는 않겠지."

"나."

"응?"

"……."

"왜?" 겐키치는 뒤돌아보았다. "응?"

"잡히거나 하면 큰일이야."

"……왜 무서워졌어?"

"……."

"뭐야?"

"별로 좋지 않은걸."

"바보, 힘내."

작은 숲 가운데로 두 사람이 들어섰다. 나뭇가지 너머로 하늘이 보였다. 구름이 검고 가는 가지 위의 정상을 스치며 날아가는 듯이 보였다. 가지가 흔들려 서로 부딪히는 각각의 소리가 하나가 되어, 이상하게 무시무시한 신음 소리를 내고 있었다. 그리고 50미터도 가지 않아 아래로 이시카리 강의 수면이 보였다. 날씨가 거칠어질 낌새가 있는 가을 끝의 어두운 밤에, 그 강의 수면이 왠지 기분 나쁜 빛을 띠며 느리게 흐르고 있었다. 낮에 본다 하더라도 이시카리 강은 기분이 나빴다. 강 가운데는 두세 군데나 물이 아무 소리도 내지 않고 소용돌이치고 있었다. 나무토막이나 종이 나부랭이 같은 것이 떠내려 오면 그 소용돌이에서 빙빙 왔다 갔다 하다 마치 강바닥에 있는 무언가가 잡아끌 듯이 물속으로 '빨려 들어가' 버린다. 그것을 보고 있으면 낮이라도 좋은 기분이 들지 않았다. 가쓰는 지금 소리를 내지 않고 흐르는, 왠지 이상하게 기분이 나쁜 이시카리 강을 보자, 순간 몸이 부르르 떨렸다.

"나루터겠지, 여기?"

가쓰는 겐키치와의 거리를 좁히며 물었다.

두 사람은 강가로 내려갔다. 겐키치는 물가에 매어 놓은 작은 배에 등의 짐을 쿵 하고 던져 놓았다. 그리고 배 끝에 걸터앉아 잠시 주위를 보고 있었다.

"야, 가쓰, 너 큰 소리로 아무 노래나 불러 봐." 겐키치가 담배를 꺼내며 말했다.

가쓰는 이상하게 생각해서 되물었다.

"뭐든지 좋아.―그럼, 먼저 내가 하나 노래 부를까.―아무거나, 큰 목소리로."

헤이 헤이, 헤이 헤이 다니게 해서―어,

이제 와서 싫다고 하면, 그것은 무리예요―오,

싫으면, 싫다고 처음부터―어,

말하면, 헤이 헤이 다니게 하지 않았어―어,

헤이 헤이, 헤이 헤이.

겐키치는 쉰 목소리로 이상야릇하게 크게 소리를 지르며 노래했다. 노랫소리는 메아리도 없이 볼품스럽게 사라져 버렸다. 가쓰는 어쩐지 기분이 나빠서 오히려 멍하니 있었다.
"무슨 일이야?"
겐키치는 갑자기 웃기 시작했다. 커다란 몸을 흔들며 거리낌 없이 크게 웃었다.
"응?"
웃음을 그치지 않았다.
"야, 그만해."
가쓰는 얼굴을 찡그리며 애원이라도 하듯이 서 있었다.
"하하하하하하하."
그리고 "하나 더 부르지."라고 말했다.

새도 다니지 않느……으―은
(아, 목소리가 나오지 않는다, 라고 말하고)
꼬―옻 벚꽃나무우―
사람으―은 무사―인가.

겐키치는 노래를 중간에 멈추고 가쓰를 재촉하여 왔던 길을 되돌아갔다. 50미터 정도 와서 다시 숲 속으로 들어갔다. 그리고 겐키치는 멈추어 서서, "잠시만 이렇게 하고 있자."라고 말하고, 주변에 귀를 기울이며 가만히 있었다. 20분이나 두 사람은 그렇게 하고 있었다.

"좋아, 좋아, 괜찮아." 그렇게 말하고는 "자, 가자."

다시 두 사람은 배가 있는 곳까지 내려갔다. 그리고 "타자."라고 말했다.

겐키치는 가쓰를 배에 태우고, 힘을 줘 배를 강 가운데로 밀면서 순간 능숙하게 훌쩍 배 뒤에 뛰어 올라탔다. 그 여세에 뱃머리가 흥분한 말의 목처럼 일어섰다. 그리고 배가 흔들흔들 흔들렸다.

"뭐가 뭔지 하나도 모르겠네." 가쓰는 겐키치가 그물 위에 몸을 내리자 그렇게 말했다.

"그래? 아무것도 아냐. 관리가 있을까 싶어 잠깐 확인해 본 거야. 너는 처음이니까 모르는 거야. 모두 그렇게 해서 해결해."

그렇게 말하고 "이제부터 그 대신 얌전히 있어야 해."

가쓰는 몸이 떨려서 어찌할 도리가 없었다. 가쓰는 마음속으로 겐키치와 함께 온 것을 후회하기 시작했다. 이시카리 강에는 '신'이 있다고 전해지고 있었다. 배와 함께 소용돌이 속으로 빙빙 말려든다. 그런 느낌이 들어서 견딜 수가 없었다. 어쨌든 낮이라면 그것은 틀림없이 시시한 이야기일지 모르지만 지금 가쓰에게 그런 것은 문제가 아니었다. 사실 이유는 알 수 없지만 이시카리 강에 들어가서 죽은 사람은 결코 그 시체가 떠오르지 않았다. 강은 밤바다보다 무서운 느낌이 들었다. 당장에라도 물에서 '갑자기' 무엇인가가 나올 것 같아서—나올 것 같아서 견딜 수 없었다. 배는 어떨 때는 선미가 앞이 되거나 선수가 앞이 되거나 하며 떠내려갔다. 배 밑바닥에서 철썩철썩 물이 부딪히는 소리가 났다. 강의 양안兩岸은 검고, 높은 곳은 도려낸 낭떠러지처럼 되어 있었다. 또한 바로 쑥 하고 지평선이 한 눈에 보일 정도로 낮은 곳도 있었다. 숲은 강가까지 닿았고, 나무들이 바람을 받아 흔들리고 있었다. 그 아래의 물은 칠흑같이 어두워 그곳을 지날 땐, 이제까지 물에 희미하게 반사된 빛으로 보이던 서로의 얼굴이 보이지 않게 되었다.

"가쓰, 이쪽을 보고 누가 있으면 알려 줘."

그렇게 말하고, 겐키치는 반대쪽을 지켜보았다.

10분 정도 내려갔다. 이틀이나 비가 왔기 때문에 수량이 15센티미터나 높아지고 흐름도 빨라져 있었다. 곧 이시카리 강이 크고 완만하게 굽이쳐 흐르는 곳으로 왔다. 겐키치는 노를 집어 들고 제법 강한 강의 흐름을 거슬러서 배를 강가에 대려고 했다. 가쓰도 노를 잡고 그렇게 했다. 두 사람이 혼신의 힘으로 저을 때마다 작은 배가 기우뚱하며 흔들렸다. 그리고 노가 활처럼 휘어졌다. 게다가 힘을 너무 줘서 그 힘 때문에 비틀거리기도 했다. 가쓰는 두세 번이나 의도하지 않게 몸의 중심을 잃었다. 배는 두 사람의 힘에도 불구하고, 한가운데의 굽어진 쪽으로 떠내려가곤 했다. "웃, 웃!" 겐키치는 마치 문자 그대로 장승처럼 우뚝 버티고 서서 신음 소리를 내면서 저었다. 배는 이윽고 두 사람의 노력의 천분의 일 정도씩 움직이기 시작했다.

"그래! 해 봐!"

가쓰도 몸 전체에 땀이 났다.

배가 강 중심을 2미터 정도 벗어나자, 관성에 의해 편하게 갈 수 있었다.

"이제 되었다, 이제 되었어!"

배가 강변 모랫가에 쿵하고 올라앉았다. 겐키치는 반동으로 비틀거리면서 옷소매로 얼굴의 땀을 닦았다.

"일을 시작하기 전에 잠깐 위에 가서 망을 봐 줘." 겐키치는 가쓰에게 이렇게 말하고는 그물 안에서 야구에서 사용하는 배트와 꼭 닮은 몽둥이를 꺼내어 건네주었다. 가쓰는 그것을 신기한 듯이 받고 쓴웃음을 지었다.

"굉장하군."

그것을 장난감처럼 만지작거리면서 모래가 절벽처럼 되어 있는 곳을 기어오르기 시작했다. 겐키치는 그 뒤에서 그물 끝의 로프를 가지고 올랐다. 두 사람은 평지 위에 얼굴만 꺼내고 우선 한 번 신중하게 둘러보았다. 칠흑같이 컴컴해서 잘 알 수 없었다. 바람이 아주 멀리서 지나가고 있었다.―그리고 그것이 이동해 가는 상태를 분명히 알 수 있었다. 하늘과 땅이 구별되지 않았다. 옆으로 들이치며 내리고 있는 비가 때때로 갑자기 눈앞에서 하얗게 빛나 보였다.

"이런 때 관리가 오니까."

겐키치는 가쓰를 세워 두고, 나무줄기라고 짐작했던 것에 로프를 친친 둘러 감았다. 줄기는 비로 미끈미끈해서 겐키치가 힘껏 묶자 나무껍질이 흐슬부슬 벗겨져 떨어졌다. 단단히 다 묶자, 이번에는 양손으로 줄기를 잡고 발 디딘 곳을 발로 쿵쿵 구르고 힘껏 흔들었다. 갑자기 머리 위에서 잎이 버석거리며 후드득후드득 소리를 내면서 빗방울이 떨어져 왔다. 그때 조금 떨어져 서 있던 가쓰가 깜짝 놀란 듯이 겐키치가 서 있는 곳으로 달려왔다. 겐키치도 엉겁결에 긴장하여 돌아섰다.

"무슨 일이야." 겐키치는 목소리를 낮추고, 하지만 날카롭게 물었다.
"이게 다 뭐야." 가쓰는 당황하여 말을 더듬으며 말했다.
"응?"
"버석거리는 것."
겐키치는 "뭐―라고." 하며 웃었다. "뭐야,―깜짝 놀랐잖아."
"뭐야, 깜짝 놀랐어?"
"나무를 흔들어 보았어. 물의 흐름이 빠르기 때문에 괜찮은가 하고 줄기를 시험해 보았던 거야. 이런저런, 그 몽둥이는 전혀 쓸모가 없을 것 같군." 겐키치는 웃었다.

두 사람은 다시 배로 돌아가 그물을 모두 차례대로 배에 다시 쌓았다. 겐키치는 배를 저으며 가쓰에게 그물을 내리게 했다. 배는 곧장 맞은편으로 힘껏 나아가기 시작했다. 그렇게 하자, 마침내 배는 비스듬히 하류에 곡선으로 굽은 맞은편에 도착하게 되었다.

겐키치는 저으면서 "자, 되었다."라고 말했다. 가쓰는 계속 그물을 물속에 처넣어 갔다. 맞은편에 도착하자 겐키치는 가쓰에게 거들게 하여 그물 끝의 로프를 강에 등을 돌린 상태로 어깨에 걸고, 그물이 물의 흐름에 떠내려가는 힘에 저항하면서 강가의 나무에 묶었다. 두 사람의 힘으로도 두 사람 모두 가끔 휘청거리거나 뒤로 비틀거리곤 했다. 그러고 나서 배를 강가로 올렸다.

그것으로 끝났다.

두 사람은 내일 새벽 4시경 이곳에 오기로 하고 그곳에서 밭길로 나가 집으로 돌아갔다.

겐키치가 집에 들어가자, 램프를 끄고 모두 자고 있었다. 그는 손으로 더듬어 부엌에 가서 국자째로 물병에서 물을 떠 꿀꺽꿀꺽 소리를 내며 두세 번 연달아 마셨다. 마구간에서 말이 꼬리로 철썩철썩하고 자신의 몸을 때리는 소리가 났다.

2

새벽 4시는 밤 9시, 10시처럼 칠흑같이 어두웠다. 밤에 없는 푸른 기는 오싹한 느낌을 주었다.

강물이 불어나 그 기세에 로프를 묶고 있던 나무가 휘어져 흔들리고 있었다. 두 사람이 집을 나와 그곳에 도착할 즈음에는 비가 그치고 있었는데, 일을 시작할 때에는 또 엄청나게 내리기 시작했다.

곧 그물을 끌어당기기 시작했다. 그러나 물의 흐름을 거슬러 그물을 끌어당기는 것은 쉬운 일이 아니었다. 두 사람은 몇 번이나 비틀거렸다. 그대로 강 속으로 끌려들어가기도 했다. 두 사람은 숨을 식식 쉬었다. 20분쯤 뒤에는 몸 전체가 땀투성이가 되어 몸에서 김이 나왔다. 드디어 그물이 점차 끌려 왔다. 그렇게 조금이라도 끌려 오자 두 사람은 기분이 좋고 힘이 나서 "이영차, 이영차." 하고 소리를 맞추며 끌어냈다. 그 뒤로는 순조롭게 끌려 왔다. 힘이 그렇게 필요하지 않았다.

겐키치는 잠시 몸을 멈추고는 "가쓰, 몽둥이 있지?"라고 물었다. 가쓰가 "응." 하고 말하자 겐키치는 헤헤 헤헤 하고 웃었다. "아주 좋아, 제길, 바보."

천장에서 물통이라도 뒤엎어진 듯이 비가 몹시 세차게 지면을 내리치고 튀어 올라, 콸콸 소리를 내며 흐르고 있었다. 칠흑같이 어두웠음에도 비 때문에 묘하게 흰 빛을 띤 밝은 기운이 감돌고 있었다.

그러자 '후두두두두' 하고 물을 되튀기는 소리가 났지만 그것으로 끝이었다. 잠시 지나자 또 '후두두두두' 하고 물이 튀어 올랐다. 그리고 잇따라서 이번에는 더 크게 '후두두두두' 하는 소리가 났다. 그물이 점차 끌어당겨져 왔다.

그것 끌었다, 그것 끌었다.
아가씨의 ××를, 그것 끌었다, 그것 끌었다.

그것 끌었다, 그것 끌었다,
마누라의 ××를, 그것 끌었다, 그것 끌었다.

아아, 이영차 이영차, 이영차 이영차 하고.
이영차 이영차, 이영차 이영차.

겐키치는 숨을 헐떡이며 박자를 맞추어 그 커다란 덩치를 춤을 추는 것처럼 흔들었다. 약간 허리를 구부리고 허벅다리를 '낫 모양'으로 하면서 몸으로 장단을 맞추었다. 그것이 겐키치를 마치 어린아이처럼 만들었다. 그물이 걷히면서 연어가 판자로 수면을 세차게 내리치는 것 같은 소리를 냈다.

"겐, 겐, 겐!" 가쓰가 불렀다.

"왜?"

"이것! 봐."

밤은 칠흑같이 어두웠다.—검은 헝겊으로 눈을 가리고 있는 것처럼 컴컴했다. 그런데 갑자기 눈을 의심할 정도로 섬광이 번쩍였다. 곧바로 힘차게 물을 내리치는 소리가 났다.

"연어다!" 겐키치는 큰 소리를 냈다. "크다. 크다." 점차 '후두두두두' 소리가 심해져 왔다. 어린아이가 물을 서로 끼얹기라도 하고 있는 것 같았다. 그중에 두세 마리는 모래사장에 뛰어오른 듯 살집이 통통한 몸을 부딪치면서 날뛰었다. 겐키치는 가쓰에게 그물을 끌게 하고, 자신은 몽둥이를 가지고 강가에 내렸다. 그물 옆까지 오자 겐키치는 눈대중으로도 열 마리 이상 연어가 들어 있는 것을 알 수 있었다. 귀싸대기를 내리치듯 느닷없이 꼬리지느러미가 튀긴 물과 모래가 달려들었다.

"이놈들!"

겐키치는 비에 젖은 소매로 얼굴을 닦고는 몽둥이를 추켜올렸다. 어림을 잡아 연어의 콧대를 후려갈겼다.

툭! 하고 꼬리지느러미를 하늘로 향한 채 연어가 뻗어 버렸다. 그대로 잠시 그렇게 있었다. 하지만 꼬리지느러미가 내려갔다. 그리고 완전히 축 늘어진 듯 꼬리지느러미가 아래에 닿자 실룩실룩하고 몸이 두세 번 움직였다. 그리고 그 뒤로는 움직이지 않았다.

겐키치는 가쓰를 불렀다. 가쓰가 왔을 때 겐키치는 아무 말도 없이 또 한 마리의 코에 일격을 가했다. 가쓰는 깜짝 놀라 그 자리에 멈추어 섰다. 겐키치는 숨이 막힐 듯이 웃었다. 겐키치는 한 마리, 한 마리 몽둥이로 후려갈겨 갔다. 가쓰는 연어의 아가미에 손을 얹고 끌어당겨, 배에 실려 있는 석유 상자에 넣었다. 끌어당길 때마다 꼼틀꼼틀 몸을 움직이는 것과 아직 숨은 붙어 있는 듯 아가미만 움직이고 있는 것이 있었다.

겐키치는 연어를 잡는 동안 묘하게 난폭한 마음이 되어 있었다. 그는 한 마리 한 마리 "이놈", "개새끼", "이놈", "개새끼"라고, 입술을 깨물거나 이를 갈거나 하며 말했다. 이상하게 얼굴 근육이 경련을 일으키거나 굳어지거나 했다. 그리고 미친 듯이 마구 쳤다.

그런가 하면, 평소에 '이놈 자식'이라고 생각하고 있던 사람의 이름을 하나하나 말하면서 후려갈겼다. 그것이 또 그를 이상한 상태로 끌고 갔다.

갑자기 미적지근한 것이 얼굴에 튀어 올랐다. 얼굴에 닿자 끈적끈적해져 어쩐지 기분이 나빴다. 피였다. 겐키치는 한 마리를 때려죽일 때마다 한 마리, 두 마리 하고 세고 있었다. 일곱 마리, 여덟 마리—되어 갈 때마다 점차 커다란 물고기가 튀어 오르는 소리가 적어져 갔다. 열 마리까지 세자, 겐키치로부터 조금 떨어져 있는 곳에서 한 마리가 뒤집는 소리가 날 뿐이었다. 겐키치는 그쪽으로 가려다가 연어의 미끈미끈한 몸을 밟았다. 겐키치라도 섬뜩했다. 심야에 철도에서 열차에 치어 죽은 사람이라도 밟은 기분이었다. "열한 마리—야." 겐키치는 그렇게 말하고 귀를 기울여 보았다. 이제 소리가 나지 않았다. 갑자기 빗소리만이 겐키치의 귀에서 떠나지 않았다. '열한 마리인가.'라고 생각했다.

그리고 "이제 끝났어. 열한 마리."라고 가쓰에게 말했다.

가쓰는 그것을 두 개의 석유 상자에 넣고 짊어질 수 있도록 했다.

"그물과 배는 어떻게 해?"

"배?—이곳에 올려 두자. 아침이 되면 발동기선이 지나갈 거야, 그때 끌어당겨 가면 돼. 그물 따위는 내가 짊어지고 간다."

"농담하지 마. 물에 들어가서 많이 무거워."

"뭐, 이런 것!"

*

두 사람은 밭길로 나왔다. 겐키치는 이렇게 많이 잡히리라고는 생각지도 못했던 터라 어린아이처럼 매우 기분이 좋았다. 하지만 가쓰는 무서워서 떨고 있었다. 만약 돌아가는 길에 갑자기 관리와 마주치지 않을까 그 생각만으로도 가쓰는 목덜미가 잡힌 것 같았다. 사방은 아직 어두웠다. 느닷없이 소가 바로 옆의 컴컴한 곳에서 일어나자 가쓰는 소리를 내지를 정도로 놀랐다.

앞에서 초롱불이 보였다.

"겐, 초롱불." 가쓰는 뒤에서 겐키치에게 말을 걸었다.

"응." 겐키치는 곧 길을 벗어나 밭으로 들어가 20미터 정도 간 다음 멈췄다. 두 사람은 그렇게 하여 초롱불을 지나 보냈다. 가만히 보니, 어느 곳을 보아도 칠흑같이 어두웠고 움직이고 있는 초롱불 주변의 일부분만 보였다. 풀숲이 흘끗 빛난 듯했고, 곧 길 양편에 있는 밭 일부와 길에 있는 물웅덩이가 보였다. 초롱불이 흔들리자, 그 보이는 곳이 왼쪽으로 혹은 오른쪽으로 넓어지거나 좁아지거나 했다.

초롱불이 지나가자, 두 사람은 다시 길로 나왔다.

"관리가 초롱불을 들고 올까." 하며 겐키치가 웃었다.

"그러면, 더 위험하겠지. 코앞에서 마주칠 때까지 모르잖아."

"그러면, 이놈." 그렇게 말하고 몸을 반쯤 뒤로 구부리고, 가쓰의 코앞에 연어를 잡을 때 쓴 몽둥이를 쑥 내밀었다. "이거야."

가쓰는 그때 그 몽둥이에서 피비린내가 나는 것을 느꼈다. 그리고 동시에 깜짝 놀랐다.

"바보!" 가쓰는 스스로 생각해도 이상할 정도로 더듬으며 말했다.

"이 마을에서 생선 한 마리도 못 먹은 게 3개월이나 됐어. 이런 이야기가 있을까. 뒤로 가서 강을 보고 있으면, 연어라는 놈이 등을 내놓고 헤엄치고 있는데도 3개월이나 생선을 먹지 못하고 있는 게 말이 돼. 빌어먹을, 그런 이해하지 못할 이야기가 있는가. 게다가 봐, 하류에 가면 어장의 부자 놈들은 듬뿍 잡아 대는걸. 감찰도 똥도 없어."

가쓰는 잠자코 있었다.

겐키치는 이런 얘기를 하다 보면 마음속에서 바작바작 초조해지는 이상한 분노를 느꼈다. 이런 때 관리라도 만난다면 그는 연어를 죽이는 데 썼던 몽둥이를 틀림없이 그놈의 정수리에 세차게 내리칠지도 모른다.

"내가 좋아서 이런 일 한다고 생각하면 큰 착각이야!"

가쓰는 겐키치에게 있는 왠지 모를 '무서운 구석'을 떠올리고는 두려움을 느꼈다. 관리와 만나지 않으면 좋겠다고 생각했다. 관리와 만나면 겐키치는 틀림없이―정말로 틀림없이―관리를 때려죽일 거라고 생각하기 때문이었다.

가쓰는 겐키치에 대해서 알고 있던 것이 생각났다. 오래전 겐키치의 아버지는 본토에서 먼, 곰이 나오는 이 홋카이도로 건너와, 몸을 흙 위에 새우처럼 구부리고 일하고 일해 겨우 제 몫의 토지를 갖게 되었다. ―그 토지를 어느 부자에게 몰수당한 적이 있었다. 무슨 짓을 해도 소용이 없었다. 그날, 그 부자의 손에 넘겨주지 않으면 안 되었다. 아버지는 낙담했고, 머리가 아프다고 말하고 있었다.

부자와 관리들이 두세 사람 쿵쿵 소리를 내며 들어와서는 아버지에게 어느 문서에 도장을 찍게 했다. 아버지는 멍한지, 도장을 가지러 안방으로 들어가 놓고 장지 앞에서 무얼 해야 할지 잊어버린 듯이 허둥지둥했다.

정확히 아버지가 도장을 찍었을 때였다. 그 문서 위에 몸을 구부리고 그쪽에만 정신이 팔려 있던 부자가, 우읏! 하며 몸을 뒤로 젖혔다. 모두 깜짝 놀라서 벌떡 일어났다. 그러자 그때 열한두 살이었던 겐키치가 부자의 발에 매달리면서, 그 털이 없는 정강이에 달라붙어 있는 것을 모두 보았다. 경련이라도 난 듯 몸을 떨며, 눈빛이 변한 겐키치가 달라붙어 있었다. 아버지와 관리가 깜짝 놀라 아무리 떼어 내리려고 해도 떨어지지 않았다. 덩치가 큰 부자는 덫에 걸린 토끼처럼 데굴데굴 뒹굴었다. 큰 소리로 울부짖었다.―

그때까지―그날까지 겐키치는 한 번도 밭 일에 대해 말하지 않았고, 아버지가 걱정하고 있을 때에도 특별히 다른 점이 없었다. 단지 오히려 평상시보다는 말수가 적어지고, 온순해져 있었다. 그랬던 겐키치가 그런 일을 벌인 것이다! 이 사건은 꽤나 과장되어 마을 안에 퍼졌다. 가쓰도 그것을 들었다.

겐키치는 어떤 일이 발생해도 꼼짝 않고 있었다. 다른 사람은 그것에 대해서 이야기하거나 언쟁하거나 했다. 겐키치는 그것이 없었다. 그리고 다른 사람들이 그러면서 결국은 아무것도 하지 않고 왁자지껄 떠들고 있을 때, 어슬렁어슬렁 나가서 혼자서 터무니없이 커다란 일을 저질렀다. 게다가 돌아와서도 그것에 대해서는 한마디도 하지 않고 입을 꾹 다물고 있었다.―이러한 일이 꽤 있었다. 지능이 낮아서 그런 것이 아니고, 뭔가 깊고 확고한 것이 있기 때문에 그렇게 한 것이라고 가쓰는 느꼈다.

그렇기 때문에 지금 가쓰는 만약 겐키치가 관리와 우연히 만나거나 하면(겐키치는 부자의 정강이에 꼭 매달렸던 사람이니), 겐키치가 그 몽둥이로 틀림없이 저지른다고밖에 생각할 수 없었다. 그것이 마치 '공포'의 전갈처럼 가쓰의 마음에 달라붙어 버렸다.

두 사람은 아무 말도 없이 걸었다. 질퍽거리는 길을 걷는 발소리만이 철벅철벅 이어졌다. 구덩이에 발을 빠뜨려서 몸이 앞으로 고꾸라질 뻔했을 때, 흐트러졌을 뿐이었다. 그렇게 하면서도 가쓰는(물론 겐키치도) 앞쪽에 주의를 기울이고 있었다. 가쓰는 집으로 돌아와서야, 몸에서 갑자기 힘이 빠져 맥없이 쓰러질 정도로 신경을 쓰고 있었음을 알았다. '살았다.'고 생각했다.

"1년 만이지. 자, 어머니를 기쁘게 해 드려."

겐키치는 그렇게 말했지만, 이미 가쓰에게는 보이지 않았다. 발소리만이 컴컴한 데서 나고, 그 소리는 곧 희미하게 사라져 버렸다. 초원이 있는 길을 돌아간 것 같았다.

그리고 나서 가쓰는 뒷문으로 돌아갔다. 뒷문 바로 옆에 있는 헛간에 짐을 내리는 동안, 누군가 질퍽거리는 길을 걸어오는 발소리가 들렸다. 가쓰는 순간 자신의 몸이 통나무처럼 되는 것을 느꼈다.

"가쓰."—겐키치였다.

가쓰는 알았지만 바로 입으로 말이 나오지 않았다. "겐키치—인가."

"응." 그렇게 말하고는 커다란 몸이 느릿하게 겐키치—인가 라고 말한 곳을 찾아 다가왔다.

"말이야, 아침이 되면, 네가 여기에서 강가의 집까지 한 마리씩 나누어 줘. 그렇게 해. 모두가 먹지 못하고 있으니까.—사 왔다고 하면 될 거야. 나는 이시다 쪽까지 나눌게. 당연한 일이야! 그렇지."

"응."

"알았지. 그러면 간다."

그리고 돌아갔다.

가쓰에게는 무언가 마음이 든든하고 발소리 하나하나가 뜸직하게 느껴져, 겐키치가 돌아가는 것을 꼼짝 않고 듣고 있었다.

3

 눈이 당장에라도 온다, 그러한 날씨라고 생각되었지만 개었다.
 가을 끝의, 하늘이 높게 갠 기분이 좋은 날이 계속되었다.
 밭도 초원도 농촌 마을도 숲도 서쪽만 멀리 보이는 낮은 산맥도 모두 옅은 갈색이 되고 있었다. 그것이 맑고 푸른 하늘과 또렷이 대조되어 끝없이 펼쳐져 있는 모습을 보고, 농민들은 왠지 새롭고 새삼스러운 느낌이 들었다.
 이번에는 정말로 겨울이 오기 때문에 마을 사람들이 밭에 나가 준비를 하기 시작했다. 잡곡을 짊어지고 정류장이 있는 마을까지 나가, 그리고 마을 근처에서 직접 팔기 위해서, 딸들이 너덧 명 아침 일찍 짐마차를 타고 나갔다. 오후미도 거기에 참여했다. 마차를 타고 왁작박작 떠들면서 농가 앞을 한 채 한 채 지날 때마다 밖에서 인사를 했다. 그 여자들은 날이 어두워지고 나서 옷과 속옷의 옷감 등을 사서 돌아왔다. 좋은 목소리로 몇 명이서 노래를 부르면서 오기 때문에 집 안에 있는 사람들은 "아, 지금 돌아오는 참이군." 하며 알 수 있었다.

정류장이 있는 마을에서 잡화상의 어린 점원이 시골길을 자전거를 타고 자주 찾아왔다. 밭에서 일하던 농민들은 그때마다 허리를 펴고 보았다. 어린 점원은 인사를 하며 지나갔다.

절임 음식 준비를 하는 여자들은 이시카리 강둑으로 내려가 막 뽑아서 흙이 붙은 무를 새끼를 잘라 만든 수세미로 북북 문지르며 씻었다. 그곳은 강 모퉁이로 물의 흐름 때문에 모래섬이 되어 있었다. 둑 위에서 일하고 있는 농민에게 그곳으로부터 가지각색 여자들의 노래가 들려왔다.

산 쪽에서 난 농산물―주로 파란 완두콩 등―을 나르기 위해서 발동기선이 시끄러운 소리를 내며 강을 거슬러 올라갔다. 아이들은 그 소리가 멀리서 조금이라도 들리면 지체 없이 강가의 길을 달렸다. 그리고 강가의 둑에 걸터앉아 발을 대롱거리면서 발동기선이 지나가는 것을 기다리고 있었다. 아이들은 날씨만 좋으면 언제라도 그렇게 했다. 발동기선은 '상행'이면 소리만 나고 좀처럼 보이지 않았다. 그러나 강이 꼬불꼬불 구부러져 있기 때문에 오히려 예기치 못할 때 불쑥 나타나기도 했다. 아이들은 반갑게 손을 흔들고 '만세'를 불렀다. 그러면 배에서 파란, 기름에 찌든 옷을 입은 사람이 때때로 모자를 흔들었다. 하지만 아이들이 아무리 만세를 불러도 배에서 아무 상대를 해 주지 않기도 했다. 그러면 아이들은 재미없는 듯 배가 가는 것을 가만히 바라보기만 했다. 발동기선은 짐을 실은 거룻배를 끌고 가고 있을 때는 끊임없이 쿵쿵거리면서 그때마다 몸을 이영차, 이영차 하는 식으로 흔들며, 나아가고 있는 것도 모를 정도로 빠르게 아이들 앞을 지나갔다. "어머, 발동기선이 땀을 흘리며 헉헉거리고 있네."—아이들이 그렇게 말했다.

요시가 옆에 앉아 있는 친구 손을 가져다 자기의 심장에 대고 "알겠어. 두근거리고 있지."라고 말했다. "저 발동기선의 쿵쿵거리는 소리는 인간의 이것과 똑같은 거라고 우리 누나가 그랬어."

모두는 "그런가." "그런가."라고 하며, 제각기 이번에는 자기 가슴에 손을 대어 보았다. 그리고 "그러네." "그러네."라고 말했다.

발동기선이 지나가자, 아이들은 밭에 있는 부모를 거들기 위해서 제각기 달려갔다.

2, 3일 지나 초등학교에서는 마을에서 특별히 부른 스님의 설교가 있었다. 설교는 이 일대의 땅을 가지고 있는 대지주가 농민의 정신 수양을 위하여 일 년에 두 번은 꼭 하는 것이었다. 늙은 농민들은 그것을 기다렸다. 그리고 이러한 일을 해 주는 지주를 고마운 분이라고 말하며 기뻐했다. 지주는 그때마다 젊은 처녀들에게 '반드시' 나오라고 말했다. 그렇기에 젊은 남자도 처녀들에게 끌려서 가는 일도 있었다.

그날이 되면, 몇십 년 동안 농사일 때문에 보자기처럼 주름이 많이 생긴, 구부러진 녹슨 못과 같은 노인이 아침부터 서로 권유하며 나갔다. 소변보러 가는 것조차 힘겨워 하는 노파도 설교는 가야 한다고 생각했다. 예닐곱 살의 소녀와 열일고여덟 살의 여자가 손을 끌고 갔다. 그런 까닭에 새까만 얼굴에 어울리지 않게 빨갛고 예쁜, 눈에 띄는 옷을 입은 사람들이 밭과 밭의 도로에 보였다.

겐키치의 어머니는 남편이 죽고 나서는 설교를 결코 거르지 않았다. 딸인 오후미도 그때마다 데려가고 싶어 했다. 하지만 오후미는 상대를 하지 않았다. '벌 받을 년'이라고 어머니가 말했다.

설교가 시작되었을 때, 책상과 의자를 치운 교실이 가득 찼다. 모인 농민들은 모두 오랜 괴로운 생활로 원치 않게 구부러진 부분들이 있었다.—어딘가 비정상이었다. 노인은 땅에서 나온 두꺼비 같았다. 모두 오랜만에 만나는 사람뿐이었다. 같은 곳에 살아도 그다지 만날 기회가 없었다. 여러 가지 이야기가 나왔다. 담뱃대를 꺼내 담배를 피우는 사람도 있었다. 함께 온 손자들이 서로 장난을 치거나, 노인의 둥근 등을 뛰어넘으며 떠들고 있었다. 왠지 모를 달콤새큼한 공기로 교실이 후텁지근했다.

스님은 이곳에서 15킬로미터 정도 떨어져 있는 마을(그곳은 이곳 동쪽 마을보다도 훨씬 시골이었다.)에서 오기로 했다. 스님은 가사를 걸친 채 자전거를 타고 오거나, 상자를 실은 짐마차에 방석을 깔고 타고 오곤 했다. 이번에는 비가 막 개었기 때문에 짐마차로 왔다. 눈이 쑥 들어가 있고, 눈썹이 검고, 그러면서 머리가 번질번질 벗겨진, 작은 키에 마흔을 넘은 남자였다. 까슬까슬한 목소리로, 큰 소리로 설교를 했다. 설교를 하면서 안정감이 없이, 그 쑥 들어간 눈으로 끊임없이 눈알을 굴리며 주위를 둘러보는 버릇이 있었다.—그전에 왔던 스님이었다.

마을 농민들은 스님의 한 마디 한 마디에 "나무아미타불." 하며 꺼칠꺼칠하고 두꺼운, 금이 간 손으로 염주를 굴렸다.

"모든 것이 아미타불의 뜻.—모든 것이 아미타불의 뜻. 그것을 잊어서는 안 됩니다. 알겠습니까."

"…… 결코 불평을 말해서는 안 됩니다. 그렇게 부처님은 말씀하셨습니다. 모든 것이 아미타불의 뜻. 현세에서—이 세상에서 괴로워도 아미타불 옆으로 갈 때 비로소 극락을 얻게 되는 것이야. 저세상에 가서 단정하게 연꽃 위에 앉아 '나무아미타불' 하고, 마음으로부터 말할 수 있는 것이야. 어떤 일에도 불평을 말해서는 안 됩니다."

스님은 익숙한 말투로 말했다. 농민들은 이제까지 몇 번이나 그 문구를 들었다. 하지만 몇 번 들어도 고마운 말씀이다, 라고 생각하고 있었다. 그리고 새삼스러운 듯 머리를 숙이고 '나무아미타불'을 되풀이했다.

나이 든 농민들은 이제까지 살아온 길고 괴로운 생애를 되돌아보았다. 그리고 자신은 불평을 말하지 않았다는 것을 알고는 안심했다. 그러한 괴로움을 참아 온, 그래서 머지않아 저세상에 가면 아미타불의 옆에 갈 수 있다, 나이 든 농민은 그것 외에 아무것도 생각하지 않았다. 무엇이든 이 세계의 일은 참지 않으면 안 된다, 라고 생각했다. 스님은 또 부처님의 어렵고 고된 수행 이야기를 가지고 와서, 그것을 농민의 괴로운 일생에 적용시켜 말했다. 그 이야기는 농민들을 깊이 감격시켰다.

설교를 마치면 스님은 가장 신심이 깊은 집에 묵으면서, 이번에는 한 집 한 집마다 설교를 하며 다녔다. 노인이 있는 집에서는, 버선이 해져도 새로 살 수 없는 형편이라도 스님을 불렀다. 만약 그것을 할 수 없으면 '내생'이 나쁘게 되는 것은 아닐까 하고 생각했다. 그것은 가장 두려운 일이었다.—농민은 이제까지 잠시도 쉬지 않고 긴 시간 일해 왔다. 죽고 나서도 일해야 한다는 건 참을 수 없다고 생각했다. 어떤 농민이라도 지나치게 일하지 않으면 안 되는 이 세상에 지겨워 하고 있었다. 그리고 무엇보다 벗어나고 싶었다. 농민으로서 그 일은 버선과 된장 정도의 의미가 아니었다. 농민들은 확실히는 알지 못해도, 마음속 어느 곳인가에서 언제나 '내생'을 생각하고 있었다.

겐키치의 어머니는 스님이 오기로 한 날, 아침부터 부엌에서 무언가를 만들고 있었다. 그리고 스님이 왔을 때, 그것을 대접했다.

겐키치의 어머니는 날씨가 추워지면 허리와 발목 등이 아파 왔다. 긴 시간 동안 무리하게 일을 해 점점 몸을 해친 것이다. 어머니는 요시에게 늘 어깨와 허리를 주무르게 했다. 요시는 그걸 싫어했다. 스님은 무언가 있는 듯이 심각하게 불경을 빠른 어조로—큰소리치듯이 외우고, 염주를 거슬거슬 돌리며 어머니의 어깨와 허리 등을 그것으로 문지르거나 쓰다듬거나 했다. 그리고 어느 집에 가더라도 그렇게 했다. 튼튼한 듯 보여도, 농민 대부분은 밤이면 허리가 아파 오거나 어깨가 뻐

근하거나 하여 잠들 수 없어 괴로워했다. 그렇기 때문에 스님은 한 집 한 집 다녔고, 그건 무척 돈이 되었다.

스님은 이틀에 걸쳐 집들을 다 돌고 난 뒤 돌아갔다. 상당한 돈을 품에 넣고 있었다.

겐키치가 밭에서 돌아올 때, 그 스님과 만났다. 스님은 어딘가 교활한 상인같이, 슬쩍 인사를 했다. 하지만 겐키치는 부루퉁한 채 가만히 있었다. 그리고 나서 곧 교장 선생을 만났다.

초등학교의 교장 선생은 서른일고여덟 살로, 어딘가 호감이 가지 않는, 찡그린 얼굴을 한 남자였다. 교장이기도 하고, 교사이기도 하고, 사환이기도 했다. 교실은 하나뿐이었는데 책상이 20여 개 놓여 있었다. 1학년부터 6학년까지, 남자아이나 여자아이나 함께 수업을 받았다. 교실에는 지도도 걸려 있고, 이과용 표본이 들어 있는 찬장도 있고,(그중에는 박제된 까마귀가 한 마리 있었다.) 흰 건반이 벗겨진 오르간 한 대가 구석에 놓여 있었다. 교장 선생은 스님을 제일 싫어했다. 교장 선생이 어떻게 해서 이 마을에 왔는지는 아무도 알지 못했다. 그리고 찡그린 얼굴 때문에 사람들에게 호감을 주지 못하지만, '훌륭한 사람'이라는 이유로 존경받고 있었다. 도시의 초등학교에서 교장과 싸웠기 때문에, 이런 곳에 왔다는 얘기도 들렸다. 교장실—하나뿐인 교실과 복도를 사이에 두고 마주보고 있었다—에는, 많은 책이 쌓여 있었다.

겐키치는 교장 선생에게, "스님이 돌아갔습니다."라고 말했다. 교장 선생은 얼굴을 훔! 하는 식으로 움직이며, "그런가, 분뇨 구덩이 안에라도 집어넣어 버리면 좋았을 텐데. 저놈이 마을에 올 때마다 농민이 점점 어리석어지고 얼간이가 되지.—빌어먹을."이라고 말했다.

마을의 마쓰리(축제) 날은 마침 날씨가 좋았다.
이런 일이 있으면, 대개 맨 먼저 하는 일이 정해져 있는 잡화점의 기쿠와 마루야마 상점의 온코 등이, 신사 앞에 '봉납'이라는 길고 커다란 기를 세우고, 어린이들에게 돕게 하여 삐걱삐걱하는 무대를 만들었다. 새 한텐(일본의 겨울 겉옷)을 입고, 머리 앞부분만을 약간 기르고 기름을 바른 사람이 자전거로 장막을 빌려 오거나, 정류장이 있는 마을로부터 여러 가지 도구를 나르거나 하여, 역시 마쓰리답게 형태가 갖추어졌다. 아침부터 새 옷을 입은 아이가 너덧 명, 젊은이들이 준비를 하고 있는 옆에서 놀고 있었다. 신사는 학교 옆 들판에, 상당한 잡목림으로 세 방향이 둘러싸여 있었다. 밤에, 고무풍선 등을 파는 상인이 상품을 한 짐 짊어지고 오기로 했고, 호카이부시야* 무리도 정류장이 있는 마을에서 와서, 무대에서 야스기부시**를 부르고 춤도 추기로 했다.
오후미와 어머니는 마쓰리 음식을 만들었다. 농민은 아무리 비참한 생활을 하고 있어도, 이러한 일은 해야 하는 것이라고 생각하고 있었다.
겐키치는 모닥불이 타고 있는 큰 화로 옆에 아무렇게나 누워서 발

* '호카이'라고 소리치며 엔카를 부르는 자.
** 야스기 지방의 민요. 샤미센과 피리, 북을 반주로 하는 밝고 쾌활한 노래.

로 요시에게 장난을 치고 있었다.

"자!" 겐키치의 발에 거칠게 덤벼든 요시가 잠시 뒤 굴러떨어졌다.

요시는 "지지 않을 거야, 지지 않을 거야." 하며, 발에 힘을 주고 덤벼든다. 하지만 그뿐, 보기 좋게 벌렁 몸이 내동댕이쳐졌다.

"더 해!"

"젠장! 형, 발 베어 먹는다."

"바보."

어머니가 어둑어둑한 부엌에서, "요시, 마쓰리에 가!"라고 야단쳤다.

겐키치가 재미있어 하며 요시를 발로 달래다가 발이 빠져 버려 요시에게 유리해졌다. 자신이 이길 것 같자 요시는 한층 기세가 올랐다. 겐키치는 작년 마쓰리 때를 떠올렸다. 사랑하던 오요시가 삿포로로 아무 말도 없이 가 버린 밤이었다. 겐키치는 그 일이 있고 나서 더 무뚝뚝해졌다.

"이야―, 형, 졌다, 졌다!"

요시가 드디어 겐키치의 발을 쓰러뜨리고, 다다미에 붙여 버렸다.

갑자기 제정신이 돌아온 겐키치는 자기도 모르게 다리에 힘을 잔뜩 주고 뒤엎어 버렸다. 그 힘에 요시는 날아가 화롯가에 쌓여 있는 나무에 머리를 부딪쳤다. 요시는 일부러 큰 소리를 내며 울기 시작했다.

"형, 교활해, 형, 교활해, 교활해!"

겐키치는 쓴웃음을 지으며, 큰 손바닥으로 요시의 머리를 어루만져 주었다.

"머리가 단단하네. 여기야? — 보자, 주문을 외워 줄게. 수리수리마하 수리수리수리마하수리." 겐키치는 몇 번이나 그것을 반복하며, 요시의 머리를 북북 쓰다듬었다. 처음에는 가만히 있던 요시가 장난이라는 사실을 알자, 또 엉엉 울기 시작했다. 겐키치는 한 손으로 요시의 머리를 잡고,

"이놈아, 이놈아!" 하며 흔들었다.

"커다란 몸집을 하고, 그런 아이와 소란 피우면 좋아!" 어머니가 외쳤다.

요시는 이번에는 울면서,

"형, 돈 줘, 돈 줘."라고 말하기 시작했다. "돈 주면 괜찮아, 돈 주면 괜찮아."

"젠장, 교활한 녀석이군. — 돈 받으면 낫는다고?"

"돈 줘. 돈 줘."

요시는 기세를 몰아 발을 동동 구르며 말을 꺼냈다.

"으응, 가쓰에네의 겐도 10전이나 받았어, 이시네도 그래. — 응, 형, 돈 줘, 돈 줘, 돈 줘, 응."

겐키치는 그것은 이제 듣지도 않고 가만히 있었다. 겐키치는 오요시가 삿포로로 갔다고 들었던 때, 사실은 다른 의미로도 '외롭게' 되었던 일을 떠올렸다. 마을에서는 도저히 살아갈 수 없기 때문에, 여자들이 도시에 나가 하녀가 되거나, 여공이 되거나, — 밭에서 일해야만 하는 남자까지 나갔다. 점점 마을에 사람이 없어진다, 그렇게 생각했다. 겐키

치는 나쁜 느낌이 들었다.

"돈, 돈! 응."

요시는 겐키치의 몸을 흔들기 시작했다. 겐키치는 가만히 몸을 갑자기 뒤틀었다. 요시는 맥없이 자빠졌다. 한층 더 심하게 울기 시작했다.

"몹시 시끄럽네, 빌어먹을 놈!" 어머니가 참다못해 다시 야단쳤다.

겐키치는 알 수 없는 울화가 불쾌하게, 바작바작 일어나는 것을 느끼고 있었다.

밖에서 아이 두 명이 요시를 부르러 왔다.

"얘, 요시, 부르잖아."

요시는 갑자기 울음을 그치고는 소매로 얼굴을 닦고, 이상하고 게다가 못돼 보이기까지 하는 웃음을 띠고 밖으로 나갔다.

겐키치는 드러누워서, 그을려 검게 윤이 나고 있는 천장을 멍하니 보면서, 오늘 밤엔 가지 않겠어, 그렇게 생각했다.

저녁 무렵이 되자, 문 밖으로 일고여덟 명이 왁자지껄 지나갔다. 정류장이 있는 마을에서 온 공연단이었다. 뻣뻣하고 커다란 감색 보통이를 짊어지고, 색안경을 쓴 남자와 분을 바르고 광대뼈가 나온 야윈 남자, 샤미센을 어깨에 얹고 역시 색안경을 쓴 여자, 거기에 더덕더덕 짙게 분을 바른 열일고여덟 살의 아가씨 한 명과 예닐곱 살의 소녀가 세 명 정도 있었다. 그 뒤에 마을 아이들이 너덧 명 따라왔다.

겐키치는 드러누운 채 멍하니 있었다. 그 바로 옆에서 오후미가 군데군데 뒷면의 붉은 칠이 벗겨진 거울을 향해 앉아 있었다. 어디에서 가지고 왔는지 화장품 병을 자신의 손바닥에 대어 거꾸로 흔들고는 얼굴에 바르고 있었다. 겐키치는 아까부터 한마디도 하지 않고 있었다.

"이번에 어떤 춤을 출까?" 오후미는 거울에서 눈을 떼지 않고 말했다.

겐키치는 듣지 않았는지 잠자코 있었다. 오후미에게는 특별히 대답이 필요하지 않았다. 말은 하고 있지만 거울에 정신이 팔려 있었다. 대답을 기다리지도 않았기 때문에, 겐키치의 마음을 알아차리지 못했다.

"이시다에 사는 미도리 씨가 나니와부시*를 부른다네……."

그리고 잠시 있다가,

"미도리 씨의 나니와부시가 어떨까. 틀림없이 우스울 거야."라고 말했다.

"어머니는 어디 갔을까."

겐키치는 여전히 천장만 보고 있었다. 발을 세우고 있었다. 한쪽 발 위에 올리고 있던 발가락 끝만을 이따금 움직였다. 아무 생각 없이 움직이고 있었다.

"나, 마쓰리에 간다고 했는데, 어머니는 어떻게 된 거야,—정말로."

말하면서도 거울에서 얼굴을 떼지 않았다.

"오빠, 마쓰리에 갈 거지?"

겐키치는 머리를 천천히 돌려 오후미 쪽을 보았다. 오후미는 거울에 얼굴이 들러붙을 정도로 쑥 앞으로 내밀고, 코 옆에 나 있는 무언가를

---

* 샤미센을 반주로 부르는 의리와 인정을 주제로 한 창(唱). 에도 시대 말기에 생겨나 메이지 시대에 성행했다.

열심히 짜내려 하고 있었다. 입을 이상하게 삐죽 내밀고. 겐키치는 머리를 원래대로 돌리고서는 아무 말도 하지 않았다.

"곤란한데."

이번에는 오후미가 수건으로 얼굴을 닦기 시작했다.

"하루를 불러서 가지만, 어머니가 없으면 나갈 수 없지.―오빠, 마쓰리 갈 거지?"

비로소 거울에서 얼굴을 떼며 겐키치 쪽을 보고 그렇게 말했다. 오랜만에 목욕을 한 오후미의 얼굴은 매끈매끈하고 뽀얗고 깨끗했다. 겐키치가 오후미의 얼굴을 보자, 오후미는 잠시 얼굴을 붉히고, "어떻게 할 거야?" 하고, 거북한 듯이 말했다.

겐키치는 다시 머리를 원래대로 돌리고 다른 사람에게 말하듯이 비로소,

"가도 돼."

오후미는 안방으로 들어갔다. 그리고 옷을 갈아입고는 밖으로 나갔다.

"흥, 빌어먹을!"

겐키치는 일어섰다. 하지만 무엇을 하려던 것일까, 자신도 몰랐다. 창밖을 보았다. 그러나 칠흑같이 어두워서(게다가 안이 밝기 때문에), 밖은 조금도 보이지 않았다. 부엌으로 가서 겐키치는 물을 두 잔 정도 마셨다. 화롯가로 돌아왔지만, 앉을지 말지 아무 생각도 들지 않았다. 겐키치는 거기서 잠깐 멍하니 서 있었다. 주위는 조용했다. 램프가 때

때로 밝아지거나, 어딘가에 빨려 들어가는 듯이 어두워지거나 했다. 뒷문 쪽에 있는 마구간의 말조차 꼬리 소리도, 발굽으로 마루를 치는 소리도 내지 않았다. 마쓰리 장소도 상당히 떨어져 있기에 아무 소리도 들리지 않았다. 겐키치는 조금, 영문 모를 초조함을 느꼈다. 밖에서 누군가가 지나갔다. 말소리가 들렸다. 처음에 겐키치는 무슨 말인지 알 수 없었다.

"이봐, 자, 별이 날아오겠지."

"거기 구멍 있지."

"그 별 말이야, 가루처럼 되어, 떨어져 와.―가끔, 쿵 하고 떨어져 오기도 한다고 해."

상대가 뭔가 말했다. 그러자, 어리광부리듯이 입술을 빼무는 소리를 내며,

"빨리 가지 않으면, 춤이 끝날 거야." 하고, 열한두 살의 아이들이 말하는 소리가 들렸다.

"앗,―또야!"

"어머니가 늦어―." 반쯤 우는 목소리였다.

사람들이 멀어졌는지, 곧 들리지 않게 되었다. 다시 조용해졌다.

자신의 숨소리가 들리는 것을 알아차린 겐키치는 그 이상한 조용함이 어쩐지 기분 나빠졌다. 겐키치는 앉으려고 했다. 그때 문득 화장대에 붙어 있는 작은 서랍에서 편지가 반 정도 나와 있는 것을 보았다. 오요시에게서 온 편지려니 하고 생각했다.

―당신이 삿포로에 가고 싶어 한다는 건, 과거의 나를 생각해 보면 무리는 아니야. …… 그러나 이쪽의 생활은 내가 생각하고 있던 것과 전혀 달라. …… 그래서 당신을 실망시키고 싶지 않기 때문에, 그런 말을 한 거니까 용서해 줘. ―실은 이런 불쾌한 생활은 나 혼자만으로 충분하다고 생각하고 있어.

물론 여기에서는 그곳처럼 더러운 모습을 하고, 일 년 내내 그런 식으로 일할 필요는 없어. …… 그러나 그 대신, 그쪽 같은 데 있으면 도저히 모를 것 같은 '두려운' 일이 많이 있어. ……

어쨌든 당신이 무슨 일이 있어도 오겠다는 결심을 바꿀 수 없으면, 어쩔 도리가 없으니 기다리고 있을게. …… 주인에게도 이야기하니 일손이 부족하니까, 마침 잘되었다고 말하고 있어. (그리고 마지막으로) 겐 씨에게는 아무쪼록 잘 부탁해.

그런 의미의 말들이 쓰여 있었다. 겐키치는 그것을 멍하니 다시 처음부터 읽어 보았다.―"겐 씨에게는 아무쪼록 잘 부탁해."―읽고 나서, 편지를 손에 쥔 채로 꼼짝 않고 있었다.

어머니가 돌아왔다.

"겐키치, 뭐하고 있어? 가, 가 봐.―방금 오후미 만났다."

겐키치는 편지를 원래 있던 곳에 두고 어머니에게는 대답도 하지 않고 밖으로 나갔다. 어머니는 토방에서 계속해서 '코를 풀'었다.

"돌아오는 길에 요시를 데리고 오렴." 하고 뒤에서 말을 걸었다.

밖에 나오자 오싹 한기가 느껴졌다. 하늘이 높게 개이고, 별이 흩뿌려진 듯한 하늘이었다. 겐키치는 그다지 마쓰리에 갈 마음이 없었다. 그러나 집에 있을 기분은 아니었다. 조금 걷자, 왼편에 큰 나무가 10미터 정도 나란히 서 있었다. 그 나무들 사이에서 바로 이시카리 강의 수면이 보였다. 별이 떠 있었지만, 주위는 칠흑처럼 어두웠다. 강의 수면만이 푸르게 빛나고 있었다. 바로 앞의 나무줄기가 그것과 대조되어 검게 똑똑히 보였다. 자세히 보니, 강에 별이 무수히 비치고 있었다. 공기는 쌀쌀했다. 겐키치는 몇 번이나 몸을 떨었다. 마쓰리에, 젊은 남녀는 신사 앞보다도 이 강둑에 모였다. 겐키치는 오요시와 그곳에서 몇 번이나 만났던 것을 떠올렸다.―겐키치는 화가 치밀어 오르는 듯, 강 쪽으로 침을 뱉었다.

길이 구부러져 있었다. 그쪽으로 돌자, 한참 앞쪽에 마쓰리의 불빛이 보였다. 이쪽에서도 그 불빛 부근만은 똑똑히 볼 수 있었다. 갑자기 떠들썩한 소리가 들려왔다. 북을 치는 소리가 들렸다. 사람 목소리 속에서 때때로, 느닷없이 고무풍선 터지는 소리와 피리소리가 들렸다. 가는 길에 있는 농가 앞에서 노인이 서서 마쓰리가 벌어지는 쪽을 보고 있었다.

"안녕하신가."라고, 겐키치에게 어둠 속에서 인사했다.

"안녕하세요." 겐키치도 말했다.

"나가시는 겐가?"

"아―."

겐키치가 지나쳐 가려고 하자, "잘 다녀오시게." 하고 말했다.

마쓰리 무대에는 램프가 열 개나 켜져 있었다. 그 앞에는 마을 사람들이 돗자리를 펴고 앉아 구경하고 있었다. 주로 젊은 여자들과 아이들과 노인들이었다. 그 근처는 대부분 어두웠다. 그 뒷길의 양쪽에 램프를 켠 포장마차의 고무풍선 가게 등이 네 채 정도 늘어서 있었다. 끊임없이 발로 기계를 밟고 있는 솜사탕 장사가 젓가락에 솜사탕을 휘감아서 아이 앞에 쑥 내밀며 무언가 말하고 있었다.

아이들이 한 포장마차 앞에 두세 명씩 서 있었다. 신사 뒤에서는 작은 씨름판이 벌어져, 젊은이들이 씨름을 하고 있었다. 겐키치는 어디에도 흥미가 없었다. 양손으로 허리띠 앞을 잡고 떨어져서 보고 있었다. 무대에서는 춤을 추고 있었다. 발장단을 맞출 때마다 판자가 삐걱삐걱거렸다. 춤은 손발을 대충 움직이는 식이었다. 떨어져 있기 때문에 얼굴과 기모노의 모양도 보이지 않았지만, 많은 램프 빛 아래에서 춤추고 있는 모습이 겐키치에게는 아름답게 보였다. 곳곳에서 춤추고 있는 여자들이 "얼쑤―얼쑤."라고 하거나, 소리를 맞추어, "그 자―식은 몰랐었지―." 하고 가락을 넣었다.

겐키치는 가슴이 바작바작 초조해졌다. 잠깐 보고 있는 동안에 시시해졌다. 그는 풍선 가게 뒤쪽을 지나서, 신사 뒤에 있는 씨름판 쪽으로 가려고 했다. 씨름판의 북 소리가 들리고 있었다. 하지만 그곳으로 가는 도중, 겐키치는 마음이 바뀌어, 되돌아 신사 밖으로 나와 버렸다. 겐키치는 조금 걷다가, 소변을 보려고 길가의 초원 쪽으로 다가갔다.

그러자 바로 눈앞에서(그러나 어두웠기 때문에 몰랐다.) 여자가 허리를 굽히고, 잠시 기모노 옷자락을 밀어 올리며—볼일을 막 끝냈을 때였다. 겐키치는 딴 데에 정신이 팔려 있었기에 허를 찔린 상태였다. 두 사람은 선 채 움직이지 못할 정도로 깜짝 놀랐다. 그는 순간적으로 이상한 충동을 느꼈다. 자신도 왜 그런지 몰랐다. 그는 재빨리 손을 뻗었다. 그러자 도망치려고 하는 여자의 허리띠에 손이 걸렸다. 겐키치는 목구멍이 갑자기 꿀꺽 하고 막혔다. 여자는 소리를 내지 않고 어둠 속에서 반항하였다. 하지만 힘이 달랐다. 곧 여자는 겐키치의 가슴 옆으로 밀려왔다. 여자는 허리띠에 걸려 있는 겐키치의 손에 손톱을 세우려고 했다. "바보!" 그는 숨소리로 말하고는 마음껏 꽉 여자의 몸을 껴안아 버렸다. 여자는 부풀어 오른 유방이 꽉 눌려 괴로워했다. 일본식 머리에 묻힌 새로운 기름 냄새가 겐키치의 코에 훅 하고 끼쳐 왔다. 겐키치의 심장도 자신이 알 수 있을 정도로 쿵쿵 빠르게 뛰었다. 여자 또한 확실히 알 수 있었다. 여자는 겐키치에게 눌린 채 발버둥 쳤다. 그 풍만한 몸의 움직임이 그대로 겐키치에게 느껴졌다. 겐키치는 여자를 이번에는 별로 힘들이지 않고 안아 올리고는 밭으로 이어져 있는 어두운 샛길로 나갔다. 여자는 비로소 소리를 낼 것처럼 몸을 떨었다. 마구 발로 겐키치를 차거나, 가슴을 할퀴거나 했다. 하지만 곧 무슨 연유인지 가만히 있었다. 그리고 겐키치의 벌어진 가슴에 얼굴을 묻었다. 뜨겁게 내쉬는 숨이 겐키치의 가슴을 어루만졌다.

겐키치는 숨을 헐떡이며 300미터나 걸었다. 점점 밭 속으로 들어갔다. 옥수수 그루터기가 많이 남아 있어, 겐키치는 몇 번이나 그것에 발바닥을 베었다. 게다가 구덩이에 발을 빠뜨려 비틀거렸다. 하지만 악귀와 같은 모습이 된 겐키치는 상관하지 않고 마구 걸었다. 여자는 생각난 듯이 다시 세차게 저항했다. 그러나 저항하면 할수록 겐키치는 힘이 났다. 그리고 몸 전체가 두근두근 떨려 왔다.

4

 또 비가 내렸다. 날이 점점 어둑어둑해지고, 추위를 품은 듯한 구름이 드리워져 오고, 싸라기눈이 섞여 내리곤 했다. 이번에야말로 정말로 겨울이 온다, 모두 그렇게 생각했다. 아침에 일어나 보면, 물이 괸 도랑 표면에 얼음이 얼어 있었다.
 농민들은 겨울 준비가 끝나면 초가 안에 기어들어가, 토방에 거적을 깔고 새끼를 짜거나 짚신을 만들었다. 일 년 동안 밭에 나가 허리를 굽히고 땅에 달라붙어 가며 계속 일했지만, 그래도 아직 농민들에게는 부족했다. 딸들은 추수한 곡식이나 콩류 등을 짊어지고 정류장이 있는 마을로 나갔다. 농민들은 누구를 위한 것인지도 모른 채 여러 가지 물건을 만들었다. 그렇지만 그중 반 이상은 하나도 남김없이 뺏겨 버렸다. 소작인은 지주의 소작료로, 자작농은 척식은행 연부금의 납부금으로 다 나가 버렸다. 게다가 비료 가게와 농기구점이 있었다. 농사를 짓고, 콩을 재배하고, 수수를 만들고, 가지를 재배한 농민들은 매일 말린 푸성귀와 감자밖에 먹을 것이 없었다. 그것밖에 먹을 수 없었다. 게다가 밥을 먹을 때, 농민들은 쌀만 먹는 것도 과분하다고 생각했다. 그래서 쌀에 물을 몇 배나 넣어 불려 걸쭉하게 만들어 감자나 콩을 섞어 먹었다.

여름에 처마에 말려 두었던 몇십 개나 되는 호박을 겨울 동안 먹었다. 그것을 매일 계속해서 먹기 때문에 농민들은 얼굴도 손바닥도 발도 완전히 샛노란 색이 되어 있었다. 눈알의 흰자위조차 노란 핏줄이 보였다.

겨울이 가까워 오면, 일 년 내내 신어서 너덜너덜해진 버선을 꿰매는 것이 그 집 노인의 일이 되었다. 버선에 천 조각을 몇 개나 덧대어, 한겨울 동안 다시 신었다. 셔츠도 옷도 속옷도 마찬가지였다. 겐키치의 어머니는 벽장에서 가지각색의 누더기 천을 꺼내어 와서는, 그것을 화롯가에 산처럼 쌓아 놓고 한쪽 알이 깨어진 안경을 실로 귀에 걸고 램프 밑에 얼굴을 대고 일을 했다.

수확이 끝나고 나서 겨울이 오는 사이에 농민들의 돈을 목적으로 몇이나 되는 행상이 하루에 몇 번이나 찾아왔다. 장난감 같은 도구를 가지고 거지가 온 적도 있었다. 하지만 긴 겨울이 기다리고 있는 걸 생각하면, 한 조각의 천이라도 농민들은 가볍게 살 수 없었다. 도야마 약방도 조그만 서랍이 많이 딸린 오동나무로 만든 약상자를 지고 찾아왔다. 말 같은 그림이 그려진 약 냄새 나는 전단지를 아이들에게 주고는, 아무리 필요 없다고 말해도 마루 가장자리에 앉아서 움직이지 않았다. 그리고 약봉지를 두고 갔다. 요시는 말이 그려진 전단지를 소중히 간직하고는 시간이 있으면 그것을 그렸다.

농민들은 그래도 여하튼 말을 준비하여 정류장이 있는 마을에 나가, 된장이나 간장 그 외 필요한 물건을 사 왔다. 그 무렵 정류장 앞 잡화상의 전봇대에는 농민들의 짐마차가 몇 대나 매어져 있었다. 암말이 많았다. 가끔 수말이 지나가면, 소리 높여 울면서 날뛰었다. 그러면 잡화상 안에서 취해서 얼굴이 붉어진 농민이 뛰어나와 암말을 옆쪽으로 끌고 갔다. 잡화상에는 토방에 두세 개의 의자가 있어, 그곳에 걸터앉아 농민들이 얼음물을 마시는 컵에 차가운 술을 따르고 말린 생선을 찢으면서 마시고 있었다.

농민들 중에는 이곳에서 곤드레만드레 취한 이들이 있었다.

"내가 아무리 취해도, 저 녀석이 모두 이해할 거야."

그리고 가게의 사환아이에게 안겨, 된장이나 간장통과 함께 짐마차에 마치 짐처럼 실렸다. 실린 채로 옛날 젊은 시절에 배운 노래를 부르며 기분 좋게 있으면 말은 혼자서 원래 왔던 길을 되돌아갔다.

사발 가득 두세 잔 마신 겐키치는, 오랜만이었던 탓인지 완전히 취해 버렸다. 겐키치는 커다란 몸을 흔들며, 실없게 춤추는 손동작을 하거나 눈을 가늘게 뜨고는 이상한 소리를 내며 웃거나 뜻도 모를 소리를 해 댔다.

8시쯤 잡화상을 나와, 겐키치는 옆에 매어 둔 말 쪽으로 가서 비틀거리면서 말 목덜미를 잡고, 그것을 지지대 삼아 콧등을 쓰다듬으며 무언가를 중얼거렸다. 그러면서도 시종 몸을 휘청거리고 있었다. 말에서 떨어져 잠시 서 있었다. 걷기 시작했지만 발걸음은 불안했다. 이미 마을에는 사람의 왕래가 없었다. 겐키치는 호주머니에 양손을 비스듬히 찔러 넣고, 취하면 흔히 그렇듯 부들부들 떨면서, 그리고 혼자서 무언가 투덜투덜하며 걸었다.

"아무리 일해 봤자 뭐가 되겠어, 빌어먹을." 몇 번이나 이렇게 같은 말을 반복했다. 조금 걷자, 처마가 낮은 국수 가게가 있었다. 겐키치는 그곳의 입구 기둥에 쿵 하고 몸을 부딪쳤다. 그리고 그대로 기대서는 눈도 뜨지 않은 채 "누구야, 젠장, 누구야."라고 말했다. 안에서 화장을 한 여자가 "오빠, 들어와, 올라와서 한 잔 하고 가요." 하고 말했다. 그리고 바로 일어나서 나왔다.

"뭐, 기분 좋네."

겐키치는 여자의 얼굴 바로 앞까지 제 얼굴을 쑥 내밀고, 개개풀어진 눈을 억지로 뜨고 여자를 보았다. 싼 화장품과 여자의 땀 냄새가 훅하고 코끝을 찔렀다.

"이 계집, 귀여운 얼굴을 하고 있네."

"따뜻하게 해 줄게요. 자, 올라와요—."

겐키치는 비틀거리며 토방으로 들어가 버렸다.

잡화상 앞에 매여 있던 겐키치의 말은 다음 날 아침까지 그곳에 머리를 길게 숙이고 그대로 있었다.

*

긴 가을밤에 램프를 토방에 내려뜨려 놓고, 볏짚을 치고 새끼를 꼬기도 하면서, 농민들은 자신들이 살아온 일생을 돌아보았다. 가을밤은 농민들에게 그런 시간이었다. 작게 콧노래를 부르다 문득 멈추고는 어느새 농민들은 옛날 일을 생각하고 있었다.

고향에서 그들이 먹을 거라곤 감자뿐이었다. 밭에서 난 것은 싸고, 비료나 농기구는 그 배로 비쌌다. 지주에게 소작료가 쌓이고 쌓이면, 농작물은 압류되고 토지는 몰수당했다. '홋카이도에 가면……' 이렇게 생각하거나, 쫓겨서, 그러나 큰 꿈을 가지고 사람들은 '곰이 나오는' 홋카이도에 찾아왔다. 쓰가루 해협을 건너 북으로, 북으로 찾아왔다. 부모자식이 고리짝을 짊어지고, 홋카이도의 엄청난, 플랫폼도 없이 한데에 있는 정류장에 내려지면, 몇 리나 끝도 보이지 않는 눈길을 걸어야 했다. 아무리 걸어도 눈이고, 평지였다. 손가락도 얼굴 피부도 벗겨져 나갈 것 같은 바람이 휘몰아쳤다. 그리고 정착하여 보면, 어디에나 팻말이 서 있었다. 손에 넣을 수 있는 땅은 찬합 뚜껑만큼도 남아 있지 않았다. 이따금 땅을 싸게 '손에 넣을 수 있어도', 그것을 경작해 갈 돈이 없었다. 결국 남에게 돈을 빌려서, 2, 3년 지나 그 황무지를 겨우 밭처럼 만들어 놓을 때쯤, 그 담보로 완전히 그들의 손으로부터 사라져 버렸다.—이곳도 역시 살기 좋은 곳은 아니었다.

'고향에서는 어떻게 하고 있을까.'

이런 농민들은 설령 홋카이도에 20년, 30년 있었어도, 고향은 잊지 않았다. 죽을 때는 고향의—옛날 자신들에게는 결코 좋은 대접을 해 주지 않았던—마을이어야 한다, 그렇게 암묵적으로 생각하고 있었다. 언제나 언젠가 고향에 돌아가는 것을 생각했다. 일하다 잠시 짬이 나면 '고향에서는 어떻게 하고 있을까.' 반드시 그렇게 말했다. 고향은 지금은 불가사의하게도 농민들에게는 이상한 매력을 가지고, 마음속에 되살아났다. 왜 그런지 아름답고 즐거웠던 시간으로 상상하는 것이었다. 두부 가게의 누가 어떻게 하고 있다든가, 잡화점 하는 가네가 아직 살아 있을까 라든가, 모퉁이 집의 딸이 신랑을 맞았다든가, 석공인 남편이 사할린에 갔다든가……. 그런 이야기들이 조금씩 끊어질 듯하거나, 도중에 끊어지고 나서 이어지거나 했다. 그리고 고향 이야기와 연결시켜 옛날 자신의 일을 느긋한 어조로 이야기했다.

처음 '고향'을 나올 때에 농민들은 홋카이도에 가면 열심히 일해 돈을 많이 벌어서 고향으로 돌아와 편안하게 살아야지, 그렇게 생각했다. 누구나 그러했다. 겐키치의 아버지도 그러했다. 그러나 어느 농민에게도 그것은 가능하지 않았다. 결국 고향에서의 생활과 조금도 다르지 않았다. 그러나 농민들은 그러한 사실을 조금도 인정하려 하지 않았다. 사실은 현실에서는 도저히 그런 일이 불가능하다는 것을 '알고 있으면서', 막연히 역시 고향으로 돈을 가지고 돌아가는 것을 마음속 어딘가에서 생각하고 있었다. 홋카이도의 농민들은 모두 예사로 그 러했다.

이따금 고향에 한 달이라도 갔다 온다는 사람이 있으면(—그러나 그런 일은 매우 드물었다. 예를 들면, 부모가 위중한 병에 걸렸다든지 하는 상황에 한정되어 있었다.) 같은 고향 사람들이 찾아가서 자신들의 친척들에게 여러 가지 전갈을 부탁하거나, 무언가를 전해 달라고 했다. 마을의 상황을 듣고 오기로 약속하는 일도 있었다.

듣건대, 겐키치의 아버지와 어머니가 처음 홋카이도에 와서 눈 덮인 들판을 걸어야만 했던 때(겐키치는 그때 아버지의 등에 업혀 있었다.) —마침 지금 있는 마을에 들어오기 조금 앞 길가에 비석이 하나 서 있는 것을 보았다. 해 질 무렵이었는데, 휑뎅그렁한 들판에는 그 비석만이 쓸쓸히 서 있었다. 비석을 팻말로 생각한 아버지는 몇 리나 남았는지 보려고 그 앞에 쭈그리고 앉아 눈을 털어 냈다. 거기에는 '니가타현 ○○군 △△마을, ×××. 여기에 잠들다.'라고 쓰여 있었다. 아버지가 그 이야기를 어머니에게 들려주었다. 두 사람 모두 그때는 오싹하고 한기가 들 정도로 의지할 곳이 없음을 느꼈다.—"아무리 그래도, 이런 식으로는 되고 싶지 않아." 그렇게 말한 것을 겐키치는 몇 번이나 들어서 알고 있었다.

그렇게 농민은 언제나 '고향'의 땅과 밀접한 관계를 갖고 있었다.

농촌의 가을은 더욱더 깊어 갔다.

겐키치의 어머니는 겨울이 가까워 오면, 허리가 아팠다. 토방에 내려

가 새끼줄을 만들면서 요시에게 허리나 어깨를 주무르게 했다. 요시가 싫어하면서 도망갈 때마다,

"돈 1전 줄게."라고 말했다. 그래도 계속 오지 않으면,

"그럼 2전 줄게."라고 말했다.

요시가 어머니 뒤로 돌아서, 두 번인가 세 번 어깨를 주무르고 곧,

"돈 줘!"

"이런 거지."

"했잖아. 주물렀잖아."

"좀 더."

"야비해, 야비해."

"바보, 엄마가 됐다고 할 때까지야."

"야비해, 야비해."

"이런 빌어먹을 놈!"

두 사람 다 진지해졌다. 그러다가 갑자기,

"응, 겐.—나 이번 겨울에 고향에 갔다 와도 괜찮지.—겐." 욱신욱신 아픈 허리를 스스로 주무르면서 말했다. 그리고 어두운 표정으로 겐키치를 보았다.

5

 겐키치의 어머니는 오후미가 마쓰리 날 삿포로로 야반도주한 뒤로 어딘가 약해져 있었다. 일을 하다 갑자기 오후미 이야기를 하기 시작했다. 그리고 언제까지나 그 이야기를 혼잣말처럼 하고 있었다. 겐키치는 어머니가 그러한 이야기를 하기 시작하면, 아무 말 없이 밖으로 나갔다.
 가을이 깊어진, 조용한 어느 밤이었다. 뒤편에 흐르고 있는 강 주변에 가끔 새가 울고 있었다. 겐키치와 어머니는 램프를 낮게 내려뜨리고, 토방에 거적을 깔고, 짚신을 만들고 있었다.
 누군가 밖에서 부르는 소리가 들린 듯했다.
 "하―."라고, 겐키치가 밖에 귀를 기울이더니 말을 걸었다.
 "나야." 교장 선생이 삐걱거리는 문을 몸으로 열고 들어왔다.
 "무료해서, 얘기나 하러 왔네."라고 했다.

화롯불 옆에서 요시가 선잠을 자고 있었다. 램프는 토방 쪽으로 가지고 갔기 때문에 그곳이 어두워서 몰랐었다.

"오후미는 어떻게 하고 있는가?" 얘기를 하다 교장 선생이 물었다. 어머니는 언제나처럼 몇 번이나 몇 번이나 말한 것을 또 교장 선생에게 들려주었다. 겐키치는 잠자코 있었다.

"왜 데려오지 않는가."

"제가 아무리 그리 말해도, 겐이 안 된대요. 가고 싶어 하지 않는걸요.―삿포로를 무서워하고 있는 것 같아요."

"겐키치 군, 왜인가."

"안 됩니다." 겐키치는 그렇게 말했다. "데리고 와도, 또 갈걸요."

"이런 걸." 어머니는 기가 막힌 듯 교장 선생의 얼굴을 보았다.

그러자 교장 선생이 삿포로에 있을 때의 이야기를 했다. 그리고 이런 말을 했다.―만약 한 번이라도 도회지의 맛을 알게 되면, 이런 시골에는 도저히 있을 수가 없지. 전화가 있어서 아무리 먼 곳의 사람이라도 즉시 볼일을 이야기할 수 있어. 자동차가 몇 대나 있어. 전철이 있지. 게다가 여자는 언제나 인형처럼 아름답게 화장을 하고, 소매가 긴 옷을 입지. 영화는 매일 있고, 연극도 볼 수 있고, 음악회도 있지. 공원이 있고 말이지.

게다가 남자들도 외국 사진에 나오는 사람들과 조금도 다르지 않은 모습으로 빛이 날 정도로 잘 닦은 구두를 신고 고을을 뚜벅뚜벅 걸어 다니지.

"저기, 있죠―." 어머니가 놀란 듯이 말했다.

"그에 반해 어떤가 농민은―." 교장 선생은 잠시 말을 끊었다.

"일 년 내내 똥거름 속에 파묻혀 새까매져서 남잔지 여잔지 알 수 없게 되지. 이 주변의 여자들 손의 피부를 보면, 마치 걸레 같지 않은가. 해가 뜨기도 전부터 밤까지. 근데 그러고 나서 또 밤일이지.―그래서 돈이라도 많이 남는다면 좋겠지만. 그렇잖아요, 어머니."

교장 선생은 이상한 어조로 웃었다. "도시의 부자들은 멋진 빌딩 주변에서 깨끗하고 품위 있는 일을 가끔씩 하면, 이미 그것으로 하루 끝. 그리고 듬뿍 돈이 들어오지. 도저히 말이 되지 않지." 그렇게 말하고 나서,

"어떤가."라고 겐키치에게 말했다.

겐키치는 잠자코 있었다.

"그렇지요!" 어머니는 감탄해서, "도시의 훌륭한 사람들이라는 거죠."

"겐키치 군 알겠나,―이런 이치를……."

"……."

겐키치는 교장 선생의 얼굴을 보았지만 아무 대답도 하지 않았다. 그리고 입에 물을 머금고 그것을 뿜으며 볏짚을 나무망치로 쳤다. 교장 선생은 담배를 피우면서 잠시 말없이 있었다. 그리고 나서 문득 생각난 듯이,

"아, 가쓰 군이 나에보 철도 공장에 들어간 거, 들었나?"

"정말입니까?" 겐키치는 갑자기 관심을 보였다. "정말이네. 그렇다던데."

"가쓰 군의 집에서 말했다네.—가쓰 군도 역시 꽤나 고생이지."

"오후미를 부추겼군, 가쓰 녀석!" 어머니는 화내며 말했다.

"아, 겐키치 군, 농민은 한 사람만 일하면 자신의 일가를 먹여 살리고, 게다가 지주에게 매우 호화로운 생활을 시켜 주는 일도 가능하고, 그 지주의 덕택으로 살아가고 있는 사람들에게 은혜를 나누어 줄 수도 있지. 대단한 일이지. 인간을 살려 주는 것도, 살려 주지 않는 것도 마음대로 할 수 있는 것은 농민과 직공뿐이지. 재미있지 않나." 교장 선생은 여느 때는 결코 보이지 않았던 웃는 얼굴을 했다. 그러고는 농담하는 듯한 말투로, "훌륭한 거야. 세상에서 가장 훌륭한 것은 농민과 직공이라는 거겠지. 하하하하. 그런데 말이야. 겐키치 군, 그 농민과 직공이 가장 가난하고, 가장 추레하고, 가장 사람들에게 바보 취급당하고, 가장 부림을 당하고 있으니, 유쾌하지."

겐키치는 엉겁결에 그 장단에 끌려 들어가 웃었다. 어머니는 무언가 알듯 모를 듯한 얼굴을 하고 있었다.

"재미있지, 이런 것을 생각하고 있으면. 6월에 지주가 모두를 모아서, 뭔가 지껄이지. 너희들이 가난한 것은 어딘가 너희들에게 죄가 있는 것이다. 일하는 이는 가난에게 따라잡히지 않는다면서. 모두 지당하다, 지당하다 하며 듣고 있으니까.—그런데 아무것도 없어, 그렇게 해서 잔뜩 일을 시켜 두고, 그 가장 좋은 것을 교묘하게 낚아채 가는 것이 지주니까 재미있지. 지주를 따라잡을 사람은 전혀 없어. 그런데 기묘한 일도 있는 법이어서, 누구도 지주에게 속고 있다는 것을 모른다는 거야. 그래서 아직 일이 부족하겠지 아직 부족하겠지, 라며 열심히 일하고 있는 거지. 지주 녀석, 뒤에서 혀를 날름날름 내밀고 기뻐하고 있겠지! 일해, 일해, 라고 하면서, 지금도 농민은 새벽 4시인가 5시부터 일어나서, 밤에는 또 7시나 8시까지도 일하고 있어. 이보다 더 일찍 더 늦게, 마차를 끄는 말처럼 일하면, 그야말로 3일 만에 농민들은 갑자기 쓰러질 거야. 농민만큼 쉴 새 없이 일하는 사람들이 있을까.―노동량이 부족하니까 가난하다는 거, 새빨간 거짓말이야."

"교장 선생님, 무슨 말씀 하시는 거예요." 어머니는 깜짝 놀라서 말했다.

"아니, 자네는 어디에서든 일을 많이 하게. 그러면 지주의 곳간에는 쌀가마니가 잔뜩 쌓이고, 반대로 자네들 입은 텅텅 비게 될 테니까." 교장 선생은 큰 소리로 웃었다.

겐키치는 앞으로 푹 꼬꾸라진 사람처럼 굳은, 못마땅한 얼굴을 하고 있었다. 가끔 나무망치가 멈췄다.

"내가 늘 이상하게 생각하고 있는 것은 모두가 이렇게 가난한데도, 무슨 이유로 이렇게 가난한 건지 아무도 모르고 있는 거야. 이봐, 겐키치 군. 지주가 저런 걸 처지껄이고, 주지는 또 주지 녀석대로 지주에게 듬뿍 받으니까 모든 것이 부처님 마음이라는 등 따위를 지껄이고, 모르는 것은 더욱더 혼란해져서 모르게 되는 것이지. 하지만 자세히 조사해 보면,—무엇이든 분명한 거지. 농민은 너무 분명하면 스스로 어떻게 해야 할지 곤란해 하니." 또 거기서 웃었다. 그리고 혼자서 "음, 곤란하지. 곤란하니까. …… 모르는 것으로 해 두고 있지."

교장 선생은 겐키치 쪽을 보았다. 겐키치가 말을 꺼내려는 것을 기다리는 듯한 모습을 했다. 하지만 겐키치는 아직도 눈살을 찌푸리며 못마땅한 얼굴을 하고 있었다.

"저기, 교장 선생님, 그런 이야기 지주님에게라도 들어간다면 큰일이 날 거예요."

교장 선생은 잠시 말없이 있었다. 하지만 그러고 나서 다른 이야기를 했다. 화롯가에 자고 있던 요시가 무언가에 깜짝 놀란 듯 뛰어 올랐다. 그리고 선 채로 멍하니 있었다. 모두 그쪽을 보았다.

"요시, 잠에 취해서 뭐해!"

요시는 주위를 두리번두리번 보면서 몸을 몇 번이나 흔들었다. 요시의 몸에는 이가 들끓고 있었다.

"여기, 교장 선생님이 오셨어."

교장 선생을 본 요시는 인사했다. 하지만 아무 말도 하지 않고 곧바로 다시 화롯가에 앉았다. 그리고 양 무릎과 턱이 달라붙듯이 몸을 웅크리고 잠에 빠져들었다.

"가위 눌렸네."

교장 선생은 그로부터 잠시 있다가 짧게 깎은 머리를 북북 긁으면서 돌아갔다. 정문을 열면서 "어우 추위."라고 말하고, 소맷자락에 손을 쳐넣었다. 문이 닫히고 나서, 곧 집 옆에서 교장 선생이 소변을 보는 소리가 났다.

"안녕하세요." 누군가가 그렇게 말하며 지나갔다.

교장 선생은 소변을 보면서 "음, 안녕."이라고, 여느 때의 까칠까칠한 목소리로 말했다.

일이 끝나고 나서, 어머니가 껍질을 까 둔 감자를 커다란 냄비에 넣어 삶았다. 완전히 익었을 때, 그것을 소쿠리에 옮기고 위에 소금을 뿌렸다. 어머니와 겐키치는 화롯가에 앉아서 감자를 먹었다. 맛있는 감자는 이런 식으로 삶으면, '하얀 가루'가 생겼다. 두 사람은 뜨거운 것을 후후 불면서 볼이 미어지게 입에 넣었다. 어머니는 겐키치의 맞은편에 책상다리를 하고 앉아 있었다. 하지만 조금 지나자 감자를 입에 가져가던 손이 근처에 가지도 못하고 …… 어머니는 앉아서 졸고 있었다. 하지만 손이 털썩 하고 움직였기 때문에 제정신으로 돌아와서, 어쨌든 감자를 입에 넣지만 입을 우물우물 씹고 있는 동안에―삼키지 않고 입에 담아 둔 채로 다시 앉아서 졸기 시작했다.

화로에 지피고 있는 나무가 때때로 딱딱 하고 튀었다. 그 소리에 어머니가 이따금 조금 정신이 들었다. 겐키치는 아무 말도 하지 않고 감자를 먹고 있었다. 무언가 생각이라도 하고 있는 듯 입을 기계적으로 움직일 뿐이었다.

벽시계가 느릿하게 네 번 쳤다. 어머니는 깜짝 놀라서 이번에는 정말로 잠을 깼다. 그리고 몸을 둥글게 말아 자고 있는 요시를 흔들어깨웠다. 요시는 잠을 깨자 언짢아서 빙퉁그러지기 시작했다.

"저, 교장 선생님!" 어머니가 큰 소리로 불렀다.

요시는 깜짝 놀라서 주위를 둘러보았다.

"거짓말, 거짓말! 거짓—말!!! ……" 결국 요시가 본격적으로 울기 시작했다.

"이 녀석 빨리 소변 누고 와. 밖에 가서."

요시는 좀처럼 나가지 않았다. 서너 번이나 듣고서 밖으로 나갔다. 하지만 문을 방긋이 조금 열고는 거기에서 고추만 내밀고 기세 좋게 밖으로 보냈다.

"또 밖에 안 나갔네. 얼마나 나쁜 버릇인지.—나중에 냄새난다고!—갓난아이도 아닌데. 나중에 형한테 후려 맞을 거야!"

"밖은 무섭단 말이야. 춥고." 반은 우는 소리로 요시가 말했다.

"그래그래, 그렇지."

어머니는 잠자리를 세 개 깔았다.

"저, 겐, 교장 선생님은 틀림없이—그거야. 당치도 않은 것을 말하는 것이지. 진지하게 듣지 마라. 응." 잠자리를 깔면서 어머니가 그렇게 말했다.

감자가 물린 겐키치는 부젓가락을 든 채 화로 안을 보고 있었다. 부젓가락으로 숯불을 여러 가지 모양으로 늘어 놓거나, 흩뜨려 보거나 하며 잠시 그러고 있었다.

요시와 어머니가 잠들었다.

겐키치는 화로 옆에 있는 나무를 집어 불을 지폈다. 그러고 나서 그것이 연달아 다 탈 때까지 그을린 청동상처럼 앉아 있었다. 램프도 석유가 닳아져 가 점점 불길이 약해졌다.
 "겐, 아직 일어나 있는 거야. 연료 떨어졌다.―빨리 자라."
 어머니가 잠을 깨고 잠시 베개에서 얼굴을 들고 이쪽을 보면서 말했다. 겐키치는 불도 이제 타다 남은 것밖에 없어서 추워지는 것을 느꼈다.
 "응." 그렇게 말하고 일어섰다. ……
 겐키치의 몸이 뒤 창문에 커다란 그림자가 되어 비쳤다.
 "나무아미타불, 나무아미타불―." 어머니가 중얼중얼 말하는 것을 겐키치는 들었다.

6

긴 겨울이 왔다. 농민은 올해의 흉작을 보충해야 했다.

눈이 내리면, 겐키치는 마을 사람 대여섯 명과 아사리* 산속에서 참피나무 껍질을 벗기는 일을 하기로 되어 있었다. 2월 내내 그 일을 해서 다 마치고 나면 요이치의 청어잡이에 가게 되어 있었다. 그리고 4월 말경 마을에 돌아온다. 대부분의 농민이 그렇게 했다.—그래서 농민의 삶이 빠듯했다.

며칠이고, 며칠이고 줄기차게 눈보라가 쳤다. 마을 사람들은 그동안 집에서 한 걸음도 나가지 않고 지냈다. 창문으로 엿보아도 그저 새하얄 뿐 아무것도 보이지 않았다. 가끔 집이 흔들흔들 흔들렸다. 그리고 겨우 눈보라가 멈췄다. 문을 열자, 밖에 쌓여 있던 눈이 무너져 집 안

* 홋카이도의 오타루 시 아사리.

으로 들어왔다.

눈 덮인 이시카리 평원은 이제 정말 사방이 끝도 없이 새하얗게 펼쳐져 있었다. 집들은 눈에 파묻혀 빼꼼 빼꼼 지붕만 겨우 보일 정도였다. 상당히 떨어져 있다고 생각된 옆집이 똑똑히, 부를 수 있을 정도로 가깝게 보였다. 하늘은 아직 눈보라의 흔적이 남아 있는 낮고 어두운 구름에 덮여 있고, 그 구름과 새하얀 지상이 지평선 근방에서 이어져 있었다. 지평선 부근은 눈보라가 치는 듯 하늘이 새까맸다. 바람은 때때로 씽씽 소리를 내며 불었다. 그때마다 눈이 연기처럼 날아올라, 소용돌이치면서 멀리서부터 불어닥쳐 왔다. 바람은 빙빙 한곳에서 소용돌이치고 있거나 굉장한 속도로 옮겨 가거나 갑자기 방향을 바꾸거나 했다. 집 모퉁이 주위에 바람에 날려 눈이 잔뜩 쌓여 있었다.

추위가 심해지면, 밤중에 집 안에 가만히 있어도 아삭아삭하고 무언가 물건이 갈라지는 듯한 소리가 났다. 나이 먹은 농민은 즉각적으로 반응하여, 허리가 아프다거나 어깨가 아프다거나 해서 움직일 수 없게 되었다.

집 안에 갇힌, 먹을 것이 없어진 농민에게 정류장이 있는 마을에 장 보러 가는 말의 방울 소리가 들렸다. 딸랑딸랑하는 방울 소리가 얼어 있는 듯한 공기에 크게 울려, 오랫동안—꽤 멀리 갈 때까지 들리고 있었다. 그리고 그 말 썰매가 눈의 망막한 들판을 꼬불꼬불 구부러지며 쏜살같이 달려가는 것이 보였다.

눈이 내리기 시작하고 나서 10일쯤 지나면, 농민들은 슬슬 '이 겨울을 어떻게 보낼까?' 하고 생각하기 시작했다. 농민들은 눈을 보면 갑자기 좋은 생각이라도 나는 듯했다. 먹을 것이 없어져도 지주에게 납부할 것에는 손을 댈 수 없어서 마을에 물건을 사러 갈 돈도 없었다. 서로 만나면 띄엄띄엄 자신의 생활을 이야기하고 어떻게든 하지 않으면 안 된다고 말했다. 모두 괴로워하고 있었다. 그래서 어느새 그 괴로움이 거침없이 널리 퍼져 갔다.

강 건너편 마을에 볼일을 보고 돌아온 가쓰의 아버지가 겐키치와 만났을 때 강 건너편에서도 여러 가지 이야기가 나오고 있다고 말했다. 이시카리 강이 얼었기 때문에 자유롭게 건너편에 갈 수 있게 되었다. 수업료를 납부할 수 없어서 초등학교에 갈 학생이 갑자기 줄었다. 돈을 들여서 하루 종일 놀게 할 수 없기 때문이라는 것이다.

대부분의 아이가 기운 없이 멍청한 얼굴을 하고 화롯가에 찰싹 달라붙어 앉아 있었다. 갓난아이는 홀쭉한 채 배만 모래를 가득 채운 주머니처럼 불러 있고, 찔찔 울기만 하고 있었다. 아무것도 알지 못하는 갓난아이조차 언제나 눈썹 주위에 주름을 만들고 있었다. 묘하게 커진 머리를 받칠 힘이 없어, 머리는 몸 쪽으로 기우뚱하니 떨구고 앉아 있었다. 겨울이 오기 전에 처마에 매달아 둔 푸성귀로 맹탕 같은 된장국을 만들어 3일, 4일, 5일이나—아침 점심 저녁 계속해서 먹었다. 이 외에는 호박과 감자를 먹었다. 쌀은 하루에 한 번 정도밖에 먹을 수 없었다. 푸성귀 된장국이 마지막에는 맛이 없어 구역질이 난다고 했다.

점점 농민들은 진지해졌다.

이러는 동안 이야기가 하나로 정리되어 갔다. 겐키치는 누구에게인지는 모르지만 교장 선생이 뒤에서 몰래 행동하고 있다는 이야기를 들었다. 같은 마을의 농민이 지주에게 퇴거를 강요당하는 일이 있고 나서, 사람들이 모여서 이야기하는 일들이 적극적으로 벌어졌다.

강 건너편에서 젊은 남자가 찾아왔다. 자신도 함께하는 것이 지주를 상대하기에 좋을 거라고 말했다. 한번 날을 정해 초등학교에 모여 어떻게 할 것인지 의논하기로 했다.

그날은 눈보라가 쳤다. 바람이 마구 휙휙 휘몰아쳤다. 내려온 눈은 지면과 평행하게 날리거나 거꾸로 아래에서 위로 올라가거나, 비스듬히 내렸다. 곧 사방이 새하얗게 되어 눈앞도 보이지 않게 되었다. 길을 벗어나면 무릎까지 내린 눈에 파묻혀 버렸다. 눈은 외투의 작은 틈이라도 파고 들어와 손등이나 발가락 끝 같은 부분이 욱신욱신 아파 왔다. 초등학교에서 먼 집은 거의 4킬로미터나 떨어져 있었다.

농민들은 누구 할 것 없이 밀가루를 뒤집어쓴 것처럼 온몸이 새하얘져서 들어왔다. 그리고 추위에 곱은 양손을 입에 대고 하아하아 입김을 가했다. 수염, 눈썹, 속눈썹이 한 가닥 한 가닥 하얗게 얼어붙어 쩡쩡 하는 소리를 내고 있었다. 외투가 없는 농민들은 누비옷인 도자를 머리부터 뒤집어쓰고 왔다. 몇십 년인가 전에 군대에 갔을 때 입은 카키색의 그을린 외투를 입은 사람, 낡아 빠진 옷을 이중으로 입은 사람, 통소매 외투를 입은 사람 등 가지각색이었다. 교실은 그나마 난로를 때서 따뜻했다. 얼었던 눈썹과 수염이 녹으면서 생긴 물방울이 뺨을 타고 흘러내렸다.

 농민들은 모두 감기라도 걸린 것처럼 묘하게 부석부석했고, 그을리고 생기 없는 얼굴이었다. 등이 둥글게 된 사람, 몸은 건장하지만 어딘가 균형이 맞지 않는 것 같은 사람, 털이 덥수룩한 사람, 완전히 벗겨진 머리가 일 년 내내 볕에 쬐여 빨간 표주박처럼 되어 버린 사람 등 가지각색이었다. 두세 명씩 모여 제각기 자신의 이야기를 하고 있었다. 다 피운 꽁초를 손에 쥐고 혼자서 무뚝뚝하게 무언가 생각에 잠겨 있는 나이 든 농민도 있었다. 대여섯 명을 앞에 두고 손을 움직이며 큰 소리로 말하고 있는 사람도 있었다.

 잠시 지나자 농민집회답게 사람들의 훈김과 악취로 후텁지근했다.

 한쪽 구석에서 대여섯 명이 박수를 쳤다. 그러자 모여 있던 사람들도 따라서 박수를 쳤다. 하지만 멍하니 박수를 치는 것을 보고만 있는 사람도 있었다. 박수가 끝나자 서른대여섯 살쯤 되는, 몸이 건장하고 눈썹이 짙고 단정하게 깎은 구레나룻을 한 이시야마라고 하는 농민이 교단에 올라갔다. 교장 선생의 친척이었다.

 "모두를 대신해서 대강의 내용을 말씀드리겠습니다." 그렇게 서론을 말하고 이시야마는 농민들에게는 드문, 명확하고 이해할 수 있는 말투로(물론 농민들이 일부러 격식을 차릴 때 주로 사용하는 이상한 한자어도 사용했지만)―우리는 개돼지보다 더 비참한 생활을 하고 있다는 것,―그런데 우리가 언제 게으름을 피우기라도 했던가?―그러면 왜 그런가? 우리가 아무리 일하고 일해 봤자 이토록 빈궁한 것은 바로 지주 때문이라는 사실을 알기 쉽게 설명하고, 이번과 같은 경우에 지주에게 소작료를 바치는 것은 '우리의 죽음'을 의미하고 있다. 더욱이 우리 농민은 고리대금업자의 부당한 이자와 척식은행의 이자에도 괴롭힘당하고 세금도 내야 한다. 그리고 산출한 농산물은 비료나 농기구 값과 채산이 맞지 않는다. 우리의 상황이 이 정도까지 되었는데도 가만히 있어야 하는가? 그래서 우리는 모임을 열어 함께 그 대책을 결정하고 싶은 것이다, 라고 연설을 끝맺고 단을 내려왔다. 농민들은 귀에 익지 않은 단어가 나올 때마다 이시야마 쪽을 보고 골똘히 생각하는 모습을 보였다. 하지만 괴로운 생활의 실상을 이시야마에게서 들은 농민들은, '새삼스럽게' 자기의 비참함을 얼굴 바로 앞에 꺼내어 보인 기분이라고 생각했다. 이시야마가 단에서 내려오자 갑자기 떠들썩해지기 시작했다. 지금 이시야마가 말한 것에 대해 여기저기서 서로 이야기했다. 가장 앞에 앉아 있던 나이 든 농민이 "당치도 않아. 무서운 이야기를 하는군."이라고, 중얼중얼 말하는 것을 이시야마는 내려올 때에 들었다.

이시야마가 내려오자, 바로 다른 사람이 단 위에 올라갔다. 아직 스물한두 살의 가냘픈 느낌의, 머리 앞부분만 조금 기른 남자였다. 하지만 예상외로 힘 있는 목소리로 쭉쭉 간단히 말을 해 나갔다. 대체로 이시야마가 말한 것을 인정하고, 즉시 소작료 경감 청구를 모두의 서명을 받아 지주에게 '탄원'하는 것으로 하면 어떤가, 라는 내용이었다. 그는 군대에서 돌아온 사이토라는 청년이었다.

다음은 마흔 살 정도의 농민이었다. 그는 단상에 오르자 느닷없이 손을 휘휘 돌리기 시작하면서 취한 눈으로 모두에게 시선을 고정하며 "우리는……."라든가 "그러므로, 이러한 이유로……."라든가 "그리고 마땅히……." "하지 않으면 안 되는 것입니다." 그런 말들만 했다. 곤드레만드레 취해 있었다. 모두가 웃었다. 누군가가 그런 놈은 끌어 내려라, 내려와, 라고 소리쳤다. 그 농민은 단 위에서 과장된 몸짓을 보이더니 휘청거리며 내려왔다. 원래 지방 순회 극단에 들어간 적이 있는 남자로, 취하면 옛날 예도(일본의 전통 연극)를 흉내 냈기 때문에 모두가 알고 있었다.

나이가 많은 농민이 일어섰다.―여러 가지 이야기를 들었지만 모두 '불의불충'한 것뿐이다 라고 말했다. 말이 이 사이로 새서 한 마디 한 마디 사이에 시, 시, 하는 소리가 새 나왔다.―지주님과 자신들은 부모와 자식과 같은 것이다. 젊은 사람들은 그것을 잊어서는 안 된다. '적어도' 지주님에게 반항하는 듯한 언동을 해서는 안 된다. "밭이라도 몰수당하면 어떻게 할 것인가."―그렇게 말했다. "아버―님, 알겠어요." 라고 뒤에서 소리치는 사람이 있었다. 마치고 그 노인이 단을 내려오자 또 떠들썩해졌다.

모두의 마음이 한데 모여 부글부글 나아가고 있는데, 이 나이 든 농민의 말이 모두를 어두운 곳에서 나온 소처럼 갑자기 뒷걸음질 치게 했다. 이러한 것에서는 농민들은 소와 같았다.

"뭐야 저 병신 같은 자식은! 바보 자식!" 그 전에 연설을 한 술 취한 농민이 다시 몸을 비틀거리며 단 위에 올라왔다.

"무슨 말을 하고 있는 거야. 늙은이. 그러면 우리의 가난은 어쩌란 말이야."

"응 응." 하는 사람이 있었다. "내려와." "그래, 그래." ……

이시야마가 그곳으로 나갔다.―우리가 해야 하는 일은 이미 정해져 있는 것이다. 그것을 하지 않으면 내일 먹을 밥이 없어져 죽는 일만 남게 될 뿐이다.―차라리 죽는 게 낫다고 생각하고 있는 사람은 손을 들어 줘. 그렇게 말했다.

왁자지껄하는 소리가 가라앉았다. 잠시 이시야마는 우두커니 서 있었다.

―아무도 없다. 그러면 우리는 사는 것이다. 그러면 우리는 우리의 방법을 실행하는 것이다!

그것 외에는 결코 다른 길이 없을 테니까.

이 단정적인 어조가 모두의 마음을 다시 단숨에 앞으로 떠밀었다.

이시야마는 '사이토 안'을 가지고 나와 그것에 대해 논의를 진행하려고 계획했다.

그리고 "이 일에 대해서 의견이 있는 분은 손을 들어 저에게 말해 달라."고 말했다.

다시 시끄러워졌다. 지주를 나쁘게 말하는 자와 지주를 옹호하는 자가 투덜투덜거리며 언쟁했다. 그중에는 볼퉁스럽게 흥분하여 돌지 않는 입으로 더듬거리면서 말하는 자도 있었다. 하지만 그러한 식으로 여러 가지 이야기를 하면서도, '어떻게 하는가?'라는 말 앞에서는 농민들은 전연 아무것도 모르는 사람들처럼 보였다. 이시야마는 단상에 선 채 잠자코 모두가 말하는 것을 듣고 있었다. 이시야마는 사람들이 있는 맨 뒤의 판자벽에 교장 선생이 기대고 있는 것을 보았다. 그리고 조금 떨어진 창문가에 겐키치가 팔짱을 끼고 올차게 서 있는 것을 알았다. 사람들 한가운데에서 팔을 휘두르며 계속해서 말하고 있는 가타오카라는 농민은 이전에 지주의 딸이 놀러 와서 이시카리 강에 빠졌을 때, 구하기 위해 뛰어들어 거의 죽을 뻔했다. 하지만 대부분의 농민은 입을 딱 벌리고 누군가가 말하는 것을 교대로 넋을 잃고 듣고 있었다.

"누구 의견 없습니까?"

이시야마가 큰 소리로 물었다. 그래서 잠시 조용해졌다.

그러자 한 사람이,

"지주에게 전혀 내지 않는 것이 좋을 것 같네."라고 말했다.

하지만 그 의견은 금세 모두의 반대에 부딪혀 버렸다. 그런 일은 도저히 가능하지도 않을 것이고, 또 할 일이 아니다. 농민들은 모두 그렇게 생각하고 있었다.

"그러면 모두의 의견은 소작료율 경감입니까? 맞습니까?"

이시야마가 그렇게 물었다. 그러자 다시 시끄러워졌다. 그러한 상황이 잠시 계속되었다.

"이 의견에 반대하는 사람은 손을 들어 주세요."

아무도 들지 않았다.

"없습니까?"

(사이)

아무도 없었다.

"그럼 사이토 안을 따르는 것이지요."

사람들은 서로 둘러보고 있었다. 그러고 나서 애매모호하게 예닐곱 명이 손을 들었다.

"그러면 농민의 가난이 나아지나!"

누군가 뒤에서 야성적이고 굵직한 목소리로 외쳤다. 갑자기 들린 큰 목소리에 모두 그쪽을 보았다.―겐키치였다.

"그럼 겐키치 군이 원하는 것은 무엇입니까?" 이시야마가 물었다.

"알고 있잖아. 지주로부터 밭을 되찾는 것이지!"

갑자기 무거운 침묵에 잠겼다. 그러나 다음 순간 겐키치의 의견은 잠시도 버티지 못하고 사람들이 저마다 내뱉는 심한 욕설에 묵살되었다.

그 후 겐키치는 한마디도 하지 않았다. 시종일관 팔짱을 낀 채였다.

먼저 근본적인 사항이 정해졌다. 그리고 '어떻게 실행할 것인가.' 이 문제가 있었다. 예년처럼 2, 3일 안에 지주의 대리관리인이 오면 그에게 사정을 설명하고 바로 지주와 교섭을 시작하기로 했다. 이때 여러 가지 교섭하는 사이에 소작 쌀을 어떻게 할 것인가, 라고 말을 꺼내는 사람이 있었다. 그것이 또 상당히 큰일이라서 좀처럼 의견이 일치하지 않았다. 또 농민에게는 그 문제를 끝까지 전망을 세운 뒤에 확실한―실수 없는 성공으로 해 나갈 수 있는 힘이 없었다. 이때 교장 선생의 의견을 물었다. 교장 선생은 우선 마을에 있는 장사꾼에게 자기 소유의 밭을 전부 팔아 버리는 배수진을 치고 지주를 상대해야 된다, 라는 말을 했다. 거기에 두 가지 조건을 붙였다. 첫째는 지주와의 첫 교섭에 실패하면, 둘째는 지주가 그 결과 농작물을 무리하게 압류하려는 듯한 낌새를 보이면, 이라는 것이 그것이다. 한 집 한 집 가지고 있으면 금세 압류될 수 있고 또 그 때문에 결속이 깨질 염려도 있었다. 교장 선생은 이러한 점을 막기 위해서도 이 방법은 중요하다고 말했다. 이러한 일은 농민에게는 상당히 대담한 결심이었지만, 당연하다고 생각될 정도로 모두가 다급해져 있었다.

이런 식으로 결정된 사항을 실제로 해나가기 위한 사람이라든가 세칙, 구체적인 방법 등은 중심이 되는 서너 명(그중에는 교장 선생도 들어갔다.)이 결정해서 바로 모두에게 통지하기로 했다. 그것으로 그날의 집회가 끝났다.

농민들은 두세 명씩 모여 오늘 일을 이야기하면서 돌아갔다. 밖에는 아직 바람이 멈추지 않고 있었다. 농민들은 두꺼운 어깨를 앞쪽으로 옹크리고 목을 외투의 깃 속에 움츠려서 밖으로 나갔다.

겐키치가 돌아가려고 외투를 입고 있자 교장 선생의 아이가 나와서 겐키치에게 꼭 놀고 가라며 입으려고 하고 있는 외투를 잡아끌어 거실 쪽으로 데려갔다. 할 수 없이 겐키치는 잠깐 아이의 상대가 되어 주었다. 겐키치는 언제라도 쉽게 아이와 놀아 주기 때문에 아이들이 좋아했다. 하지만 겐키치는, 아이들이 좋아하는 대범하고 순진한 면을 보이지 않았다. 겐키치는 어딘가 초조해져서 가만히 있을 수 없었다. 적당히 하고 나왔다. 밖으로 나가려고 교실 문을 열자, 남아 있던 너덧 명이 상담을 하고 있었다.

"겐키치 군 남아서 상담이라도 하나 들어주는 게 어때?"라고 한 청년이 말했다.

겐키치는 입속으로 미적지근한 대답을 하고 밖으로 나갔다.

'그럴 때인가!' 겐키치는 그렇게 생각하고 있었다.

겐키치는 자신의 생각 때문에 모두에게 한 소리 들을 것이라고 생각했다. 농민은 뒤에서 힘껏 버티는 소 같았다. 이치에는 맞다고 생각해도 좀처럼 쉽사리 움직이지 않았다. 그렇지만 겐키치는 그런 구차하고 엉거주춤한 방법으로는 아무것도 할 수 없다고 생각했다. '왜 거기에서 한 걸음 더 나아가지 못하는가.'

겐키치는 어렸을 때부터 명확하지는 않지만 어떤 생각을 가지고 있었다. 겐키치의 아버지는 가족을 데리고 홋카이도로 왔다. 그 무렵에는 죽으러 가는 것이나 다름없었다. 어디로 가야 하는지 알 수 없는, 눈 쌓인 광야의 눈보라를 맞으며 '죽을힘을 다해' 그들의 오두막집을 찾아내어 들어갔다. 그 무렵 근처엔 태연하게 곰이 돌아다니고 있었다. 종종 말이 없어지거나 밭이 마구 짓밟혀 있었다. 겐키치의 아버지가 이시카리 강가에 말을 씻기러 갔다가, 곰이 연어를 잡고 있는 모습을 보고 새파래져서 집에 뛰어 들어온 적도 있었다. 밤이 되면 먹을 것이 없어진 곰이 나오기 때문에 각 농가에서는 집 안에 계속 불을 피웠다. 곰은 불을 가장 무서워했다. 겐키치는 어렸을 때, 밤이 되면 창문으로 곰이 들여다보는 느낌 때문에 떨었던 것을 기억하고 있다.—그때부터 20년 가까이 '겐키치의 아버지들'이 일하고 일했다.

겐키치가 어머니에게 들은 이야기인데—그 무렵 아버지는 가끔 한밤중에 덧문을 열고 밖으로 나가곤 했다. 처음에 어머니는 용변을 보러 가는 것이겠지 생각했지만 아버지는 좀처럼 돌아오지 않았다. 한 시간, 두 시간이 지나도 오지 않았다. 어머니는 점점 이상하게 생각해 아버지에게 물어보았다. 아버지는 웃으며 "밭에 갔다 온 거야."라고 말했다. 그 이상은 말하지 않았다.

어느 날 밤, 어머니가 너무 이상해서 뒤를 따라갔다. 아버지는 칠흑같이 어두운 밭 안으로 성큼성큼 들어갔다. 그때 어머니는 오싹함에 몸을 떨었다. 어머니는 쭈그리고 앉아 그쪽을 보고 있었다. 아버지는 밭 한가운데에 선 채 가만히 있었다. 10분이나 20분이나. 그러고 나서 그 옆의 밭쪽으로 가서는 또 선 채로 잠시 가만히 있었다. 이번에는 거기서 조금 떨어진 밭으로 걸어갔다. 어머니는 전연 그런 행동을 이해할 수 없었다.

나중에 어머니가 결국 그날 밤의 일을 아버지에게 말하자 그는,

"바보네."라며 웃었다. "나는 말이지. 내 밭들이 예쁘고 예뻐서 감기라도 걸리지 않을까 걱정이 되어서 말이야."

그리고 진지하게 "당신도 잠이 깨면 겐과 후미가 감기에 걸리지 않

을까 주의해서 이불을 덮어 주잖아."라고 말했다.

하지만 어느새 그 생명의 밑천 같은 토지가 '지주'라는 자에게 넘어가 있었다. 아버지는 특히 죽기 전에 그 일만을 입에 담고 쓸데없는 한탄을 되풀이했다. 겐키치는 어린아이였지만 그것을 들을 때마다 아버지의 마음을 알 것 같았다. 겐키치가 지주의 발에 달라붙은 것은 그렇게 단순한 이유 때문은 아니었다. '밭은 농민 것이어야만 한다.' 문자 그대로는 아니더라도, 겐키치는 열한두 살 때부터 이 말을 아버지의 오랜 경험과 함께 생각해 왔다.

겐키치 역시 다른 농민처럼 '밭은 농민의 것이다.'라는 말을 어설프게 생각해 왔지만(—생각하고 있었다고도 말할 수 없을 정도였지만), 그 어렴풋한 생각이 이번에는 겐키치 자신의 경험으로 조금씩 형태를 잡아 왔다. 그리고 그 생각이 한 걸음 대담한 약진을 한다면 교장 선생이 한 이야기일 것 같았다. 이런 간단하고 당연한 것을, 그러나 농민은 평생 걸려 알거나 혹은 알지 못하고 끝나는 경우조차 있었다. 아니, 알지 못하고 끝나는 경우가 오히려 많았다.

"알았지. 지주에게서 밭을 되찾는 거야!"—이렇게 겐키치가 말한 것은 이론이 아니었다. 겐키치는 뒤에서 그렇게 말하게 시키는 아버지의 마음도 느끼고 있었던 것이다! 겐키치는 걸으면서 이런 것을 알지 못하고, 그리고 또 거기까지 가려고 하지 않는 농민에게 진심으로 화를 내며, '마음대로 해라, 나는 나야.'라고 생각하고 있었다.

7

겐키치는 잔뜩 취해서 집회 도중에 돌아왔다. 삿포로에 가 있는 가쓰에게서 편지가 와 있었다.

―삿포로에도 눈이 내렸다. 역시 춥네. 우리에게는 겨울이 가장 해롭다. 아침 6시에는 공장으로 간다. 겨울의 아침 6시는 우리 같은 젊은이라도 몸의 마디마디가 아플 정도로 춥다. 기름 때문에 차가워진 모자를 쓰고 등을 움츠리고 도시락을 손에 들고 나간다. 내 앞과 뒤로 역시 그런 사람들이 힘없는 모습으로 서둘러 걸어간다. 공장에서는 멍하니 있을 수 없다. 오전 6시부터 오후 5시까지 활시위같이 긴장하고 있지 않으면 안 된다. 내가 오고 나서 동료인 젊은 남자 두 명이 기계 안으로 날름 휩쓸려 가 버렸다. 롤러에서 나온 인간은 마치 커다란 걸레와 같은 저민 고기가 되어 나왔다. 그리고 나서 한 부인이 매춘을 해서 아이를 기르고 있다는 소문을

들었다.

공장이 커다란 기계가 돌아가는 소리로 위잉위잉 하고 있다. 처음 1주일 정도는 집에 돌아와서도 머리도 귀도 공장에 있을 때와 똑같이 위잉위잉 하고 울려서 신문 한 장도 읽을 수 없었다. 난 이대로 바보가 되어 가는 건 아닌가 생각했다.

오후 5시가 되어(지금은 칠흑 같이 어둡다.) 기적이 울린다. 그러면 사람을 먹는 기계로부터 돌아와도 되는데 몸도 마음도 갑자기 털썩 떨어진다. 돌아가는 것이 싫어질 정도로 지쳐 있다. 거기에 그대로 앉아 버리고 싶을 정도다. 나는 이렇게 생각했다.―농민은 이런 공장에서 일하고 있는 사람들보다 더 지위가 낮고 어리석고 비참한 생활을 하고 있어도, 그 들판에서 일하는 것이 아무리 과로라고 말해도 공기가 좋지, 마치 맑은 물과 같이 깨끗한 공기다. 공기 속에는 털끝만큼의 쓰레기도 섞여 있지 않지. 일하면서 노래도 부를 수 있지. 낮에는 밭 가운데에 드러누워 하늘을 보면서 멍하니 있거나 낮잠도 잘 수 있다. 그런데 이곳은 어떤가! 나는 이 공장 안을 너에게 알려 주고 싶다. 그러나 어떻게 알려 줘야 좋을지, 방법을 찾기 어렵다. 농민에 비한다면 변두리의 몹시 축축하고 커다란 '쓰레기통 속에서' 일한다고 해도 좋을 것이다. 공장 안은 어둡고 악취가 나고 쓰레기가 날아다니고 숨 막힐 듯 답답한 데다 요란하게 큰 소리가 울리고, …… 이루 말할 수가 없다. 일이 끝나고 나오는 자들은 시꺼먼 얼굴을 하고 눈만 번득이며 술에 잔뜩 취한 사람처럼 휘청거리고 있다.

이곳에서 일하는 사람들은 농민처럼 가난하기도 하지만, 어딘가 올찬 곳이 없고 핏기 없는 얼굴에 병이 든 것처럼 언제나 기침을 하고 있다. 나는 그것을 생각하고는 마음이 어두워졌다. 이시카리 강의 대평원에 있는 편이 낫겠다는 늘 같은 푸념이 요즘 막 나오려고 한다. 사실은 그곳의 생활도 좋은 것은 아니지만.

나는 마을에 있을 때에도 너와 달리 아무리 해도 마음이 편안하지 않았다. 이런 생활이 아닌 좀 더 나은 진정한 생활이 있을 거라고 항상 생각했다. 왜 그런지 조금도 모른 채 그것만을 쭉 생각하고 있었다. 그러나 지금에 와서 우리가 어디로 구르든지 구를 수 있는 곳은 정해져 있다는 것을 알았다. 알게 된 것이다. 너는 틀림없이 이런 이야기를 하게 된 나를 비웃겠지. 나는 비웃음을 당해도 할 수 없는 인간이다. 하지만 나는 우리 모두가 대체 어떤 존재이며 어떤 일을 하고 있고, 또 그것이 이 사회에서 어떤 역할과 대우를 받고 있는 것인지 하는 것들을 이곳에 와서 비로소 알게 되었다. 농민도 이러한 사실을 알아야만 한다. 이곳에는 몰래 그런 것을 연구하는 사람들이 있다. 나도 잠시 얼굴을 내밀게 된 후부터 명하지만 알기 시작했다. 그리고 나는 깜짝 놀라고 있다. 이 세상이 엄청난 구조로 이루어져 있다는 것을 비로소 알게 되었다. 그리고 그 모든 것(세상의 구조 등)을 '과연!' 하고, 우리는 단박에 깨닫게 된다.

그러나 그것은 언제 자세히 쓸 생각이다. 그쪽에선 어떻게 지내고 있는가? 만약 괜찮다면 편지를 써 주면 고맙겠다.

네 여동생도 삿포로로 나온 것에 대해 푸념하고 있다. 나는 네 여동생을 여급만은 시키고 싶지 않아서, 지금 어딘가에 고용살이 시켜 주고 싶다고 생각하고 있다.

이러한 내용의 편지였다.
"형, 오요시 씨가 돌아왔대."
겐키치가 부엌에서 물을 마시고 있을 때, 밖에서 들어온 요시가 겐키치를 보며 말했다. 겐키치는 입 근처까지 가져간 두 잔째 국자를 그대로 들고 "응!?" 하며 뒤돌아보았다. 눈빛이 번득였다.
"어머니에게 물어보면 되지."
"응?" 겐키치는 물이 들어 있는 국자를 든 채, 허둥지둥한 눈으로 어머니를 찾았다.
"어디에 갔지?" 요시가 뒷문으로 나갔다. 문을 연 순간, 갑자기 눈이 들이쳤다. 겐키치는 아직 국자를 입 높이로 든 채 얼빠진 눈을 하고 서 있었다.
"어디 갔는지, 없어." 요시가 돌아왔다.
겐키치는 문득 생각난 듯이 꿀꺽 하고 목에서 삼키는 소리가 나게 물을 마시고는 밖으로 나갔다.
그러나 2분도 지나지 않아 돌아왔다. 잔뜩 취한 눈을 고정시키고 토방에 서 있었다. 그리고 나서 밖을 잠시 보았다. 갈피를 못 잡고 있었다. 하지만 쯧! 하고 혀를 차고는 집으로 들어왔다. 겐키치는 곧 벽장에서 때가 끼어 끈적거리는 잠옷을 꺼내어 그것을 머리부터 뒤집어쓰고는 자 버렸다. 요시는 구석에서 그런 형을 반은 걱정하는 마음으로, 그러나 가만히 보고 있었다.

밤이 되어 어머니가 오요시의 일에 대해 '놀랐다'라고 말했다. 겐키치는 그때는 평소의 무뚝뚝한 모습으로 돌아와 밥을 먹으면서 잠자코 듣고 있었다.

―오요시는 삿포로에 있는 동안에 홋카이도 대학교의 어느 부자 학생과 관계했다. 그리고 임신 사실을 알리자 오요시는 그 학생에게 보기 좋게 버려지고 말았다. 그 학생의 집은 본토에 많은 토지를 가진 지주였다.

오요시는 몇 번이고 몇 번이고 그 학생에게 매달렸다. "누구 애인지 알 게 뭐야." 그 학생은 마지막으로 이렇게 말했다. 그럭저럭하는 사이에 배가 불러 카페에서도 난처하게 되어 10개월 된 커다란 배를 하고서 돌아왔다.

사실은 10일이나 전에 '몰래' 돌아와 있었다. 오요시의 아버지는 집에 들일 수 없다고 말했다. 가난한 농민에게는 잠만 자고 쌀만 축내는 골칫거리일 뿐이었고, 조금 더 있으면 거기에 하나의 입이 더 붙는다. 당치도 않은 비용이었다. 그리고 또 그런 행실이 나쁜 '창녀'를 집에는 둘 수 없다고 우겼다. 오요시는 토방으로 밀려났다. "곳간의 구석에라도 좋으니까." 오요시는 땅바닥에 다리를 모아 옆으로 하고 앉은 채 울며 부탁했다.

어머니와 오요시의 아버지가 만났을 때, "저것, 이제 농민 일도 할 수 없어. 흐늘흐늘한 몸이 되어 돌아왔지, 손도 새하얗고, 작아져서……"

좋은 밥벌레가 난데없이 나타난 거지.―저렇게 된 것은 부모의 죄일 거요."라고 말했다.

어머니가 "여하튼."이라고 말하고는,

"뭔가 좋은 일이라도 없을까요?"라고 물었다.

어머니가 되묻는 말에,

"그 뱃속의 애 있잖아요."라고 말했다.

"당신!" 어머니는 깜짝 놀랐다.

그러자 오요시의 아버지는 침착함을 잃고 멍해져서는 손으로 머리를 잡고 흔들면서 돌아갔다. "나는 이제 도무지 아무것도 모르겠어.……"

어머니는 겐키치에게 "무리하지 않으면 좋을 텐데."라고 말했다. "저런 상태라면 위험해."

겐키치는 대답도 맞장구도 치지 않고 있었다. 그러자 어머니는 목소리를 낮추며,

"잘 들어보면, 오요시, 그렇게 삿포로에 가고 싶다고, 가고 싶다고 해서 간 것이 아니라고 해."

겐키치는 어머니의 얼굴을 보았다. "응?"

"아무래도 오요시가 집에 있으면 입이 걸리고 일을 할 만한 밭도 없을 거고, 봐, 그렇다면 오요시로서는 집이 괴로웠을 거야."

"그거 정말이야?"

"오요시의 옆집의 누구지―이시인가,―이시일 거야. 이시에게 말했

대. 그렇다고."

겐키치는 그 이야기를 듣자, 모아 둔 숨을 크고 느리게 내쉬고 그러고 나서 다시 옆을 보고 가만히 있었다.

"가엾게도! 산파에게 보일 돈도 없을 테고, 게다가 남부끄러워서 보일 수도 없겠지.―오요시의 동생이 그러는데, 매일 삿포로에 편지를 보낸다고 하더라. 그러고는 우편배달부가 올 때쯤 언제나 입구에 서서 기다리고 있지만 단 한 번도 답장이 온 적이 없다지."

어머니가 불쑥불쑥 하는 말이 겐키치의 가슴에 말 그대로 덜컥 박혀갔다.

처음에 겐키치는 오요시가 돌아왔다고 들었던 때, 발끈! 했다. 주먹을 최대한으로 꽉 쥐고는 '빌어먹을!'이라고 생각했다. 단숨에 뛰쳐나가려고까지 생각했다.

하지만 겐키치는 어머니의 그러한 말을 듣고 있는 사이에 자신이 오요시를 증오하는지 불쌍하게 여기는지 알 수 없는 마음이 되었다. 볼이 홀쭉해진 오요시가 우편배달부를 입구에 서서 기다리고 있는 모습이 눈에 보이는 듯했다. 가냘픈, 생각에 잠긴 눈이 아무리 해도 떠나지 않았다. 커다란 배를 하고,―하지만 거기까지 오자 겐키치는 머리를 흔들고는 눈을 지그시 감았다. 가슴이 이상하게도 두근두근하여 그는 괴로워서 견딜 수가 없었다.

다음 날 겐키치는 오요시가 처음에 절대 먹지 않겠다, 먹지 않겠다고 버티던 약을 겨우 먹고 있다는 소문을 들었다. 그것은 몇 번이고 몇 번이고 보낸 편지가 단 한 번도 답장이 오지 않는 것에, 앞으로 있을 여러 가지 일도 생각해서 마시기 시작한 것이라고 했다. 겐키치는 자신의 일인 것처럼 당황스러웠다. 그러나 가만히 그것을 억눌렀다.

"거짓말이지."라고 말했다.

"정말이야, 정말." 어머니는 보고 온 것처럼 말했다. "가엾게도 눈에 한 가득 눈물을 글썽이며 먹는대. 그런데 먹고 나면 가엾게도 이불에 얼굴을 대고 소리를 죽이고 운대."

"바보같이!"

겐키치는 왜 그런지 난폭하고 불퉁스럽게 말하고는 어머니 곁에서 몹시 거칠게 일어섰다.

밤에 밥을 먹고 있을 때,

"갓난아이 떨어졌어?"라고 무심코 물었다.

어머니는 겐키치의 얼굴을 가만히 보고 나서 "응?" 하고 말했다.

겐키치는 자신이 어떤 계기도 없이 돌발적으로 그 말을 한 것을 깨닫고 얼굴이 붉어졌다. 당황하여, "오요시."라고 말했다.

"오요시?—음, 오요시 얘기로구나." 그렇게 어머니가 이해하자, "그것, 아직 떨어지지 않았대. 몸이라도 나빠지지 않아야 할 텐데."라고 말했다.

*

  농민들은 자신들이 모여서 결정했지만 막상 지주와 대리관리인을 상대로 일이 진행된다고 하자 이상한 모습을 보였다. 어느새 그럭저럭 참는 쪽으로 할까, 하면서 제자리로 되돌아갈 것 같은 상황이 되었다. 제자리로 돌아간다 하더라도 농민은 지금까지 긴 시간, 가난한—수렁 바닥 같은 생활에 익숙해져 있기 때문에 별 거부감 없이 다시 가난을 견디며 살아갈지도 모른다.—겐키치는 더욱더 말수가 적어져 화롯가에 크게 책상다리를 하고 앉으면서 '보았는가!' 하고 마음속으로 비웃었다.
  '너희들이 하는 일이 그렇지.'
  2, 3일 후 소작료를 납부하지 않아 퇴거될지도 모르는 '가와부치의 사와'에게 대리관리인이 드디어 찾아왔다. 사와의 밭을 처분하니까 눈이 녹아 없어지면 집을 비우게, 하고 말했다. 아내와 아이가 엉엉 울자, 사와는 완전히 당황하여 집회에 참여했던 동료에게 그것을 말하러 갔다. 그래서 농민 '간부'는 갑자기 허둥대기 시작했다. 그리고 곧 학교에 사람들이 모여들어 새삼스레 새로운 것처럼 이전과 똑같은 논의를 또다시 시작했다.
  "꼭 해야만 하나." 나이 든 사람이 말했다. 하지만 다른 '간부'는 요즘 이런 말을 들어도 "농담을 하면 곤란해."라고조차 생각하지 않았다. 오히려 고개를 함께 갸웃하며 생각에 잠기거나 했다. 그리고,

"뭐 그렇게 하지 않으면 안 되겠지."라고 말했다.

그러고 나서 몇 번이나 똑같은 이야기를 빙빙 되풀이하며 "힘차게 덤비자."라고 결정했다. 그래서 모두가 겨우 헤어졌다.

대리관리인에게 가장 젊고 건강한 '간부'인 이시야마가 진술서를 가지고 갔다. 올해분의 소작료 건으로 마을을 찾은 대리관리인은 마을의 중심인—약간의 돈을 모으고 있는 마루야마의 집에 있었다. 이시야마가 교장 선생의 훈수로 작성한, 심하게 한자가 많아 자신은 문구도 의미도 명확히 알지 못하는 '진술서'를 가지고 갔다.

대리관리인은 이시야마가 말을 더듬으면서 새빨개져 같은 이야기를 몇 번이나 하는 것을 밥을 먹으면서 듣고 있었다. 그러고 나서 안경을 소맷자락에서 꺼내어 소매로 알을 하나하나 정성스럽게 닦으면서 "뭐하러 처왔는가. 경찰에 끌려가고 싶은가!?"라고 말했다.

그리고 '진술서'를 5분이나 10분쯤 걸려서 읽고는 "바보 자식. 두 번 다시 오지 마."라고 고함치며, 그것을 이시야마의 무릎에 되던져 넘겨주었다.

"어느새 이렇게 농민이 건방져졌을까."

입안에 손을 질러 넣고 잇새에 끼어 있는 것을 빼고 있던 마루야마가 곁에서 말참견을 했다.

그 말을 들은 이시야마는 갑자기 이상하리만큼 왕성한 평상시의 원기를 되찾았다.

"각오하고 있어라!" 돌아서서 날카로운 어조로 마구 몰아세웠다.

마루야마는 온화하게 농민은 그런 짓을 하면 안 된다, 지주는 부모이고 우리는 자식과 같은 존재이다, 무슨 일이라도 참고 견디며 일하는 것은 훌륭한 일이다, 돌아가면 모두에게 그렇게 말하는 편이 좋다, 대리관리인에게는 내가 잘 부탁해 둘 테니까, 하고 말했다.

"똥이나 처먹어라!" 이시야마는 그대로 밖으로 나와 버렸다.

조금 가고 나서 모자를 잊고 온 것을 알아차렸다. 이시야마는 뿌루퉁해서 무심코 멈추어 섰다. 돌아가지 않고 결과를 기다리고 있는 '간부'가 있는 곳으로 달렸다.

그래서—그래서 농민들이 점차 살기를 띠는 '듯이 보였다'. 그리고 자연히 간부부터 그 기세가 점점 한 사람 한 사람으로 전해져 갔다. 누가 말하지 않아도 상황을 알기 위해 이시야마의 집으로 일부러 찾아오는 농민도 있었다. 말수가 적은 농민은 애가 타는 어조로 무뚝뚝하게 의견을 말해 갔다.

이제 눈도 안정되었기 때문에 겐키치를 비롯한 다른 농민들이 산에 들어갈 시기였지만, 이쪽이 해결될 때까지 갈 수 없었다. 게다가 이제는 모두 그럴 때가 아니다, 라고 생각할 정도로 흥분하고 있었다. 이시야마의 집에 사람들이 모여들어 여러 가지 이야기를 듣거나 하고 있는 동안에, 특히 '지주는 괘씸하다!'라는 말의 이유를 알게 되는 젊은 농민들이 나왔다. 처음에 "그럴까나."라고 생각해 흔들렸던 자가 "자식" 등으로 말하고 있었다. 사람들이 많이 모이면 교장 선생은 손짓과 몸짓까지 하며 '사쿠라 슈고로', '하리쓰게 모자에몬' 등 의로운 농민 이야기를 들려주었다. 그 이야기들이 소리 없이 농민의 완고한 바위 덩어리와 같은 가슴의 틈 사이로 스며들어 갔다. 그리고 나서 농담처럼 '홋카이도의 슈고로'라는 놈이 어딘가에서 한 사람 정도 나와도 나쁘지 않겠지, 하고 말했다. 그러자 순박하고 말재주가 없는 농민은 진지하게 생각에 잠겼다.

대리관리인과 교섭해도 결국 소용없다는 것을 알았을 뿐더러 대리관리인이 취한 오만한 태도에 발끈한! 기운으로, 바로 지주와 담판하는 것으로 계획이 짜였다. 교장 선생의 '홋카이도의 슈고로'가 때를 만난 것이다. 그 커다란 임무를 맡은 사람이 농민 가운데 셋이나 나올 정도였다.

그리고 거기에 '간부' 두 명이 더해졌다. 모두 다섯 명이 '정류장이 있는 마을'의 지주 집으로 가게 되었다. 그리고 나서 남은 간부가 농민 두세 명과 마을 안의 농민 집을 돌며 지금까지의 상황을 이야기하여, 드디어 완전히 손을 짜 맞추어 모두 함께—한 사람도 배반하는 자가 없도록 일을 척척 진행해야 한다는 것을 돌아다니며 말하기로 했다.

할머니 무리를 마주치기라도 하면 지루하고 괴로운 생활 이야기와 과거 이야기 등을 들어야 했다. 그리고 할머니들은 '지주님'에게 난폭한 짓을 하지 말아 줘, 라며 빌기도 했다. "내 아들에게 그런 사람들이 모여드는 곳에 얼굴 내밀지 말고 바로 돌아오라고 말해 줘."라고, 대뜸 야단맞은 곳도 있었다. "변변한 사람이 되지 못한다."라고 말하는 사람이 있는 곳은 어떤 말을 해도 소용없었다. 그리고 농민들이 하는 일을 위험하게 여겨서 "별로 좋은 일이 없을 거야."라거나 "실패하면 생활 방도를 잃을 거야."라고 말하기도 했다.

한 농민은 눈여겨보던 여성의 집에 갔다가 그 여성이 있는 곳에서 느닷없이 '변변치 못한 놈들!'이라고 야단맞고 낙심하기도 했다. 반대로 마음에 둔 여성이 있는 곳으로 핑계 삼아 찾아가, 마루 끝에 걸터앉아 다른 이야기를 장황하게 늘어놓고는 기뻐하는 농민도 있었다.—하여간 모두 녹초가 되어서 이시야마의 집으로 돌아왔다.

지주의 집에 갔던 쪽은 '들개라도 내쫓는 것처럼' 마루에 앉지도 못하고 그대로 '밖으로 내쫓겨' 돌아왔다.

"이 자식들, 꼬치경단같이 너희들을 푹 찔러 경찰에 넘겨줄 테니까.—이제 곧 아무것도 못 먹게 될 테니까! 관리를 데리고 가서 너희들 밭을 모조리 압류해 줄 테니까."

쫓겨나는 농민의 뒤에 대고 통나무라도 후려갈기듯이 욕설을 퍼부었다. 다섯 명 모두 눈에 눈물을 가득 글썽이며 흥분하고 있었다.

간부 농민과 교장 선생은 바로 이 결과를 마을 안의 농민에게 한시라도 빨리 알려서 모두를 극도로 격앙시켜 그 기세를 몰아 해치우는 것에 대해 논의했다.—'쇠는 뜨거울 때!' 한편, 교장 선생이 마을에 가서 매각 교섭을 먼저 끝내 놓는 것이 긴급하게 필요한 일이었다.

"단결이다! 단결이다! 한 사람도 빠짐없이 단결이다!"

두세 명의 농민이 교장 선생이 사용하는 '단결'이라는 단어를 귀로 듣고 배워 외쳤다.

8

    그날 아침, 아직 어둑어둑한 때에 마을 농민은(강 건너편의 농민도) 말 썰매에 잡곡류를 실었다.
    겐키치는 추위로 곱은 손에 입김을 불면서 마구간에서 안장을 걸친 말을 끌어냈다. 말은 꼬리로 몸을 가볍게 치면서 안장을 울리며 나왔다. 하지만 밖으로 나가려고 하자 추위서인지 몇 번이나 뒷걸음질했다. '다, 다, 다……' 겐키치는 부리망을 잡아끌었다. 말은 긴 얼굴만을 앞으로 길게 늘이고 몸은 뒤로 뺐다. 그리고 발굽으로 마루청을 탁탁 하고 소리 냈다. '다, 다, 다…….' 그러고 나서 혀를 내두르고 '히잉히 잉……' 하고 소리를 냈다.
    말을 썰매에 매고 준비가 끝나자 겐키치는 모두가 올 때까지 집 안으로 들어갔다. 어머니는 가장자리가 빨갛게 짓무른 눈을 손등으로 닦으면서 부엌에서 아침밥 설거지를 하고 있었다. 요시는 화롯가에 양

발을 올리고 열려 있는 출입구를 통해 밖을 보고 있었다.
 겐키치가 들어오자 어머니는,
 "나는 그런 거라면, 그만두면 좋겠는데."라고, 반쯤 우는 소리를 내며 말했다.
 그것은 이 일이 결정되고 나서 매일 어떤 순간에 어머니가 하는 말이었다. 몇 번이나 말해도 어머니는 또 새로운 것처럼 말했다. "지주님에게 맞서다니, 그런 무서운 일을 하다니, 좋지 않아."
 나이 든 농민들은 어떤 일이 있어도, 정말로 말 그대로 '어떤 일'이 있어도 그저 '어쩔 수 없지'라고 그렇게 몇 년이나,—몇십 년이나 생각해 왔었다.
 그렇기 때문에 이런 당치도 않은 일은 생각할 수도 없었다.
 하지만 겐키치는 어머니가 하는 말에는 별로 대드는 것 같은 행동도 하지 않았고 말도 하지 않았다. 입을 꾹 다물고 있었다. 특히 겐키치는 이 일이 있고 나서 훨씬 더 무뚝뚝해졌다. 어머니는 그것을 알고 있었다. 겐키치가 심하게 무뚝뚝해지기 시작하면, 그 다음에는 결코 좋은 일이 없었다. 큰일을 저지르기 전에, 겐키치는 쇳덩어리처럼 잠자코 있었다. 어머니는 그러한 일이 없으면, 하는 생각뿐이었다. 그렇기 때문에 항상 하는 푸념이 어머니 입에서 나왔다.
 "옛날에 이런 일은 없었는데 정말로 무서운 일을 저질렀는가."
 겐키치는 마루 끝에 걸터앉고는 마구 북북 머리를 긁었다.
 "아무것도 잘되는 것 없어."

요시는 불에 발을 올린 채 어머니와 형을 보고 있었다. 무슨 이야기를 나누는지 알 수가 없었다.

"틀림없이 좋은 일이라곤 없어." 어머니는 콧물을 훌쩍거렸다.

"그러면 정말로 밥도 못 먹으며 살게 될 거야."

"너무 앞장서지 않는 편이 좋을 거야. 응, 겐아."

어머니는 여전히 띄엄띄엄 한 말을 뇌고 또 뇌었다.

겐키치는 나이 든 어머니의 뒷모습을 보았다. 백발이 섞이고 먼지가 가득 붙은 텁수룩한 머리 아래로 늘어진 피부, 생기 없는 목덜미가 보였다. 완전히 구부정한 어깨에 허리도 굽어 있었다. 띠 대신에 끈을 허리에 매고 있었다. 몸 전체가 마치 주먹 정도로밖에 보이지 않았다. 겐키치는 새삼스럽게 알아차린 듯이 '나이 드셨구나!' 그렇게 생각했다.

겐키치는 이번 일에서는 자신부터 나설 마음이 선뜻 들지 않았다. 반대로 이런 미적지근한 행동 따위로 뭐가 되겠어, 하는 생각조차 있었다.

조금 지나자 멀리서 말 썰매의 방울 소리가 들려왔다.

"저 봐, 형아." 요시가 밖에 귀를 기울이며 말했다.

겐키치는 으라차차 하며 앉은 자리에서 일어나 밖으로 나갔다.

어머니는 한숨을 쉬고 중얼중얼했다. 그리고 허리를 펴고 바깥쪽을 보았다.

"조심해서 다녀와." 겐키치의 뒤에서 그렇게 말했다.

겐키치는 잠시 뒤돌아 어머니를 보았지만 그대로 문을 닫고 나갔다.

다부진 어조로 말고삐를 잡는 소리가 들렸다. 뒤에서 온 동료와 무언가 이야기를 하고 있었다. 달려온 말이 흥분하여 머리를 높이 들면서 소리 높여 울었다. 방울 소리가 계속 들려오는 걸 보니 12, 13대는 서 있는 듯했다. 요시는 창문으로 엿보고 몇 마리가 왔는지 누구누구인지 일일이 어머니에게 알려 주었다. 밖의 소란은 점점 커져 갔다. 말이 소리 높여 우는 소리, 방울 소리, 농민들이 앞뒤의 동료를 서로 부르듯 재잘거리는 소리, 그런 소리들이 하나가 되어 떠들썩하게 들렸다. 요시는 즐거워하며 바싹 창문에 얼굴을 갖다 대고서 열심히 밖을 보고 있었다. 어머니는 혼잣말처럼 "천벌을 받을 놈."이라든가, "참말로 변변치 못하네."라든가 했다. 밖에는 나가 보지 않았다.

이윽고 마차가 일제히 움직이기 시작했다. 방울 소리가 공기마저도 그대로 얼 것 같은 차가운 하늘에 명랑하게, 하지만 그것만 떨릴 정도로 추운 듯이 울려 퍼졌다. 거기에 농민들이 말을 꾸짖는 소리, 가죽으로 철썩철썩 때리는 소리, 말들이 소리 높여 우는 소리들이 들려왔다. 그 소리들은 장엄하고 생생한, 지금 일어나려고 하는 거대한 일의 전조 같았다.

연달아 몇 대나 지나갔다. 겐키치의 집에 인사하고 가는 사람도 있었다. 어머니는 겨우 문을 열고 밖으로 나와 보았다. 마침 행렬이 끝날 즈음이라 스즈키의 이시가 어머니를 보고 "오, 할머니, 갔다 올게요!"라고 인사했다.

끝도 없이 펼쳐진 눈뿐인 광야에 꼬불꼬불 구부러져 나 있는 길을, 몇 대의 말 썰매가 기세 좋게 달려가는 게 보였다. 멀리서부터 그 썰매의 방울 소리가 들려왔다. 가끔씩 쌩쌩 눈보라가 쳤다. 행렬 뒤쪽에서 선두의 모습이 보이지 않다가도, 길이 반대로 굽어 있는 곳에 오면 선두가 장난감처럼 작게 보였다. 행렬은 그때그때 마치 늘어나거나 줄어들거나 구부러지거나 하는 검은 실처럼 보였다. 눈 덮인 평야인 만큼 행렬은 확실히 눈에 띄었다. 그리고 딸랑딸랑 하는 방울 소리가 멀리서 들리거나 갑자기 가까이에서 들리거나 했다. 어머니는 기세에 압도당한 사람처럼 꼼짝 않고 서서 그 모습을 보고 있었다. 문득 정신을 차리고는 "나무아미타불, 나무아미타불, 나무아미타불." 하고 말했다.

정류장이 있는 마을에서는 농민 간부들이 기다리고 있기로 했다. 점점 눈길이 좁아졌다. 방설림이 보였고 바로 거기에서부터 연필을 세워둔 것처럼 전신주와 전봇대가 있었다. 농민들은 담배 연기 같은 약한 난로 연기 몇 줄기가 맥없이 하늘로 올라가는 모습이 보이는 곳까지 왔다. 이제 곧 도착이었다.

"어떠냐, 이 위세가!"

겐키치 앞에 있던 후사코가 되돌아보며 말했다. "잘될까?"

겐키치는 애매한 대답을 했다.

말들은 입 그리고 마구가 닿은 곳에서부터 비누거품 같은 땀을 부글부글 내고 있었다. 혀를 축 내밀고는 콧구멍을 크게 벌리고 여윈 다리를 나무토막처럼 움직이고 있었다. 평소 충분한 먹이를 먹지 못한 겐키치의 말들은 완전히 지쳐서, 생각 없이 발을 무심코 눈길에 깊게 푹 찌르거나 하면 그대로 무기력하게 앞으로 고꾸라질 듯했다. 겐키치는 조만간 말을 팔아 치우든가, 어떻게든 처분해야겠다고 생각했다.

말 썰매들이 당당히 방울을 울리며, 때로 앞뒤로 서로를 부르면서 장엄하고 최대한 빠르게 눈 덮인 광야를 일제히 달렸다. 달리는 동안 고식적姑息的이었던 농민들의 마음이 살벌하게, '누구든지 무엇이든지 덤벼라.' 하는 마음으로 변하고 있었다. 사십을 한참 넘긴, 평소에는 온순한 후사코조차,

"지주 놈, 서투른 짓하면 뭇매야." 그렇게 큰 소리로 겐키치에게 말했다. 그리고 그런 기세가 무언중에 모두의 마음을 동지의식으로 굵고 강하게 하나로 묶고 있었다. 만약 그들 앞에 장애물이 나타났다면, 그것이 무엇이건 기병 부대가 적진 한복판으로 뛰어들어 말발굽으로 쫓아버리듯이 단숨에 해치웠을지도 모른다.─과장이 아니라 정말 그랬다.

방설림을 지나오자 철도 건널목이 있었다.

가장 선두에 서 있던 자가 흥분한 말의 고삐를 힘껏 몸을 뒤로 휘며 잡아끌면서 건널목지기에게 기차 시간을 물었다.

"바보 머저리군, 무슨 일이야. 기차는 아직이야, 괜찮아."

안면이 있는 건널목지기가 손잡이에 감은 백기를 들고 나왔다.

"그러면 갑니다!"

그 때문에 잠시 멈추었던 말 썰매가 다시 순서대로 움직이기 시작했다. 그 건널목을 지나 철도선로에 나란한 길을 700~800미터 가면 마을에 들어갈 수 있었다. "자, 드디어 마음을 다잡고 착수한다." 그러한 지시가 앞에서부터 순서대로 모두에게 전해져 왔다.

마을 입구에 예닐곱 명이 서 있는 것이 눈에 들어왔다. 어떤 사람인지는 확실하게 알 수 없었다. 하지만 선두에 서 있던 자가 큰 목소리로 부르거나 자신의 모자를 흔들어 신호를 했다. 입구의 예닐곱 명은 움직이지 않고, 이쪽을 보고 있는 것 같았다. 맞은편에서는 알지 못했는지 이쪽에서 보낸 신호에 대답을 하는 기색이 느껴지지 않았다.

잠시 지나자 그 사람들이 한꺼번에 이쪽을 향해서 달려오는 것 같았다.

앞에 서 있던 농민 중 두세 명이 "앗!!" 하고 함께 외쳤다. 그리고 갑자기 말을 멈추었다. 뒤따라 오던 말들이 미처 멈추지 못하고 앞 썰매에 앞발을 부딪쳤다. 뒤에서부터 "무슨 일이야, 무슨 일이야." "아이쿠, 아이쿠!" 모두가 말 썰매 위에서 앞으로 고꾸라지거나 눈밭으로 뛰쳐나오거나 하며, 앞을 보면서 소리쳤다.

"큰일이다! 경찰이다!!"

"뭐라고!!" 모두 깜짝!! 놀라서 그리고 순간 말이 없는 인형처럼 그 자리에 못 박혀 앞쪽을 보았다.―경찰이다! 확실히 경찰이었다.

하지만 경찰이라니! 농민은 경찰에게는 익숙하지 않았다. 말 그대로 쩔쩔매며 뭐가 뭔지 모르는 사이에 맥없이 경찰들에게 양측을 포위당하고 열세 명의 농민은 경찰서에 연행되어 갔다. 경찰서에는 간부 농민도 끌려와 있었다. 지주는 모두가 들어오는 것을 보고는 의자에 앉은 채 큰 소리로 웃기 시작했다. 그날 밤까지 모든 사람이 벌벌 떨면서 주재소 뒤의 작은 방에 갇혀 있었다. 경찰이 세 명이나 붙어 있어서 서로 한 마디도 할 수 없었다. 밖에서는 말 몇 마리가 소리 높여 우는 소리와 발 긁는 소리가 들려오기도 했다. 모두는 양팔을 엇갈리게 깊게 품에 질러 넣고, 턱을 가슴에 묻고 백로처럼 번갈아 한 발로 서서, 한 발은 다른 쪽 발의 정강이나 허벅지에 꼭 붙여 추위 때문에 발가락 끝 등의 감각이 없어지는 것을 막았다.

한 명 한 명 그곳에서 호출되어 취조를 받았다. 문 너머로 철썩철썩하고 손바닥으로 후려갈기는 소리와 커다란 몸이 어딘가로 던져지는 듯한, 살이 세차게 부딪치는 듯한 둔탁한 소리가 똑똑히 들려왔다. 낮게 신음하는 소리와 쥐가 밟히는 듯한 비명 소리가 들렸다. 그때마다 모두 무의식중에 숨을 죽였다. 하지만 불안한 눈빛을 서로 주고받는 것밖에 할 수 없었다. 몹시 거칠게 문이 열리더니 휘청거리는 농민이 내던져지듯이 앞으로 고꾸라질 뻔하면서 들어왔다.

흘러내린 코피가 얼굴 가득 붙어 있어 철도선로에 깔려 죽은 사람이 되돌아온 것처럼 보이는 자도 있었다. 얼굴 전체가 보랏빛으로 부어오르고 눈이 이상하게 흥분되어 있는 자와 입술을 실룩실룩 경련을 일으키며 들어오는 자도 있었다. 모두 다음 차례에 오는 자를, 몸을 경직시키면서 오히려 묘하게 얼빠진 기분으로 기다리고 있었다.

겐키치는 느닷없이―느닷없이 얼굴을 맞았다고 생각했다. 자신의 몸이 순간 고무공처럼 오그라드는 것을 느꼈다.

"네 녀석이 모두를 선동한 거지!"

겐키치는 반사적으로 자신의 뺨을 양손으로 눌렀다. 그러자 다음이 왔다. 코가 얼어붙고 강한 약 냄새라도 맡은 듯, …… 털썩 엉덩방아를 찧었다. 현기증이 났다. 그는 양손으로 마루에 손을 짚고 자신의 몸을 지탱했다. 미적지근한 코피가 바닥을 짚고 있는 손등으로 떨어졌다.

"이 녀석들 의외로 모두 고집이 센데! 농민 주제에 참 건방져."

옆에 서 있던 경찰이 그렇게 말하면서 허리에 차고 있던 칼집으로 마구 겐키치를 후려갈겼다. 칼집에는 검이 들어 있었다. 그러자 두세 명의 경찰도 다가와 밟거나 차거나 했다.―겐키치는 '필사적'으로 참고 있었다. 그러고 나서 경찰들의 손이 잦아들었다.

"어떠냐?"

겐키치는 눈을 뜨려고 했지만 눈꺼풀이 무거워 제대로 뜰 수 없었다. 그리고 얼굴 전체에 점토라도 발라져 있는 것처럼 손으로 눌러 봐도 전연 감각이 느껴지지 않았다. 뭔가 다른 것을 잡고 있는 듯했다.

"모두를 선동했다고 자백해!"

경찰이 말하는 것도 한 꺼풀 싸인 막을 통해 들려오는 듯했다.

"커다란 덩치를 하고는 말이야, 이 자식."

그 순간 겐키치의 몸이 가볍게 떠올랐다. "엇!" 기합이었다.―겐키치는 마루에 내던져진 순간 "끙" 소리를 냈다. 순식간에 폐가 급격히 오그라드는 답답함을 느꼈다. 그리고 자신의 몸이 마루에서 아래로 그대로 쭉쭉 잠겨 가는 듯이 느껴지고……. 하지만 그 뒤의 일은 아무것도 알 수 없었다.

3일간 주재소에 묵고 그 저녁 무렵 12, 13명이 돌아가게 되어 밖으로 내보내졌다. 간부는 삿포로로 보내지게 되었기 때문에 남았다.

　모두 주재소의 모퉁이에 매여 있던 텅 빈 말 썰매에 등을 움츠려 타고 갔다. 찬바람을 맞으니 얼어맞은 곳이 얼얼했다. 눈보라가 치고 있었다. 변두리로 나가자 거침없이 휘몰아쳤다. 모두 외투 위에 거적과 돗자리를 뒤집어쓰고 가능한 한 몸을 움츠렸다. 한 대 한 대 힘없이 해 질 녘 속의 점점 심해져 가는 한기 속에서 방울을 울리면서 돌아갔다. 그 누구도 아무 말도 하지 않았다. 서로의 얼굴도 보지 않았다. 보려고도 하지 않았다.

　건널목을 넘자 전방 일대가 눈보라로, 새하얗고 커다란 막이라도 내려져 있는 것처럼 아무것도 보이지 않았다. 동쪽에서 조금씩 어둠이 다가오고 있었다. 평야의 외길은 완전히 사라져 있었다. 방설림 옆을 지나갈 때에는 나무들에 부딪치는 가루눈과 강풍으로 인해 무시무시한 신음 소리가 울려 나왔다. 그리고 하늘도 땅도 새하얗기만 한 곳에 선염화渲染畵처럼 여러 가지 농담濃淡으로 방설림이 머리를 똑같이 흔들거나 몸을 떨거나 하고 있는 것이 보였다. 완전히 아무런 장애물이 없는 평야에 나왔을 때, 겐키치의 말 썰매만이 상당한 거리를 두고 가장 뒤처져 있었다. 그러나 그조차도 겐키치는 모르고 있는 듯이 보였다.

　겐키치는 이를 꽉 악물고 있었다. 분했다. 미웠다! 단지 분했다! 단지 밉고 미워서 견딜 수 없었다. 겐키치는 비로소 자신들 '농민'이라는 존재가 어떤 존재인가를 알 수 있었다.—'죽어도, 저놈들을!'이라고 생각했다.—겐키치는 분명히 자신들의 '적'을 알 수 있었다. 적이다! 물어

뜯어도, 손도끼로 머리를 깨 버려도, 얼굴 한가운데를 저 낫으로 마구 긁어도, 그래도 부족한 '적'을 똑똑히 보았다. 그것이 '경찰'이라는 것과 손을 짜 맞추고 있는 '장치'도! 음, 분하다! 지주 자식! 겐키치는 이를 악물었다.

"각오해라!!"

눈은 정면에서 세차게 부는가 하면, 왼쪽에서 불거나 뒤에서 불거나 했다. 말은 온몸이 새하얗게 되어 늙은 농민처럼, 뻐쩍 마른 엉덩이를 추켜올리듯 발을 움직이고 있었다. 궁둥이 털이 이따금 철썩철썩 몸을 때렸다. 그러나 바람의 방향 때문에 휘어지기도 했다. 새하얗게 된 갈기도 바람이 부는 대로 움직였다. 앞에 가는 말 썰매는 눈보라 때문에 두세 대밖에 보이지 않았다. 그 앞쪽은 때때로 눈보라 상태에 따라 불쑥 나타나거나 보고 있는 사이에 또 사라지거나 했다. 방울 소리는 바람 때문에 전혀 들리지 않다가 실제 거리보다 가깝게 들리기도 했다. 어디에서라고 할 것도 없이, 평야 일대가 굉굉하게 신음하고 있었다. 점점 어둑어둑해져 갔다.

"각오해라!"

추위가 바싹바싹 거적 위에서부터 그 밑의 외투를 통해, 옷을 통해, 셔츠를 통해 피부로 직접 푹 찔러 왔다. 외투에는 가루 같은 눈이 하나하나 결정이 되어 반짝반짝 붙어 있었다. 손끝과 발끝이 아플 정도로 차갑게 느껴졌다. 콧구멍이 얼어붙어, 입속도 귓속도 콧속도 차게 굳어 조금이라도 움직이면 깨질 것 같이 얼얼했다. 모두가 탄 말 썰매는 잡목림의 가로수가 계속되고 있는 곳으로 나왔다. 그것은 이시카리 강가를 따라 있는 숲이었다. 그래서 비로소 길을 헤매지 않고 온 것을 알 수 있었다. 가끔 마을로 돌아오는 길에, 눈보라를 만나 반쯤 죽을 뻔한 상태로 길을 헤매는 사람을 발견하고는 했다. 다음 날 아침에 보면 어처구니없이 지난밤에는 반대 방향으로 가고 있었던 것이다. 한결같이 평평하기에 방향을 어림할 수 없었던 것이었다.

잡목림은 누군가가 일부러 비명을 지르는 듯 새된 소리를 내며 흔들리고 있었다. 소리가 멈추자, 그 눈과 함께하는 바람이 윙윙거리는 소리를 내며 세차게 내리치는 듯한 기세로 평야 중심 쪽으로 옮겨 가는 것을 알 수 있었다. 그러나 바로 그 뒤에서 더욱 강한 것이 뒤쫓아 왔다. 겐키치 앞에 가는 말 썰매 옆에서 눈보라가 회오리바람같이 굉장하고 커다란 소용돌이를 만들어, 순식간에 대리석으로 된 원통형처럼 다른 쪽에서 부는 강풍과 하나가 되어 말 썰매를 지나쳐 갔다. 그러자 앞의 농민이 뒤집어쓰고 있던 거적이 갑자기 벗겨져 하늘 높이 날려 올라가 버렸다. 바람은 제멋대로 그리고 점점 강해져 갔다.

"각오해 두거라, 이 자식들!!"

겐키치는 가슴 가득, 이 눈보라 폭풍처럼 거칠어져 있었다.

겐키치는 앞쪽을 보았다. 말 썰매 위에 둥글게 웅크리고 있는 농민은 보자기에 싸인 것처럼 보였다. 겐키치는 그 모습이 자신들의 생활을 그대로 나타내는 것처럼 느껴졌다. 이 사마귀 같은 '적'을 모르고, 알려고도 하지 않고, 개미나 땅강아지처럼 비참하게 살고 있는 농민들이 똑똑히 보였다. 그러나 그런 사람들일지라도 지금이야말로 적이 어느 놈인지 어떤 짐승인지 알았을 것이다. 하지만 이렇게 때려 눕혀진 선량한 농민들이 다시 한 번, 바로 이번에야말로 낫과 괭이를 들고 있는 힘을 다해 버티며 일어설 수 있을까! 적의 촉루髑髏에 괭이를 삭―하고 처박을 수 있을까!

―불가능하다, 불가능하다, 불가능할지도 모른다, 겐키치는 그렇게 생각했다. 하지만 "엇, 분하다, 각오해라!" 겐키치는 이를 꽉 악물었다. 그는 무언가에 몹시 취한 것처럼 몰두해 있었다.

9

 겐키치는 마을로 돌아온 후 이틀을 내리 잤다.
 마을은 눈 속 여기저기에 내버려 둔 쓰레기통처럼 무기력하게 쇠퇴한 듯 보였다. 애써 얻은 물건을 불의에 빼앗긴 것처럼 농민들은 멍하니 있었다. 겐키치는 자면서도 그러나 잘 수 없는 기분으로 흥분하고 있었다. 어머니가 겐키치의 머리맡에 밥을 가져와서 언제나처럼 우는 소리가 섞인 푸념을 지루하게 늘어놓고 나서 문득 생각난 듯이,
 "오요시가 왔었어."라고 말했다.
 "그런 녀석 때려죽여 버리지." 표정 하나 변하지 않고 무뚝뚝하게 말했다.
 "뭔가 너에게 말하고 싶은 게 있다고 하더라. 완전히 수척해졌어. 푸르퉁퉁해지고. 비실비실하더라."
 "부자의 희멀건 아들에게 알랑거린 년이야ㅡ!"

"아까 보니 몸 상태가 출입구에 기대지 않으면 안 될 정도였어."

그러고 나서 어머니가 오요시에 대한 이야기를 띄엄띄엄 말했다.― 그러나 아직 오요시는 대학생의 편지를 완전히 체념하고 있지는 않았다. 꿈속에서 편지를 받아 소리를 지르고는, 그 소리에 눈을 뜨기도 했다. 하지만 지금은 그 편지를 기다리는 마음이 전과는 달라져 있었다. 전에는 그 남자가 역시 그리웠다. 그게 무엇보다도 첫 번째였다. 그래서 그 편지를 기다렸다. 하지만 어떻게 해도 남자에게서 편지가 오지 않는다는 사실을 알고는, 이번엔 아무리 약을 먹어도 주문을 외워도 떨어지지 않는, 무슨 일이 있어도 태어나려고 하고 있는 아이를 위해 남자의 편지를 기다리게 된 것이었다.

오요시는 그 몸으로 열심히 일했다. 때때로 배가 아프면 헛간으로 달려가 새우처럼 동그랗게 움츠리고 끙끙거렸다. 전에 한번 집 안에서 돌연 배가 아파 와서 오요시는 배를 누른 채 그 자리에 엎드려 누워 끙끙거렸는데, 그때 올케에게 "이 수치스런 년"이라는 말을 들었기 때문이다. 일하고 있으면 현기증이 나기도 했다. 갑자기 집 안이 일그러진 채 쭉 매달려 올라가는 듯 보이기도 했다. 그리고 어질어질해졌다. 식사 준비를 해서 상을 차리고는 오요시는 방구석에 앉아 가만히 있었다. 그리고 모두가 먹고 남으면―남은 것이 있으면 그제야 살금살금 먹었다.

추운 날이었다. 오요시는 문득 일하던 손을 멈추고 멍하니 생각에 잠겼다. 그때 밖에서 올케가 들통에 가득 물을 긷고 들어왔다. 추운 날 물을 길으러 가는 것은 상당히 힘든 일이었다. 그런데 들어와 오요시가 멍하니 있는 것을 올케가 보았다.

"헤ㅡ, 이런 밥벌레에 음탕한 년." 느닷없이 오요시의 몸에 국자로 물을 확 끼얹었다.

"뭐하는 거야!" 오요시는 발끈하여 돌아섰다.

"흐늘흐늘한 몸으로, 그래서 일에 도움이 되겠어, 밥벌레."

…… 겐키치는 오요시가 말하고 간 이야기를 들으면서 오히려 증오를 품고 그런 것으로는 아직, 아직 부족하지! 라고 생각했다. 지금까지 오요시에게 가지고 있던 마음이 갑자기 다 없어져 버렸다.

"그래서 나에게?"

"언제 올 거냐고 그랬어, 모르겠다고 말하니까 아무 말 없이 돌아갔다."

오요시가 먼저다!ㅡ겐키치는 부풀어 올라 아프고, 자신의 것 같지 않은 얼굴을 느끼면서 그 생각만 계속했다. 하필이면 우리의 적에게 몸을 판 배신자다! 저년 발가벗겨 거꾸로 매달아 엿가래처럼 비틀어 죽여 버려! 저 녀석부터다!

2, 3일이 지났다.

이번 사건으로 지주가 평소 건방진 농민의 밭을 몰수해 버린다는 소문이 마을 안에 퍼졌다. 대리관리인이 그렇게 말하고 다니는 듯했다. 한 번 엄청나게 박살나서 허둥지둥하고 있는 농민들은 떨면서 하루하루를 보내지 않으면 안 되었다. 물론 농민들이 토지를 몰수당하는 것은 죽느냐 사느냐의 문제였다. 이는 정말 굳게 결속해 지주에게 부딪히지 않으면 안 되는 일이었다. 그러나 '간부'가 잡혀 버린 잔학한 처사를 겪은 농민들은 이미 해 볼 도리가 없는 형국이었다.

오요시가 어스레한 부엌에 서서, 밥그릇을 씻고 있었다. 다른 식구는 마을에 나갔거나 근처 상갓집에 가서 아무도 없었다.

"상갓집에 가면, 네 소문 때문에 얼굴을 들 수가 없다." 나가려고 할 때 아버지가 한 말을 오요시는 생각하고 있었다.

"아, 아파." 오요시는 엉겁결에 숨을 죽이고 얼굴에 힘을 주고는 입을 일그러뜨렸다. 또, 라고 생각하니 비참한 기분이 들었다. 오요시는 밥그릇을 씻던 손을 멈추고 부엌의 가장자리를 꽉 붙잡고는 허리를 뒤틀며 끙끙 신음하면서 참고 있었다. 간격을 두고 통증이 덮쳐 올 때마다 어질어질 현기증을 느꼈다. 이마에 식은땀이 끈적끈적 났다. 오요시는 잠시 팔 위에 이마를 얹었다. 통증은 조금도 멈출 기미가 보이지 않았다. 통증이 왔다가 사라지는 게 거듭될 때마다 점점 심해졌다.

"앗— 끙, 끙—끙." 허리 아래부터 감각이 마비되어, 오요시는 엉겁결에 그 자리에 주저앉아 버렸다. 뱃속에서 태아가 움직이는 것이 똑똑히 느껴졌다. 순간 예감이 왔다. 깜짝 놀란 오요시는 주저앉은 채 정신없이 부엌을 기었다. 격심한 고통 때문인지 검은자위가 굳어져 오요시는 바로 옆도 보이지 않았다.

"앗, 아파,— 끙— 아, 아파." 오요시는 경련이라도 난 듯 이를 악물었다. 부엌의 토방에서 이어져 있는 헛간 쪽으로 기어갔다.

헛간 안은 어두웠다. 잔뜩 쌓여 있는 볏짚에서 달콤새콤한 냄새와 감자나 콩류의 냄새와 단무지 절임이나 청어 절임이 썩는 듯한 변소 냄새가 뒤죽박죽이 되어 구역질이 났다. 쥐가 바로 옆에서 볏짚을 버석거리며 급히 달려가는 것이 느껴졌다. 오요시는 밖으로 내팽개쳐진 송충이처럼 몸을 동그랗게 하고 고통이 덜해지기를 기다렸다. 지금까지의 여러 가지 일들이 떠올랐다. 그것들이 빙빙 머릿속을 분주하게 돌고 있었다.

잠시 후 마을에서 오요시의 오빠와 올케가 초롱불을 켜고 눈 쌓인 밤길을 돌아왔다. 집 대문은 반쯤 열린 채 안에는 아무도 없었다. 아버지가 상갓집에 간 것은 알고 있었다. 오요시가 있을 터였다. 올케는 쳇— 하고 혀를 차며 어쩔 수 없군 하는 표정을 지었다. 9시쯤에 아버지가 돌아왔다.

"오요시는 어떻게 하고 있나."

"7시쯤 돌아왔을 때부터 없어."

"7시쯤—."

세 사람 모두 갑자기 불안해졌다. 모두 집 안을 찾았다. 그러고 나서 초롱에 불을 넣어 변소를 찾아보거나 마구간을 찾아보았다. 없었다. 올케는 추위와 이상한 예감에 이를 딱딱 떨면서 두 사람 뒤에 몸을 비비대듯이 하고 있었다.

헛간 문을 열었을 때, 이제 거기밖에 남은 곳이 없기 때문에 세 사람은 묘하게 마음에 오싹 한기를 느꼈다. 문을 열고 초롱불을 토방 쪽으로 쭉 내밀어 보았다. 빛이 마루를 비추었다. 없었다. 절임 통과 볏짚 등이 포개져 있었다.

"좀 더 안쪽인가."

아버지가 그렇게 말하며 헛간으로 들어갔을 때, 무겁고, 매달려 있는 듯하고, 부드러운 것에 머리를 부딪쳤다.

"앗!" 그는 느닷없이 따귀를 맞은 사람처럼 말도 하지 못하고 우뚝 서 버렸다. 초롱불을 토방 쪽에만 비추고 있었기 때문에 헛간 윗부분은 보이지 않았다. 세 사람은 한 덩어리가 된 채 누군가에 의해 힘껏 되돌려진 듯 문밖으로 비틀비틀 나왔다.

오빠와 올케는 근처 집으로 헐떡이며 달렸다. 그리고 또 그 집 사람은 다른 집에 알렸다. 조금 있으니 동네 사람 12, 13명이 모여들었다.

겐키치도 와 있었다. 모두 제각기 말을 하며 초롱불을 들고 헛간으로 들어갔다.

오요시는 입구에서 조금 들어간 곳에 목매달려 있었다. 아까 아버지가 부딪쳐서인가, 축 늘어져 있는 몸이 공중에서 완만히, 그 수직축을 중심으로 오른쪽에서 왼쪽으로 눈에 띄지 않을 정도로 둥글게 원을 그리며 돌아가고 있었다.

각자 입을 막고 초롱불만을 내밀며 보고 있던 농민들에게 그 느린 움직임이 까닭 모를 무서움을 불러냈다. 오요시의 얼굴색은 보랏빛이 되어 이상하게 일그러져 있었다. 몸에는 볏짚 부스러기가 많이 붙어 있었다.

그 뒤로 집 안에서 전에 준비해 둔 듯한 유서가 두 통 나왔다. 한 통은 부모님에게 한 통은 겐키치 앞으로 보낸 것이었다. 아무리 찾아도 유서가 더 없는 것은 의외였다. 오요시는 자신이 관계한 대학생에게는 유서를 남기고 가지 않았다. 그 이야기를 들었을 때, 겐키치는 힘껏 마음을 무언가에 잡힌 것 같은 기분이 되었다.

―나는 부자를 증오하고 증오하고 증오해서 죽는다. …… 나는 살아서, 그 부자에게 실컷 복수하지 않으면 죽을 수 없다고 생각한 적도 있었다. 그리고 그것은 사실이다. 하지만 나는 여자이며(그뿐이라면 상관없지만), 여자 중에서 가장 쓸모없는 배신자다. 그 일을 할 수 있을 것 같지도 않다. 나는 당신과 결혼했으면 얼마나 행복했을까 하고 새삼스럽게 내가 실수한 나쁜 성깔을 자책하고 있다.

―그리고 마지막으로 "나는 삿포로의 대학생에게는 침을 뱉고 죽는다."라고 써 있었다.

오요시도 역시 우리와 똑같았다,―속은 사람은 언제나 우리밖에 없다!―그렇게 생각하고 나서 겐키치는 온몸이 바작바작 흥분되는 것을 느꼈다.

10

겐키치는 드디어 하려고 생각했다. 경찰 사건과 오요시가 목매달아 죽은 일로 그 결심은 전보다 더 탄탄해져 있었다. 농민들이 비록 경찰의 고문으로 흠칫흠칫하고 있다고 해도, 그들이 얼마나 자신들을 괴롭히는 자인가 라는 것이 뼛속까지 스며들어 있었다. 그것은 틀림없이 그랬다. 그렇기 때문에 강한 의지를 갖고 있는 사람이 쭉쭉 농민의 마음을 부추기면, 밭 때문에 더 불안한 상태인 농민들은 전보다 더욱 강하게 일어설 수 있을 것이다. '간부'가 없어진 지금, 비로소 겐키치는 자신이 그 일을 맡아서 해 보려고 생각했던 것이다. 잘된다면 그야말로 굉장할 것이다. 그렇게 되면 겐키치는, 자신은 그런 바보 같은, 그리고 그런 미적지근한 일은 하지 않겠다고 생각했다. 마음은 앞의 두 사건이 결정될 때부터였다. 지주의 집을 불태워서라도 다른 사람의 피로 살찌는 이처럼,—아니 '이' 자체인 그놈들을 놀리며 죽여 준다!

그러나 겐키치는 지주를 죽이는 것을—모두가 그렇게 하자고 할 때까지 기다릴 수 없었다. 물론 함께하면 자기 혼자서 하는 것보다 더 효과가 있을 것이다. 하지만 이 경우 겐키치의 마음으로는 그렇게 하는 것조차 성에 차지 않았다. 엄밀히 말해서 겐키치는 어떻게 될까 등 앞일은 생각하지 않았다. 그것보다도 또 자신이 하려고 생각하고 있는 것조차 할 수 있는 것인지 어떤지조차 모른 채, 해내려 하고 있었던 것이다. 그것은 이전의 연어를 몰래 잡았던 때, 모두가 두세 달이나 생선을 먹지도 못하고 중얼중얼하고 있던 때, 겐키치는 그런데도 아랑곳하지 않고 지체 없이 스스로 해냈다, 그것과 똑같았다. "아버지와 오요시의 유언과 나의 생각—이 세 개로 한다."

그러나 한편 겐키치는 자신이 하는 일이 그렇게 헛되다고는 생각하지 않았다. 오히려 자신의 대담한 행동이 어둠에 있는 소처럼 느린 농민에게 틀림없이 무언가 확 하고 오겠지, 그러면 그것이 도화선이 되어 모두가 의외로 오히려 잽싸게 하나가 되어, 하자 하자!! 하고 괭이와 낫을 들고 일어선다! 그렇게 되면 감쪽같이 밭은 우리 농민의 손으로 빼앗아 올 수 있을지도 모른다.—겐키치는 그런 일까지 상상했다. 하지만 무엇보다 증오한다! 빌어먹을, 기다리고 있어라, 겐키치는 아직 완전히 부기가 빠지지 않은, 아픔이 남아 있는 뺨과 몸을 문지르면서 외쳤다.

그날 밤 겐키치는 사탕 깡통 정도 크기의 석유통에 석유를 채우고 그것을 너덜너덜해진 방석으로 싸서 밖으로 나왔다. 어머니에게는 이번에 껍질을 벗기러 아사리 산에 들어가는 일과 봄의 청어잡이 일로 이 시다에게 의논하러 갔다 온다고 말해 두었다. 밝은 별도 없는 어두운 밤이었다. 눈길이 꽁꽁 얼어 있었다. 겐키치는 참으려 했지만 몸이 조금씩 떨리고 있었다. 무심코 있으면 절로 이빨이 딱딱 부딪치며 울렸다. 겐키치는 길을 서둘렀다. 그러나 명치 주위가 간지러워 가만히 있을 수 없을 정도로 걷는 것이 답답하게 느껴졌다. 마지막에 겐키치는 종종걸음을 치기 시작했다. 얼어 있던 공기가 양 뺨으로 갈라져 뒤로 흘러갔다. 이제 어느 쪽을 보아도 아무것도 없는 곳으로 나왔다. 어느새 겐키치는 보통 걸음으로 돌아와 있었다. 뒤돌아보니 불이 두세 개가 어두운 빈터에 반짝반짝 당장이라도 사라질 듯 불안하게 빛나고 있었다. 겐키치는 또 문득 생각이 떠오른 듯이 달리기 시작했다. 호흡이 세차지자 차가운 공기로 콧구멍이 얼어붙었다. 잠시 후에 또 걷고 있었다.

밤길에서는 아무도 만나지 않았다.

'정류장이 있는 마을'의 전등 불빛이 저 앞의 검은 막 같은 어둠에 문자 그대로 점점이 보이는 곳까지 왔을 때, 갑자기 겐키치는 멈추어 섰다. 무언가에 힘껏 맞서는 듯한 마음의 긴장을 느꼈다.

마을로 들어서자 겐키치는 주의 깊게 큰 길이 아닌 집 뒤, 뒤로 걸어갔다. 마을 거리에는 이미 아무도 없었다. 대부분의 집은 전등을 끄고 있었다. 눈이 쌓여 말 등과 같이 된 좁고 울퉁불퉁한 길을 겐키치는 신중하게 걸어갔다. 때때로 문이 드르륵드르륵 하고 열렸다. 그 소리가 아주 조용해진 평야의 마을에 생각보다 높게 울렸다. 겐키치는 몇 번이나 그 소리에 깜짝 놀랐다.

누군가 큰 소리로 외치면서 마을 거리를 황급히 달려갔다. 두세 집의 정문이 드르륵거리며 열렸다.
"뭔데." 하면서 옆 사람이 잠옷 앞을 누르면서 서로 물었다. 갑자기 마을이 떠들썩해졌다. 그러자,
"불이다! 불이다!"라고 외치면서 정류장 쪽으로 두세 명이 달려갔다.
밖에 서 있던 마을 사람들이 일제히 그쪽을 보았다. 어두운 하늘이 조금 밝아졌다. 하지만 순식간에 높이가 3미터나 되는 불길이 뿜어 올랐다. 빠지직빠지직 무언가 불에 타는 소리가 들려왔다. 보고 있는 동안에 시내의 집도 나무도 그것들 한쪽 편만이 흔들거리는 빛을 받아 새빨갛게 되어 명암이 또렷이 생겼다. 마을을 달려가는 사람의 살기를 띤 얼굴이 하나하나 빨간 잉크를 뿌린 듯이 보였다.
시내 사람들이 모두 집에서 밖으로 뛰어나왔다. 여자와 어린이는 이빨을 딱딱 소리 내며 서로 어깨를 맞추면서 보고 있었다.
"어디야."
"음.—정류장일까."
"정류장이면 방향이 다르지. 조금 더 오른쪽으로 기운 데야."
"어딜까." 반대편 집의 사람에게 말을 걸었다.
"지주네가 아닐까."

"음, 그런지도 모르겠네."

"어머나 어머나."

달려가는 사람에게 물으니,

"지주네야, 지주네."라고 큰 소리로 외치고 갔다.

"지주네면 내버려 둬." 누군가가 낮은 목소리로 말했다.

"앙얼殃孼을 입은 거야."

"그렇겠지."

"―방화가 아닌가." 엉겁결에 큰 소리로 말하는 자가 있었다.

잠시 가만히 있었다.

"자, 큰일이 되겠네."

갑자기 모두의 머리 위에서 깨지는 듯한 소리를 내며 화재를 알리는 종이 울리기 시작했다. 그 소리가 공중에 메아리치며 어쩐지 기분 나쁘고 무시무시할 정도로 사람들의 등에 한기를 일으켰다.

지주의 집은 정류장에서는 떨어져 있었다. 하지만 그 주위는 바작바작하고 탈 정도로 뜨거워져, 하얗고 눈부신 빛을 내면서 타고 있기 때문에 소방관과 구경하는 사람들의 얼굴 주름 한 개 수염 한 자락까지도 똑똑히 분간할 수 있었다.

기차가 구내에 들어올 때마다 기적을 길게 울렸다. 그것이 무언가 생물의 불길한 단말마의 비명처럼 들렸다. 지주의 집은 돈을 들인 훌륭한 건물인 탓에, 속되고 썩어 가는 마을의 집들과 처마를 맞대고 있는 것이 창피하다고 해서, 특히 마을 거리에서 떨어져 세웠기 때문에―

게다가 바람도 없었기에 다른 집에 불이 미칠 걱정은 없었다.

불을 끄고 있는 사람들은 너무 불길이 빨리 번졌기 때문에 집에 있는 사람은 전부 타 죽은 것은 아닌가—누구도 나온 흔적이 없다고 말하고 있었다.

이전에 기타하마 마을의 소작인으로부터 몰수한 잡곡 등이 가득 쌓여 있던 창고가 불에 타서 내려앉을 때, 모두 엉겁결에 소리를 질렀다. 굉장한 소리를 내고 무너져 내리고는 거기에서 뭉게뭉게 불티와 악마와 같은 연기가 굵직굵직하게 하늘로 소용돌이치며 올라갔다.

얼어 있는 강에서 끌어오는 물로는 어찌할 도리가 없었다. 소방관과 청년단이 고함치거나, 이쪽저쪽 초롱불을 머리 위로 번쩍 쳐들고 분주히 돌아다니고 있었다.

"이미 반 이상 타서 어찌할 도리가 없어져 버렸을 때, 집 안에서 마치 듣는 것만으로도 몸서리나는 듯한 그것, 그것—뭐라고도 말할 수 없는 듯한 외침이 들려왔다고 해!— 그 사람 귀에 계속 남아 있어 곤란하다고 했어. 닭이라도 목 졸라 죽이는 듯한, 목에서 피를 짜내면서 쥐어짜는 목소리라고 해."

여자가 나란히 서 있는 아는 사이 같은 사람에게 소곤소곤 속삭였다.

"앙얼을 입은 거야, 틀림없이."

상대는 더 낮은 목소리로 그렇게 말했다. 그러고 나서 두 사람 모두 가만히 있었다.

겐키치는 누구도 눈치 채지 못하게 방설림이 철도연선을 따라 늘어서 있는 곳까지 달려왔다. 방설림의 한쪽이 화재의 빛을 반사하여 밝아져 있었다. 뒤돌아보니 하늘 가득 빨갛게 물들고 있었다. 현장의 바로 앞집과 그 지붕 위에 서서 뭔가 손을 흔들고 있는 사람과 전봇대 등이 하나하나 검고 똑똑히 보였다. 거기서 허둥대고 있는 사람들의 외침 등이 어떤 순간에 손바닥 보듯이 가까이서 들리거나 했다. 종소리는 뛰이잉 뛰이잉 희미하게 신음하듯이 들렸다.

"아직 부족해."

겐키치는 혼잣말을 하고는 이번에는 견실한 발걸음으로 어두운 이시카리 평야의 눈길을 걷기 시작했다.

"아직 부족해, 빌어먹을!"

(1928. 4. 26.)

1928년 3월 15일

一九二八年 三月 十五日

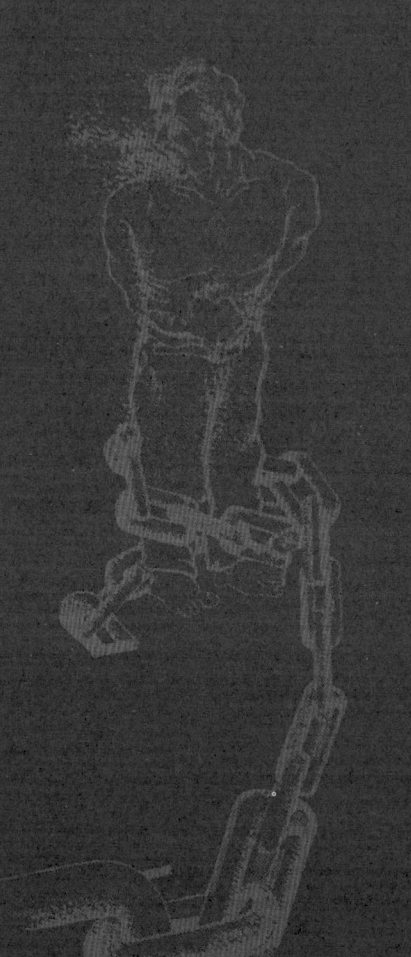

1

오케이에게 그것은 여간해서 그리 쉽게 익숙해질 수 없는 일이었다. 몇 번이나—몇 번이나 반복해서 당했지만, 오케이는 언제나 처음처럼 놀랐고 벌벌 떨며 허둥댔다. 그리고 또 그럴 때마다 남편 류키치에게 면박도 들었다. 하지만 여자에게 그건 아무래도 너무 큰 충격이었다.

—조합 사람들이 모여서 의제를 서로 논의하고 있었다. 오케이가 차를 들고 계단을 올라갈 때 남편의 목소리가 새어 나왔다.

"여편네 의식을 뜯어고치자니 보통 힘이 들어야지……."

이렇게 말하는 것을 한두 번 들은 것이 아니다.

"혁명은 부엌에서부터—이건 움직일 수 없는 공식이니까 말이야. 오가와 씨는 아직 약해요, 약해."

"사실은 우리 마누라, 엄청 무서워요."

"와이프하고 이론투쟁이 벌어지면, 밀리는 거로군." 하고 모두가 놀려 댔다.

남편은 그렇게 말하고는 스스로 자신의 몸을 감싸 안는 듯하며 몸 둘 바를 몰라 했다.

아침에 류키치가 양치질을 하고 있었다. 옆에서 오케이가 부엌 개수대에 놓아둔 세면기에 더운물을 부어 주고 있었다.

"로자라고 알아?" 남편이 칫솔을 입에 문 채 문득 생각났다는 듯이 물었다.

"로자?"

"그래, 로자."

"레닌이라면 알지만……."

류키치는 낮은 목소리로 "넌 바보야."라고 했다.

오케이는 이런 것을 조금이라도 알려고 하거나 또는 그러기 위해 노력한 일조차 없었다. 이런 것들은 외워지지도 않고 외웠다고 해도 소용이 없을 것 같았다. '레닌'이랄지 '마르크스'랄지, 그런 것은 어린 유키코에게서 들은 게 다였다. 일단 그것을 외우자 집에 드나드는 구도 씨나 사카니시 씨, 스즈모토 씨, 남편 등이 입버릇처럼 '레닌', '마르크스' 운운하던 것이 생각났다. 그래서 우연한 기회에 오케이가 "마르크스는 노동자의 하느님 같은 사람이라면서요?" 하고 물어보자, 남편은 놀란 듯한 얼굴로 오케이를 바라보고는 "어디서 들었어?" 하며 칭찬했다. 그래도 그렇게 기뻐하는 기색은 딱히 보이지 않았다.

오케이는 남편이나 조합 사람들, 또 그 사람들이 하는 일에 악의는 가지고 있지 않았다. 처음에는 어쩐지 더럽고 게다가 어딘가 오싹한 느낌을 가진 조합 사람들을 보면 겁이 났다. 그 인상은 한동안 오케이에게 남아 있었다. 하지만 이상하게 히죽거리거나 바보스러울 만큼 지나치게 공손한 학교 선생님(남편의 동료)보다는 함께 이야기하고 있으면 모두 기분 좋은 사람들이었다. 매사에 구애 받지 않고 치근거리지 않았다. 오히려 아이처럼 귀여워 오케이를 깔깔 웃길 때도 있고, 처음 밥을 얻어먹을 때는 주저주저했지만 다음부터는 자기들이 먼저 '밥'을 재촉하기도 했다. 목욕비를 조르기도 하고 담뱃값을 받아 가기도 했다. 그러나 이런 행동은 매우 단순하고 꾸밈없는 기분에서 나오는 것이었다. 점차 오케이는 모두에게 호의를 가지기 시작했다.

항구 일대에 총파업이 있었을 때, 오케이는 밖에서 여러 가지 '무서운 소문'을 들었다. 예의 구도 씨나 스즈모토 씨 등이 지도하고 있는 파업이 그 '무서운' 파업이라는 것을 처음에는 도저히 받아들일 수 없었다.

"도대체 그 파업이 누구에게 무서운 거라는 거야? 부자에게? 가난한 사람에게?"

남편에게 이런 말을 들었다. 하지만 마음속에서 그 이치를 이해하기 어려웠다.

"이치로 따질 수 없는 거야."

신문에는 매일같이 큰 활자로 파업에 관한 기사가 실렸다. ○시 전체를 캄캄하게 해 놓고 부잣집을 불태울 거라는 둥, 경관과 충돌해서 검거되었다는 둥(와타리나 구도가 잡혀간 때도 있었다), 이 파업은 시 전체의 저주라는 둥……. 오케이는 남편 류키치까지 매일같이 조합 사무소에서 밤을 새며 파업하고 있는 것을 생각하니, 자신도 모르게 눈살이 찌푸려졌다. 류키치가 잠이 부족해 푸석푸석하고 까칠해진 험한 얼굴로 돌아왔을 때, "괜찮아요?" 하고 물었다.

"오는 길에 스파이에게 미행당했는데, 잘 따돌리고 왔어."

그러고는 곧 이불 속으로 파고들었다.

"5시에 깨워 줘."

오케이는 베갯머리에 잠시 동안 앉아 있었다. 이런 경우 오케이는 언제나 남편이 하고 있는 일을 일부러 입 밖으로 이야기한 적은 없었다. 그러나 과연 그렇게 고통스럽게 모든 것을 희생하며 한들 그게 도대체 얼마나 도움이 되겠는가. 모두들 흥분하여 외쳐 대는 그런 사회―프롤레타리아 사회가 그리 간단히 올 것 같지는 않다. 오케이는 이따금 생각했다. 유키코도 있고, 솔직히 너무 터무니없는 일은 하지 않기를 바랐다. 남편이 하고 있는 일이 일부러 생활을 곤란하게 만드는 일로만 생각되어 여자로서 납득이 가지 않는 때도 있었다.

그러나 오케이는 조합 사람들의 여러 이야기나 노동자의 비참한 생활을 알게 되었다. 노동자들은 괴롭다. 견디기 힘들 정도로 괴롭다. 그러니까 그들은 이리저리 따질 것 없이 자신들을 착취하고 있는 부자에게 '이 개새끼들!' 하는 기분이 드는 것이다. 조합 사람들이 이를 지도하고 투쟁을 확대시켜 간다는 것도 오케이는 알게 되었다. 남편과 조합 사람들이 하고 있는 일이 언제 끝날지 모른다고 해도, 매우 '큰' '위대한' 일을 하고 있다는 일종의 '자부심' 비슷한 기분마저 들었다.

류키치는 세 번째 검거로 학교에서 잘리고는 잡화상을 하며 그럭저럭 생활해 가는 처지가 되었다. 그때—언젠가 이런 날이 올 것이라는 막연한 느낌은 가지고 있었지만, 오케이는 느닷없이 뭔가에 얻어맞은 것 같은 현기증을 느꼈다. 그러나 이런 일에 구애되어 구구하게 말하지는 않을 정도가 되었다.

류키치는 일이라는 걸리적거리는 것이 없어지자 노동운동에 더욱 적극적으로 뛰어들었다. 그리고 스파이가 자주 집으로 찾아오게 되었다. 오케이는 가게 앞을 어슬렁거리는 낯선 남자를 보고 오싹해졌다. 하지만 그것뿐이라면 아직은 괜찮았다. 낯선 남자가 문패를 확인하고 집에 들어와, "잠깐 경찰서까지 갑시다."라고 하면서 류키치를 끌고 간 적이 있었다. 남편이 사복경찰 두 명의 감시를 받으며 집을 나서는 것은 차마 보고 있기 힘든 광경이었다. 남편이 가 버린 뒤에는 이상하리만치 쓸쓸하고 휑뎅그렁한 기분이 남았다. 오케이는 남들보다 심장이 약해서인지 그런 일이 있을 때는 심장의 두근거림이 멈추지 않았다. 오케이는 가슴을 누른 채 백짓장처럼 하얀 얼굴을 하고 허둥지둥 집 안을 돌아다녔다.

—그것은 정말이지 오케이에게 여간해서 그리 쉽게 익숙해질 수 없는 일이었다. 몇 번이나—몇 번이나 반복해서 당했지만, 오케이는 언제나 처음처럼 놀랐고 벌벌 떨며 허둥댔다. 그리고 또 그럴 때마다 남편

에게 면박도 들었다. 하지만 여자에게 그건 아무래도 너무 큰 충격이었다. 오케이에게는 그랬다.

3월 15일 새벽에 자고 있는 사람을 깨워 집 안을 샅샅이 수색하더니 서로 아무 말도 못하게 하고 남편이 대여섯 명의 순사들에게 연행되어 갔을 때, 오케이는 도리어 망연자실해 잠자리에 앉은 채로 한동안 멍하니 있었다. 자신도 모르게 엉 하고 울음을 터뜨린 것은 그로부터 상당히 시간이 지난 뒤였다.

그날 아침 유키코는 어떤 소리에 깜짝 놀라 잠을 깼다. 유키코는 눈을 번쩍 뜨고 무의식적으로 집 안을 둘러봤다. 몇 시나 되었을까, 아침이 되었을까 생각했다. 왜냐하면 옆방에서 대여섯 사람이 뭔가 떠들어대는 소리가 들려왔기 때문이다. 한밤중이라면 그럴 리가 없다. 하지만 아직 전등이 밝게 켜져 있다. 아침은 아니다. 무슨 일일까. 누군가 다다미* 위를 계속해서 삐걱거리며 걷고 있는 소리가 들렸다.

"옆방도 조사해." 장지문 옆에서 모르는 사람 소리가 들렸다.

"잠만 자는 곳이라 아무것도 없어요." 어머니가 각별히 목소리를 낮춰 말했다.

"조사해도 상관없소." 아버지였다.

"유키코가 잠이라도 깨면······."

---

* 마루방에 까는 일본식 돗자리. 속에 5센티미터 정도 두께로 짚을 넣고 위에 돗자리를 씌워 꿰맨 것.

사람들 소리가 중간중간 잘 들리지 않았다. 사람들이 들어오자 유키코는 자는 체해야 한다고 생각했다.

선반에서 물건을 내리기도 하고 신문지 부스럭거리는 소리, 다다미 들어 올리는 듯한 소리가 들리기도 하고, 장롱 서랍을 하나하나―일곱 개까지 열었다. 그게 전부야, 유키코는 이를 마음속으로 세고 있었다. 그러자 부엌 쪽에서는 찬장을 여는 소리가 들렸다. 유키코는 몸 저 밑바닥에서부터 한기가 올라오는 게 느껴졌다. 그래서 몸을 아무리 구부려도 어떻게 방향을 바꿔 누워도 한기는 가시지 않았고 온몸이 덜덜 떨려 왔다. 갑자기 이와 이가 가늘게 달각달각 부딪쳤다. 놀라서 턱에 힘을 주고 멎게 했다. 아버지와 어머니의 목소리는 한 마디도 들리지 않았다. 왜일까? 말을 하고 있는 것은 낯선 사람들뿐이었다.

우리 집에는 항상 많은 사람들이 찾아온다. 그러나 지금 와 있는 자들은 그런 사람들과는 완전히 다른 무서운 사람들이라고 직감했다.

장지문이 열렸다. 금세 눈부신 빛이 폭넓게 비스듬히 비쳐 들어왔다. 유키코는 당황해서 눈을 감았다. 심장이 갑자기 두근두근 고동치기 시작했다. 그러나 몸을 뒤척이는 척하면서 유키코는 실눈을 뜨고 살펴봤다. 어머니가 가슴에 손을 모으고 자신의 잠든 얼굴을 보고 있었다. 핏기 없는 어쩐지 으스스한 얼굴을 하고 있다. 아버지는 조금 떨어져서 낯선 사람들이 수색하는 손끝을 바라보고 있었다. 전등 바로 옆에 있는 탓인지 아버지 얼굴이 묘하게 딱딱해 보였다.

낯선 사람은 다섯 명이었다. 한 사람은 수염을 기르고 있었고 가장

윗사람인 듯했는데 크고 검은 서류가방을 들고서 수색하고 있는 사람들에게 뭔가 지시했다. 그러자 사람들은 지시대로 따랐다. 순사가 두 명 있었다. 나머지 두 사람은 평상복을 입고 있었다.—아버지는 무슨 일을 한 것일까. 그리고 이 사람들은 무엇을 하려는 것일까. 낯선 사람들은 유키코의 학용품을 만지거나 책을 한 권씩 거꾸로 들고 흔들었다. 여러 가지 놀이도구를 다다미 위에 아무렇게나 펼쳐 놓았다. 유키코는 이상하리만치 감정이 고조되었다. 그리고 눈 안쪽에서 글썽글썽 눈물이 배어났다.

"그건 아이 물건이에요."

어머니가 선 채로 낮은 목소리로 말했다. 낯선 사람은 들리지 않게 입 안에서 건성으로 대답하고는 수색을 멈추지 않았다.

한 차례 조사가 끝나자, 모두 일단 방 가운데를 휘휘 둘러보고는 밖으로 나갔다. 장지문이 닫혔다.—방이 어두워졌다. 유키코는 곧 으앙 하고 울음을 터뜨릴 지경이었다.

아버지와 서류가방을 든 남자가 처음에는 낮은 목소리로 뭔가 이야기를 하더니 점차 목소리가 커지고 유키코에게도 또렷하게 들려왔다.

"어쨌든 가자구요." 서류가방이 말한다.

"어쨌든이라니, 무슨 말이요?" 점차 말투가 거칠어졌다.

"여기서 말할 필요가 없지. 가 보면 알 거 아냐."

"이유는?"

"몰라."

"그럼, 갈 필요가 없지."

"필요가 있든 없든 우리는……."

"이런 불법적이고 말도 안 되는 이야기가 어딨어?"

"뭐가 말이 안 된다는 거야. 가 보면 안다고 하잖아."

"항상 하는 수법이군."

"수법이든 뭐든 상관없어.―아무튼 따라와."

아버지가 갑자기 입을 다물어 버렸다. 그러더니 있는 힘껏 장지문을 열고 아버지가 들어왔다. 그 뒤를 어머니가 따라 들어왔다. 다섯 명은 옆방에 서서 이쪽을 향하고 있었다.

"바지."

아버지는 화난 목소리로 어머니에게 말했다. 어머니는 잠자코 바지를 꺼내 주었다. 아버지는 바지에 한쪽 발을 넣었다. 그러나 다른 한쪽 발을 넣으면서는 몇 번이고 중심을 잃고 비틀거려 그르쳤다. 아버지의 뺨이 흥분으로 실룩거렸다. 아버지는 셔츠를 입고 넥타이를 매는 데 손이 걸리기도 하고 허둥지둥하며―특히 넥타이를 좀처럼 잘 매지 못했다. 이를 보고 있던 어머니가 옆에서 손을 내밀었다.

"됐어, 됐다니까!" 아버지는 매몰차게 뿌리쳤다. 아버지는 이상하리만치 당황하고 있었다.

어머니는 허둥지둥 아버지에게 뭔가 이야기를 꺼냈다.

"서로 이야기하면 곤란해." 옆방에서 서류가방이 바로 못을 박았다. 유키코가 자고 있는 방이 다시 어두워졌다. 많은 발소리가 우르르

어지러이 봉당에 내려섰다.―바깥문이 열렸다. 잠깐 그곳에서 발소리가 멈추더니 뭔가 이야기 소리가 들렸다. 유키코는 참지 못하고 잠옷 입은 상태로 일어섰다. 순간적으로 머리에서 발끝까지 소름이 돋았다. 장지문을 살짝 열고 엿보았다.―아버지는 봉당에서 방으로 올라가는 부분에 구부리고 앉아 구두끈을 묶고 있었다. 낯선 사람은 봉당에 우뚝 서 있었다. 어머니는 역시 가슴에 손을 얹고 기둥에 몸을 기댄 채 창백한 얼굴을 하고 있었다. 묘한 침묵이었다.

문득―문득 유키코는 알 수 있을 것 같았다. 그것도 완전히 이해할 것 같았다. "레닌이다!" 하고 생각했다. 이 일들은 모두 레닌에게서 나온 것이다. 그것을 눈치 챘다. 여러 책이 수북한 아버지의 공부방에 몇 장이나 붙어 있는 사진 속 레닌 얼굴이 선명히 유키코에게 보였다. 그것은 유키코의 학교에서 머리가 벗겨진 요시다라고 하는 사환과 똑 닮은 얼굴이었다. 그리고 더욱이―조합 사람들이 올 때마다 아버지와 함께 여러 가지 노래를 불렀다. 유키코는 노래에 민감한 여느 아이들처럼 그 어떤 어른들보다 빠르게 〈적기가赤旗歌〉나 〈메이데이의 노래〉를 기억했다. 유키코는 학교나 집 어디서든 〈탱자나무 노래〉나 〈카나리아 노래〉 등과 함께 뜻도 모르면서 이 노래들을 불렀다. 그래서 조합 사람들은 몇 번이고 유키코의 머리를 쓰다듬어 주었다.―아버지는 결코 나쁜 사람도 아니고, 나쁜 일을 할 리가 없어. 그래서 유키코는 이건 역시 '레닌'과 〈적기가〉 탓이라고 밖에는 생각할 수 없었다.―그래, 분명 그 때문이야.

아버지가 일어섰다. 유키코는 언젠가 불이 났던 그 밤처럼 겁이 나 달각달각 이를 부딪쳤다.―모두 밖으로 나갔다. 그때 어머니의 창백한 얼굴이 움직였다. 입술도 뭔가 말하려는 듯했다. 하지만 말이 나오지 않았다. 나왔는지도 모르지만 유키코에게는 들리지 않았다. 기둥에 몸을 기대고 있는 어머니의 손끝에 힘이 들어간 것을 알 수 있었다.―아버지는 모자를 고쳐 쓰면서 잠깐 어머니를 보았다. 그리고 조끼에 채워진 단추 한 개를 풀고는 그것을 다시 채웠다. 침착성을 잃고 또 어머니의 얼굴을 보았다.―아버지의 몸이 절반 정도 문 밖으로 나갔다.

"유키코를 잘 돌보게……."

목이 잠겨 메말라 버린 목소리로 말을 꺼낸 아버지는 무리한 탓인지 기침을 했다.

어머니는 뒤를 따라 밖으로 나갔다.

유키코는 침상으로 뛰어들어 엎드린 채 베개에 얼굴을 파묻고 울기 시작했다. 유키코는 울었고, 아버지를 데려간 낯선 사람들이 갑자기 미워졌다. '미운 것은 그자들이야, 그자들이야.' 하고 생각했다. 그런 생각이 들자 한층 더 슬퍼져 눈물이 나왔다. 유키코는 무서움에 떨면서 다시 "아버지, 아버지." 하고 아버지를 한껏 외치며 울었다.

2

공기가 공간을 가득 채운 상태 그대로 푸르스름하게 얼어붙은 듯했다. 아무런 소리도 나지 않고 사람 그림자도 보이지 않았다.—밤이 깊어졌다. 바작바작 한기가 뼛속까지 스며들었다. 새벽 3시였다.

눈이 얼어붙은 길에 와삭와삭 대여섯 명의 발소리가 갑자기 일었다. 어둑한 골목길에서 소리가 들렸다. 쥐 죽은 듯이 조용한 길거리에 그 발소리가 의외로 크게 울려 퍼졌다. 전신주의 나전등裸電燈이 켜진 조금 넓은 길에 발소리가 울렸다.—헬멧의 턱 끈을 조여 맨 경관이었다. 양검洋劍 소리가 나지 않도록 한 손으로 그것을 쥐고 있었다.

우르르 구두를 신은 채(!) 경관들이 합동노동조합* 2층으로 일제히 뛰어 올라갔다.

---

* 중소 영세기업에 근무하는 둘 이상의 노동자가 기업별로 조직하는 것이 아닌 개인 가입의 형태로 지역별로 조직하는 노동조합.

조합원들은 한 시간 정도 전에 막 잠이 든 상태였다. 15일은 양검의 폭력으로 국민을 다스리고자 하는 반동적인 다나카 내각의 타도 연설회를 열기로 결정했었다. 그날 밤은 노동조합원 전원을 동원해 선전 전단지를 시내 전체에 붙이고 관내 교섭을 했으며, 게다가 상임위원회도 열려서—겨우 2시가 되어서야 일단락되었다. 그러고 나서 당한 것이다.

일고여덟 명의 조합원은 갑자기 덮고 자던 이불이 들춰지고 구둣발로 채여서 벌떡 일어났다. 모두 통나무 막대처럼 벌떡 일어나 중심을 잃고 몸을 비틀거리며 허둥지둥했다.

스즈모토는 '아뿔싸!' 하고 생각했다. 그는 사실 '만약 어쩌면' 하는 생각을 했었다. 노동조합은 언론의 자유를 완전히 박탈당한 상태에서 무리하게 따지고 덤벼 중앙-다나카 내각 타도 운동을 벌이려고 한 것이다. 그날이 되면 경찰이 중지, 중지를 외치면서 연설자를 장기짝 넘어지듯 쓰러뜨릴 것은 이미 알고 있었고 각오도 하고 있었지만, 그 전에 어쩌면 (그놈들 짓이다!) 일제히 검거라도 하지 않을까, 자주 써먹던 수법이라 이런 생각을 하고 있었다. 그런데 그것이 온 것이다, 그렇게 순간 스즈모토는 생각했다.

'조합의 돈키호테'로 통하는 사카니시가 속옷 하나만 걸치고,

"무슨 일이야?" 하면서 낯익은 형사에게 물었다.

"몰라."

"모른다고? 누굴 바보로 알아?—졸립구만."

연이어 올라온 사복조가 닥치는 대로 서류를 조사하기 시작했다.
"이 새끼들, 요런 데서 깝죽거리고 있으니까 정작 할 일을 못하고 있는 거야."

순사가 건방진 모습으로 자세를 취하고 있는, '관우關羽'를 꼭 닮은 스즈모토를 흘겨보며 독기 어린 목소리로 모두에게 들리도록 내뱉었다. 스즈모토는 이런 일에 조롱당하고 있을 수 없었다.

"일을 해 봐, 딴생각이 사라질 테니까."

―혼자서 지껄여라, 누가 상대나 해 줄 것 같으냐! 하고 스즈모토는 들은 척도 안 했다.

"에이, 그냥 딱 한 번만 봐 줘요."

사카니시는 언제나처럼 특유의 넉살 좋은 웃음소리를 내며 대충 얼버무리듯 농담 비슷하게 말했다.―조합 동료들은 사카니시를 부족한 사람으로 취급해 왔다. 어디에 데려가도 융통성이 없고, 일처리가 칠칠치 못했다. 그러나 사람이 좋아 미워할 수 없는 매력을 갖고 있었다.

그때 와타리가 급하게 계단을 뛰어 내려가려고 했다. 그러나 순사가 바로 그 앞을 막아섰다.

"어디 가는 거야?"

스즈모토는 와타리의 이런 태도를 보고 엇, 하고 생각했다. 와타리는 이런 태도뿐만이 아니라 낯빛이 완전히 사라져 있었다. 평소 조합에서 젊은 축으로 언제나 가장 선두에 서서 활동하던 듬직한 '철판' 같은 와타리가,―와타리답지 않아! 스즈모토는 와타리에게서 이상한 느낌을 받았다.

모두는 사방을 순사에게 둘러싸여 계단을 줄지어 내려갔다. 그러나 와타리를 제외하면 모두 기운이 있었다. 이런 일에는 익숙해 있었다. 하나, 둘 손바닥이 따귀로 날아왔다.

평소 무슨 일이 있으면 곧 "우리는 전투적으로 임해야 한다."고 어느 누구 차별하지 않고 으스대며 걷던 사이토는 역시 가장 기운이 넘쳤다. 그가 스즈모토 곁으로 다가와 말했다.

"내일 연설회에 지장 있으니까, 기운 내자."

"응, 그래야겠지."

사이토는 그러고 나서 뭔가 말하려고 했다.

"어이, 어이!" 갑자기 경관이 사이토의 뒷목을 거머쥐고 쿡쿡 지르듯이 밀며 스즈모토에게서 떨어진 다른 곳으로 끌고 갔다.

민중의 깃발, 붉은 깃발은……

앞쪽에서 누군가 갑자기 노래를 부르기 시작했다.—찰싹, 하고 따귀를 때리는 소리가 들렸다.

"뭐야, 이 새끼!" 몸을 부딪히는 소리가 들렸다. 양검으로 후려갈기는 소리가 따귀를 때리는 소리에 섞여 들려왔다.

모두 앞뒤로 스크럼을 짜고 있었다. 일부러 힘차게 발을 내딛으며 걸었다.

"그만, 그만!" 사이토가 작은 체구 가득히 외치며 멈춰 섰다. "어이, 여러분. 이유도 모른 채 끌려가는 것은 반대다. 안 그래? 하나 물어보자."

"그래, 그래!" 모두 이에 찬성했다.

스즈모토는 와타리에게만 시선을 향하고 있었다. 이런 때에 항상 용수철처럼 함께 튀어 오르며 앞장서던 와타리가 말뚝처럼 우두커니 서 있었다.—경관들은 작은 체구의 사이토 주변을 에워싸 버렸다. 다른 조합원들이 경관의 어깨와 어깨 사이에 자신들의 어깨를 밀치면서 비집고 들어가려고 했다. 몸과 몸이 맞부딪히며 작은 소용돌이를 일으켰다.

"이 새끼들아, 이유를 말해라!"

"가 보면 알아."—이번에도 똑같은 말이다.

"가 보면 알 거라니, 그 구역질 나는 데로 끌려가는 걸 어떻게 참아."

"인권유린이다!" 뒤에서도 외쳤다.

경관 한 명이 사이토를 후려갈긴 것 같았다. 경관들의 대형이 갑자기 크게 흔들렸다. 주먹을 단단히 쥔 조합원이 대형 바깥에서 이를 뛰어넘으려고 조바심을 냈다. 그래서 금세 더욱 혼란스러워졌다.

"이 새끼들! …… 이 새끼들이!" 입이 뭔가에 짓눌려 가까스로 소리를 내는지 사이토의 목소리가 띄엄띄엄 들렸다.—"니네 새끼들이 아무리 이따구 짓을 해도 이 운동이 …… 새끼들아, 없어질 거라고…… 씨이팔, 없어질 거라고 생각하냐! 이 나쁜 새끼들아!"

모두 흥분해서 와, 하고 소리를 질렀다.

이때 뭔가에 정신을 뺏기고 있던 와타리가 어깨 품이 넓은 건장한 체구로 이 소용돌이 안으로 파고 들어갔다. 이를 보자 스즈모토는 별일 아니었군, 하고 안심했다.

"우리 모두의 힘을 합쳐서, 정당한 이유 없이 끌려가는 것에 반대한다!" 목이 쉰 깊이 있는 낮은 목소리로 말했다. 신기하게 와타리의 낮은 목소리는 언제나 위력적이었다.

소용돌이에서 떨어져 서 있던 이시다는 객기를 부리며 술렁이는 조합원들을 여느 때처럼 씁쓸하게 생각하며 잠자코 바라보고 있었다. 이시다는 소동을 부릴 때와 그렇지 않을 때—그래서는 안 되는 때가 있다고 생각했다. 이를 잘 분별해야 하고, 그렇게 하는 것이 딱히 비전투적인 것이라고는 생각되지 않았다. 사이토 등은 광견병 환자라고 생각했다. 이시다는 이런 운동을 하고 있는 자들에게 특히 '사이토 형型'이 많은 것을 알고 있다. 그런 사람들을 보면 이시다는 항상 얼굴을 돌렸다. 그들에게는 '좌익 소아병' 같은 인간적인 표현을 쓰는 것조차 아까웠다. '이런 때에 저런 것들이 무슨 소용이람. 흥, 용감한 무산계급 투사로군.'—이시다는 주위에 침을 뱉고는 구둣발로 짓이겼다.

와타리가 나와서 모두의 결속이 단단해졌다.—바로 그때 입구에서 일고여덟 명의 또 다른 순사가 우르르 몰려 들어왔다. 그 바람에 결속은 일시에 흔들려 와해되고 말았다. 모두 큰 소용돌이가 되어 입구 문을 한 발 한 발 밀며 밖으로 나왔다.

문밖에서는 면도날 같은 한기가 밀려왔다. 새벽녘의 차가울 대로 차가워진 영하 20도의 공기였다. 게다가 다들 잠에서 막 깨어난 상태였기 때문에 한기가 더 한층 부들부들 사무쳤다. 모두 턱과 어깨에 힘을 주어 떨리는 것을 참았다.

밤은 아직 어슴푸레한 빛조차 비추지 않고 있었다. 눈을 머금은 어두운 하늘 아래 거리는 땅속에서부터 쥐죽은 듯 조용했다. 걸으면 눈길은 뭔가 부서질 때처럼 바삭바삭 소리가 났다. 때가 묻어서 반질거리는 셔츠를 코르덴 천으로 된 옷 속에 입고 있던 이시다와 사이토에게는 바로 피부에 추위가 와 닿았다. 피부 전체가 아파 왔다. 그리고 잠시 후에 손끝이나 손톱 끝이 감각이 없어지며 저려 오는 것을 느꼈다.

모두 한 명 한 명 경관에게 팔이 붙들린 채 밖으로 나왔다.

일주일 정도 전에 조합에 갓 들어온, 아직 스물이 채 되지 않은 시바타가 처음부터 한마디도 하지 않고 이상하리만치 딱딱하게 굳은 얼굴을 하고 있었다. 그렇지만 그는 모두가 성내고 있을 때 자신도 그렇게 하려고 애를 썼다. 하지만 반쯤 마르다 만 점토처럼 뺨은 실룩실룩 움직이긴 했지만 잘 말을 듣지 않았다. 그는 이런 일은 언제라도 닥칠 수 있으니 빨리 익숙해져야 한다고 생각했다. 그러나 이런 일이 처음인지라 시바타에게는 아무래도 큰 충격일 수밖에 없었다. 그는 잠시도 버티지 못하고 내던져진 형국이었다. 추위 때문도 아닌데 몸이 계속 떨리고 이가 달각달각 부딪쳐 아무리 애를 써도 멈춰지지 않았다.

모두 잿빛 무더기로 한데 모여 길거리를 이쪽에서 저쪽으로 걸어갔다. 추위를 막기 위해 서로 몸을 가까이 붙이고 부딪치며 발에 일부러 힘을 넣어 내딛었다. 거리에는 20명이 걸어가는 발자국 소리만 뚜벅뚜벅 울려 퍼졌다.

 조합 사람들은 이상할 정도로 입을 다물고 있었다. 그러는 사이에 갑자기 모두에게 이상하게도 같은 기분이 일기 시작했다. 잉크에 적신 종이처럼 금세 어떤 생각이 모두의 마음 구석구석으로 스며들어 가는 것 같았다. 하나의 집단이 같은 방향으로 같이 움직여 갈 때, 모든 차별을 짓누르고 밀어제치며 반드시 나오게 되는 단 하나의 기분이었다. '관우' 스즈모토, 와타리, '돈키호테' 사카니시, 사이토, 이시다, 그리고 신참인 시바타 그 외의 다른 조합원도 단 하나의 집단의식 속에서―같은 방향을 가진 같은 색채, 상태, 강도의 의식 속에 쑥쑥 빠져들고 말았다. '이것'은 언제나 이러한 때에 일어나는 신비로운―그렇지만 없어서는 안 되는 '이것'이 있기 때문에 비로소 프롤레타리아의 '강철'과 같은 단결이 가능한―그런 기분이었다. 그런데 이 느낌은 단지 각각의 차별성을 부정하는 것이 아니라 그 차별성 자체가 일정한 정도까지 강조되었을 때에 필연적으로 고양되는(그래서 오히려 그 때문에 더욱 단단해지는)―따라서 개인을 초월하여 커다란 손을 맞잡고 하나가 된 상태에서 느끼는 기분이었다.

 지금 이 아홉 명의 조합원은 아홉이라고 하는 하나하나의 숫자가 아니라, 한 대의 탱크 같은 것으로 변해 있었다. 그들은 서로 팔과 팔을 단단히 엮고 어깨와 어깨를 붙이고는 어두운 그렇지만 날카로운 눈으로 전방을 응시했다.―이는 흡사 그들의 단 하나인 목표를 향해―'혁명'을 향해 전진하고 있는 것처럼 보였다.

3

오케이는 남편이 그런 식으로 연행된 뒤 어딘가 휑뎅그렁한 집 안에 있는 것이 견딜 수 없었다. 때때로 집으로 찾아오는 조합 서기인 구도의 집에 가 보려고 생각했다. 더욱이 조합 사람들의 모습이나 이번 일의 전말, 그 범위 등에 대해서도 알고 싶었다. 그러나 구도도 역시 검거된 상태였다.

—구도의 집에 경관이 덮쳤을 때 집 안은 캄캄했다. 경관은 "어이, 일어나!"라고 하면서 전등이 매달려 있는 부근을 손으로 더듬었다. 세 아이가 잠에서 깨어 큰 소리로 일제히 울기 시작했다. 전등을 찾고 있던 경관은 '야스나'*를 출 때와 같은 손짓을 하며 허공을 더듬었다. 그러자 어둠 속에서 짤깍 짤깍 하고 스위치를 비트는 소리가 났다.

* 가부키 무용.

"어떻게 된 거지, 어?"

"전등은 켜지지 않소."

그때까지 아무 말도 하지 않고 있던 구도는 경관이 당황한 것과는 반대로 얄미울 정도로 침착한 목소리로 말했다.

구도의 집은 전기료가 연체되어 전등 스위치를 떼 버린 지 2개월이나 된 상태였다. 그런 데다 양초를 살 돈도 램프를 켤 돈도 없었다. 밤이 되면 아이를 옆집으로 놀러 보내고 아내인 오요시는 조합에 나가거나 하면서 60일이나 어둠 속에서 지내고 있었다. '밝은 전등, 밝은 가정' 같은 구호는 어두운 전등조차 없는 이들에게는 개소리일 뿐이었다.

"도망가지 않을 테니 걱정 마시오." 이렇게 말하고 구도가 웃었다.

오요시는 울고 있는 아이들에게, "아무것도 아니야, 항상 오는 사람들이야. 자, 울지 마라."라고 말했다. 아이들은 한 명씩 울음을 그쳤다. 구도의 아이들은 순사 등에 익숙했다. 조합 사람들이 반 농담으로 한 말이지만, 오요시가 자신의 아이들에게 바른 '계급교육'을 한다고 평판이 나 있었다. 하지만 물론, 오요시가 뭔가 이론을 가지고 그렇게 하고 있는 것이 아니었다.—오요시는 아키타 지방 농사꾼의 막내딸로 태어났다. 그녀는 소학교를 2년째에 그만두고 열네 살 되던 봄까지 지주의 집에 애 보는 식모로 보내졌다. 거기에서 오요시는 등에 업힌 얄궂고 성미 까다로운 아이와 닥치는 대로 때려 대는 주인 남자, 그 주인보다 더욱 잔인한 주인 여자에게 괴롭힘을 당하며 들볶였다. 5년 동안 하루도 쉬는 날 없이 혹사당했다. 그리고 드디어 거기에서 자신의 집으로 돌아오자 밭으로 내몰렸다. 하루 종일 에조*처럼 허리를 구부려 그 때문에 피가 머리로 내려와 뺨과 눈꺼풀이 충혈되고 부어올랐다. 열일곱 살 때 이웃마을의 구도에게 시집을 갔다. 그러나 그 다음 다음 날부터(!)—마침 가을 수확기가 끝난 무렵이었기 때문에—구도와 함께 근처 토목공사장에서 광차鑛車**미는 일을 해야만 했다. 걸레조각처럼 완전히 지쳐 돌아오면 집안일이 산더미처럼 쌓여 있었다. 오요시는 얻어맞은 사람처럼 어질어질한 몸으로 광차와 부엌 사이를 왔다 갔다 했다. 이글이글 내리쬐는 한낮에 광차를 밀다가 결혼 후 새로운 환경과 월경으로 정신을 잃고 픽 쓰러진 적이 있었다.

　아이가 태어나고 나서 생활비가 갈수록 늘어 몹시 괴로워졌다. 이렇게 되자 어찌할 바를 몰라 하던 구도는 오요시와 둘이서 고리짝을 하나씩 등에 지고 어두워진 후에 마을을 나왔다. 어둡고 눈보라 치는, 산이 우는 밤이었다. 그리고 홋카이도로 건너왔다.

　오타루에서 두 사람은 어느 철공장에 들어갔다. 그런데 홋카이도와 내지는 사람들이 말하는 것만큼 큰 차이는 없었다. 이곳도 역시 오요시 가족에게 살기 좋은 곳은 아니었다. 그렇다면 어디로 가야 좋을까. 하지만 어디로 갈 데가 있단 말인가! 프롤레타리아는 어디에 간들 마

---

*　고대 오우(奧羽) 지방에서 홋카이도(北海道)에 걸쳐 살았고 언어나 풍속을 달리하며 중앙 정권에 복종하지 않은 사람들을 가리킨다. 시대에 따라 '에미시', '에비스'라고 일컬으며, 천시당하면서 살았다.
**　토목 공사장이나 광산에서 쓰는 손으로 미는 조그마한 차.

찬가지다…….

 오요시의 손은 자신의 몸에 어울리지 않게 커서 게의 집게처럼 양 어깨에 매달려 있었다. 피부는 나무뿌리처럼 거칠고 때가 새까맣게 배어 있었다. 이제 이건 일생동안 벗겨지지 않을 것이다. 아이가 등을 가려워하면 오요시는 손톱이 아니라 자신의 거칠거칠한 손바닥으로 항상 문질러 주었다. 아이는 그렇게 해 주는 것을 기분 좋아 했다.

 오요시는 오랜 경험을 통해 몸소 터득하여 '너무나 미워서 참을 수 없는 인간'을 확실히 알고 있었다. 특히 남편이 조합에 들어가 운동을 하게 되면서부터 그런 인간들이 더욱 명확한 형태로 오요시의 머릿속으로 들어왔다.

 당연한 일이지만 구도는 그 뒤로 일에 집중할 수가 없었다. 구도는 조합 일로 일주일이나 집에 돌아오지 못하는 경우가 몇 번이나 있었다. 오요시는 자신이—혼자서 돈을 벌고 아이들을 돌봐야만 했다. 그러나 지금까지와는 다른 기분으로 일을 할 수 있었다. 오요시는 바닷가로 나가 석탄 짊어지는 일을 하기도 하고, 창고에서 전분이나 잡곡 자루 꿰매는 작업을 하거나 수출용 청완두 고르는 공장에 나가기도 했다. 막내 아이가 뱃속에 있을 때는 10개월 만삭의 배를 하고 석탄 자루를 배에서 창고로 날랐다. 순찰 나온 순사도 그것에 놀랐고, 이로 인해 상관에게 야단맞는 일조차 있었다.

 집의 장지문은 뼈대만 앙상히 남았다. 차가운 바람이 안으로 들이쳐도 문종이를 살 돈이 없었기 때문에 조합에서 『무산자신문無産者新聞』

이나 『노동농민신문勞働農民新聞』 오래된 것을 받아 와서 그것을 붙였다. 선동적인 파업 기사나 큰 글씨의 '불' 같은 표제어가 경사져 있기도 하고 거꾸로 되어 있거나 절반 정도 감춰진 채 붙어 있었다. 오요시는 한가할 때 띄엄띄엄 이것들을 읽었다. 아이가 "이건 뭐야? 저건 뭐야?" 하면서 물을 때마다 읽어 주었다. 집 벽에는 선거 때 사용하고 남은 포스터, 전단지, 잡지 광고 등을 덕지덕지 발라 놓았다. 와타리나 스즈모토가 구도의 집에 오면, "오!" 하고 몇 번이나 빙빙 돌며 둘러보고는 '우리들의 집'이라며 즐거워했다.

…… 구도는 일어나서 나갈 준비를 했다. 준비를 하면서 구도는 이번에는 길어질 것이라고 생각했다. 돈 한 푼 남아 있지 않은 가족이 그동안 어떻게 생활해야 할지 무겁고 음울하게 마음을 눌러 왔다. 이런 경우에는 언제나 같은 기분이 들었다. 그러나 몇 번을 경험한들, 그리고 아무리 날고 기는 프롤레타리아 해방운동의 투사라 하더라도, 이런 일은 결코 익숙해질 수 없었기에 음울한 기분이었다. 조합에서 모두 함께 흥분해 있을 때는 괜찮은데, 그 외의 시간에 아이나 아내가 살아갈 것을 생각하면 참을 수 없을 만큼 가슴이 답답하고 짓눌렸다. 프롤레타리아 운동은 농담으로라도 절대 맘 편한 일이 아니었다. 절대로!

오요시는 구도의 나갈 채비를 도와주며,

"자, 다녀와요."라고 말했다.

"응."

"이번에는 무슨 일일까요? 짐작 가는 거라도 있어요?"

그는 잠자코 있었다. 그러다,

"어때, 해 나갈 수 있겠소? 길어질지도 모르거든."

"앞으로요?―괜찮아요."

오요시는 여느 때처럼 밝고 기운찬 목소리로 말했다.

막연하긴 하지만 무슨 일인지 눈치 챈 첫째 아이가,

"아빠, 다녀오세요."라고 말했다.

"이런 집에 오면 정말이지 못 참겠어." 경관이 놀랐다. "마치 당연하다는 듯이 일가족이 모두 모여 다녀오세요, 라니!"

"이런 일에 매번 울고불고 해서는 우리 운동은 해낼 수 없지."

구도는 어둡고 음울한 기분을 떨쳐 버리려고 독하게 말대꾸했다.

"이 녀석, 쓸데없는 말을 지껄이면 묵사발을 만들어 버릴 거야."

경관이 이상하게 숨을 가쁘게 쉬면서 성을 냈다.

"몸조심해요."

"응."

그는 아내에게 뭔가 말을 남기려고 했다. 그러나 입이 무거운 그는 뭐라고 해야 좋을지 몰랐다. 아내가 또 고생할 텐데, 하는 생각이 들자 (물론 이는 자신의 아내만은 아니지만) 정강이 부분에 묘하게 힘이 빠져나가는 느낌이 들었다.

"정말로 어떻게든 해낼 테니까."

오요시는 남편의 얼굴을 보며 다시 한 번 이렇게 말했다. 남편은 잠자코 고개를 끄덕였다.

문이 닫혔다. 오요시는 밖을 걸어가는 모두의 발소리를 잠시 동안 서서 듣고 있었다.

노동자들의 세상이 올 때까지 이런 일은 몇백 번 반복되어도 부족하다는 것을 오요시는 알고 있었다. 그런 사회가 되게 하기 위해서 자신들은 다음에 올 자들의 '발판'이 되고 희생양이 되어야 할지도 모른다. 개미 군단이 이주할 때 전방에 건너야 할 강이 있으면, 선두에 선 개미가 연달아 강으로 들어가 서로 겹쳐져 익사해서 나중에 오는 개미들이 자신들 시체를 다리 삼아 건널 수 있도록 해 준다는 이야기를 들은 적이 있다. 선두에 선 개미야말로 바로 자신들이어야 한다고 조합의 젊은 사람들이 자주 이야기하곤 했다. 그리고 이것이야말로 필요한 일이었다.

"아직 멀었네요."

이렇게 오요시가 오케이에게 말했다.

오케이는 거지반 어두운 얼굴을 하고는, 그러나 흥분해서 오요시에게 끄덕여 보였다.

4

 이번 검거가 의외로 넓은 범위에 걸쳐 행해진 것을 오케이는 오요시에게 듣고 알았다. ××철공장 직공이 일터에서 작업복 상태로 연행되고 바닷가의 자유노동자나 창고의 노동자가 매일 다섯 명, 열 명씩 취조를 받았으며 학생도 분명 두세 명은 들어 있었다.
 류키치의 집에서 매주 화요일 밤에 열리는 연구회에 나오던 회사원 사타도 이틀 뒤에 경찰에 연행되었다.
 사타는 류키치 등에게 때때로 자기 집 사정을 이야기하곤 했었다.— 집에는 사타만을 의지하고 있는 모친이 홀로 있다. 어머니는 자식이 운동 쪽으로 들어가는 것을 '몸서리' 치며 슬퍼했다. 어머니는 그를 고등상업학교까지 보내는 데 8년이나 몸을 쓰고 또 써서 완전히 소진해 버렸다. 그는 마치 어머니의 몸을 조금씩 갉아먹으며 살아온 셈이었다. 그러나 어머니는 사타가 학교를 졸업하고 은행원이나 회사원이 되면 자신은 아들 월급을 자랑하면서 긴 하루를 느긋하게 차나 마시면서 이웃들과 이야기꽃을 피우며, 일 년에 한 번 정도는 내지의 고향에 놀러 가거나 보너스가 들어오면 온천에라도 가끔은 갈 수 있겠지……, 하고 생각했다. 지금처럼 매달 내야 될 돈에 벌벌 떨면서 변명하거나 전당포를 다니고 차압당하는 일도 없이 지낼 수 있을 것이다. 그건 마치 따뜻한 목욕물에서 나와 속옷 하나만 걸치고 툇마루에 누워 있는 듯한 더할 나위 없는 행복으로 생각되었다. 어머니는 길고 긴(실제로 그건 너무 긴 느낌이 들었다.) 고통 속에서 그저 이런 것들만 생각하고 기대하며, 이때를 위해 고통을 견뎌 왔다.

　매일 회사에 다닌다.―월말에 척척 월급이 들어온다.―이런 규칙적인 생활을 오랫동안 어머니는 기다려 온 것이다. 사타가 학교를 졸업하고 취직하여 첫 월급을 '봉투째' 받아들었을 때 어머니는 이것을 무릎 위에 올려놓은 채 꼼짝하지 않았다. 잠시 후 어머니의 몸이 알아챌 수 없을 정도로 가늘게 떨려 왔다. 어머니는 몇 번이고 몇 번이고 봉투를 자신의 이마에 갖다 댔다. 사타 역시 이상한 흥분과 함께 반대로 '너무 흔한 낡은 생각이야.' 하고 생각하면서 2층으로 올라갔다. 잠시 후에 아래에서 불단의 방울 소리가 들렸다.

　저녁식사 때까지 책을 읽고 내려오자 식탁에는 여느 때보다도 진수성찬이 차려져 있었다. 불단에는 촛불이 켜져 있고 봉투가 올려 있었다. "아버지께 올렸다."라고 어머니가 말했다.

　그때까지는 좋았다.

어머니는 사타의 2층 방에 지금까지 없던 여러 사진이 점차 늘어나는 것에 신경을 쓰기 시작했다.

"이 사람은 어떤 사람이냐?"

어머니가 사타의 책상 바로 앞의 벽에 걸려 있는 아이누* 같은 수염에 파묻힌―수염 가운데로 얼굴이 드러난 한 장을 손으로 가리켰다. 사타는 애매하게 입을 다물고 속으로 웃었다.

"너, 별다른 일 없지?"

그러나 확실하게는 아니지만 어디에서 들었는지 이런 말투로 물어본 적도 있었다. 표지가 새빨간 편지가 오면 어머니는 혼자 허둥대며 자신의 품속에 집어넣었다. 사타가 돌아오면, 뭔가 비밀스럽고 무서운 것이라도 되는 양 그것을 꺼내어 건넸다. "너, 그 무슨 주의자니 뭐니 된 것 아니겠지?"

어머니가 점차 시무룩한 얼굴을 하는 날이 많아지고 밤새 뒤척거리다 아침까지 잠들지 못한다는 것을 사타는 알아챘다. 회사에서 돌아왔을 때, 불단 앞에 앉아서 울고 있는 것도 몇 번이나 봤다. 그것이 모두 자신에게서 비롯된 것은 분명했다. 특별한 가정환경에서 자라 온 사타는 이런 어머니를 보고 있노라면 심장에 곡괭이질을 하는 것 같았다. 류키치나 오케이는 사타에게서 이런 일로 상담을 받은 적이 무척 많았다.

* 홋카이도, 사할린, 쿠릴 열도 등에 사는 소수민족. 동그란 눈에 작은 키, 몽골족에 비해 몸과 얼굴에 털이 많다는 특징이 있다.

사타가 2층에 있으면 때때로 어머니가 올라왔다. 그 횟수가 점차 많아졌다. 어머니는 그때마다 같은 이야기를 나직하게 하곤 했다.─너 혼자 어떻게 해 본들 어떻게 될 수 있는 건 아니지 않느냐. 혹시 무슨 일이 있어서 먹고살 수 없게 되면 어쩌냐. 너는 세상 사람들이 무서워하는 그런 일을 하는 사람이 아니었다. 분명 뭔가에 홀려 있는 것이다. 엄마는 매일 너를 위해 신과 죽은 아버지에게 기도하고 있다……. 사타는 초조해지면,

"어머니는 몰라요." 하고 거의 울 것 같은 목소리로 화를 냈다.

"그보다 엄마는 네 마음을 모르겠구나."

어머니는 어깨를 움츠리며 가냘프게 말했다.

사타는 귀찮아지면 어머니를 남겨 두고 쿵쿵 아래로 내려가 버렸다. 그러나 내려가도 사타의 기분은 풀어지지 않았다. 나를 이렇게 패기 없게 만드는 것은 어머니다. '어머니라는 존재가 의외로 우리의 큰 적이다.' 그는 흥분한 마음에 이렇게 생각했다.

그 후 또다시 그런 일이 있었다. 사타는 불끈 화가 치밀어,

"알았어, 알았어, 알았다고! 이제 그만해. 질색이야." 하고 갑자기 소리를 질렀다. "이제 그만해. 어머니 말대로 그만둘 테니. 됐지? 그만두면 되잖아. 그만둘게. 그만둔다고. 잔소리 좀 그만해."

그는 어머니를 밀쳐 내듯이 하고 밖으로 나와 버렸다. 그러나 기분은 정반대로 바뀌었다.

"어머니는 이해 못해."

사타는 16일에 동료로부터 류키치 쪽이나 조합에 대검거가 있었다는 소식을 들었다. 그러나 그 동료도 무슨 일로 당했는지 짐작하지 못하고 있었다. 사타는 집에 돌아가자 여러 가지 서류를 모아서 정리하고 근처 이웃에게 맡겨 버렸다. 그날은 아무 일도 없었다. 그는 안도의 한숨을 쉬는 한편 조합에 나가서 상황을 봐야겠다고 생각했다. 그런데 먼젓번의 동료가 찾아와서 조합이나 당 사무소에는 사복경찰이 많이 들어와 있어 위험하다고 알려 주었다. 그리고 조합에 무심코 오는 자는 관계가 있든 없든 연행해 갔다. 조합의 고바야시가 15일 오후 별 생각 없이 조합에 갔다가 사복경찰이 우르르 나와 갑자기 고바야시를 붙들었다. 고바야시는 깜짝 놀라 순간적으로, 나는 인쇄소의 외상값 수금원이다. 외상값을 받으러 온 거라고 말하자, 지금 아무도 없으니 안 돼, 안 돼 하면서 돌려보내 줬다. 그는 물론 그길로 조합원 집을 돌면서 주의를 주듯이 말했다. 동료가 이런 이야기를 들려줬다. 그는 가지 않아서 다행이라고 생각했다.

  그러나 검거 때문에 경관이 찾아온 것은 17일 저녁, 사타가 석간을 읽고 있던 때였다. 사타는 만일의 경우에 대비하고 있었지만, 스스로 생각해도 의외의 각오와 침착함을 보였다.

  그는 활동사진이나 오래된 연극에서 '깜짝 놀라'는 상황의 익살스런 동작을 보고 자주 웃었다. 그러나! 그가 외투를 가지러 갔다가 2층에서 내려왔을 때였다. 그는 방 한구석에 털썩 기진하여 주저앉아 손과 발만을 파닥거리고 있는 어머니를 발견한 것이다! 입술이 부들부들 떨리고 뭔가 열심히 말을 하려고 하는 듯했다. 그러나 아무 말도 못하고 순식간에 무서울 정도로 핏기가 없어진 경직된 얼굴로, 눈동자만 빙빙 움직이고 있었다. 뭔가 붙잡으려는 듯이 손과 발을 흔들고 있다. 그러나 어머니의 몸은 조금도 움직이지 않는 것 아닌가. 사타는 장지문을 반쯤 열다 만 모습으로 통나무처럼 선 채 꼼짝도 하지 못했다.

사타는 세 경관의 감시를 받으며 밖으로 나왔다. 그는 가는 도중에 어머니를 생각하며, 경관에게 들키지 않도록 혼자서 오랜 시간 울었다.

오케이는 구도의 집에서 돌아와 시내에서 가장 번화한 하나조노초 큰길을 걷고 있었다. 이제 막 해가 저문 저녁이었다. 그다지 추위가 심하지 않았다. 거리에는 여느 때처럼 많은 사람들이 걷고 있었고 방울 달린 말이 끄는 썰매, 자동차, 승합차가 쉴 새 없이 왔다 갔다 했다. 밝은 가게의 쇼윈도에 신혼부부 같은 두 사람이 얼굴을 가까이 대고 이야기하고 있었다.—따뜻해 보이는 코트나 어깨 숄, 두터운 낙타털 오버코트에 몸을 푹신하게 감싼 남자, 볼일 보러 나온 나이 어린 점원, 빈 큰 도시락 통을 든 작업복, 아이…… 그들은 모두 어깨와 어깨를 서로 스치고 이야기를 나누며 걸음을 서두르기도 하고 어슬렁거리기도 하면서 걷고 있다. 오케이는 이상한 기분이 드는 것을 느꼈다. 지금 이 ××시에서 큰 사건이 일어났는데, 어째서 이곳은 이처럼 아무런 관계가 없는 것처럼 보일까? 이래도 되는 것일까. 그 몇십 명—몇백 명이나 되는 사람들이 완전히 자신들의 몸을 던져 뛰어들고 있는 것은 누구를 위해서도 아니다. 무산대중을 위해서 하고 있는 그런 일이 이토록 사람들에게 아무것도 아닌 취급을 받아도 된다는 것인가.—오케이는 이해가 되지 않았다. 여기에는 조금의 여파도 없는 느낌이었다. 정부가 신문에 이런 사건의 보도를 금지한 교활한 방법 때문인지도 모르겠다. 교활한 방법이다! 어찌 되었든 어느 누구의 얼굴도 어느 누구의 모습도 모두 밝고 만족해하며 각자 갈 길을 서두르는 모습이었다.

남편들은 누구를 위해 운동을 하고 있는 것인가. 오케이는 이상하게 쓸쓸하고 뭔가 아쉬운 느낌이 들었다. 남편들이 속았다! 바보 같으니라고, 무슨 말을 하는 거야! 그러나 어두운 기분은 말파리처럼 집요하게 오케이의 몸에 달라붙어 떨어지지 않았다.

5

15일 새벽, 경찰서에서 헬멧의 턱끈을 맨 경관이 몇 명이나 허둥거리며 들락거렸다. 그것이 몇 번이고 몇 번이고 거듭되었다. 하늘색으로 차체를 칠한 자동차도 때때로 옆으로 세워졌다. 자동차가 부릉부릉 엔진 소리를 내더니 경찰서 문이 세차게 열리고 한 손으로 검을 잡고 있는 경관이 달려 나왔다. 자동차는 한층 더 높은 폭음을 내며 바로 있는 내리막길을 달렸다. 그러다 눈구덩이에 바퀴가 걸리자 차체를 흔들어 빠져나와 계속 미끄러지듯 달렸고 곧 보이지 않았다. 잠시 후에 돌아와 다른 사람을 태우고 또 갔다.

유치장은 가득 차 있었다.
앞서 들어온 자들은 문 열쇠가 잘그랑잘그랑 울리면 멋대로 지껄여대다가 딱 멈추고 그곳에 시선을 모으고 기다렸다. 들어온 무리가 와타리, 스즈모토, 사이토, 사카니시라는 것을 알고 저절로 환호성을 질렀다. 경비를 서고 있는 순사가 닭 벼슬처럼 빨개져서 발돋움을 하며 화를 냈지만 전혀 효과가 없었다. 함께 있게 된 14, 15명은 모두 항상 얼굴을 맞대고 제일선에서 투쟁해 온 자들이었다. 그들은 흥분해서 각자 자신의 상대와 이 불법행위에 대해 큰 소리로 논의했다. 17, 18명의 목소리로 실내는 시끄러웠다. 그리고 다 함께 있게 된 것을 의지 삼아 터무니없이 난폭해지고 싶은 충동에 사로잡혔다.

사이토는 갑자기 몸을 공처럼 움츠리고는 아무 말도 하지 않고 판자벽에 몸 전체를 부딪쳤다. 입술을 꾹 다물고 벌게진 얼굴에 힘주어 투우에서처럼 목을 조금 구부리고는 부딪치기를 반복했다.

"쳇!"

어쩔 수 없다는 것을 알고 이번에는 말처럼 뒷발로 차기 시작했다. 모두 흉내를 내며 각자 판자벽을 두드리거나 찼다. 이시다는 (그 혼자서만) 팔짱을 끼고 때때로 혼잣말을 하며 방 중앙을 걸어 다녔다.

다시 문이 열렸다. 그러나 이번에는 스즈모토와 와타리가 불려 나갔다. 그리고 벽을 두드리는 것을 한 사람 그만두고, 두 사람 그만두더니 점차 그만뒀다.

이시다는 벽 구석에 두 발을 내던진 채 눈을 감고 있는 류키치를 쳐다봤다. 그는 오가와 씨도 들어왔구나! 하는 데 생각이 미치자 이번 일은 엄청난 것이라는 생각이 들었다. 동시에 친밀함이 느껴져 어딘가 의지가 되는 기분이었다.

"오가와 씨." 이시다가 다가갔다.

류키치는 얼굴을 들었다.

"이번에는 무슨 일일까요?"

"글쎄요, 나도 모르겠소. 지금 와타리 군에게라도 물어보려던 참이오."

"현재 하고 있는 내각 타도 운동."

"그럴지도 모른다고 생각하고 있지만요. 그렇다면 오늘 하루로 충분할 텐데……."

모두가 두 사람을 에워쌌다. 아무런 이유도 들려주지 않고 개 새끼나 고양이 새끼를 처치하듯이 데려와서 처넣은 것에 대해 분개했다. 류키치도 같은 생각이었다.

"근데, 법률로는 이렇게 정해져 있어. 일출 전, 일몰 후에는 생명이라든가 신체, 재산에 대해서 위해危害가 절박하다고 인정되는 때, 또는 말이야, 도박, 비밀 매춘의 현행범이라고 인정되는 때가 아니라면 거기에 살고 있는 사람의 뜻에 반反하는 것이다.―어때? 알겠지―현 거주자의 뜻에 반해서 저택에 들어갈 수 없다, 고 되어 있어. 그런데 어땠나? 한밤중에 잠자고 있는 것을 덮치고! 게다가 이유도 말하지 않고 검거하다니! 경찰이라는 게 이런 일을 하는 곳이야."

노동자들은 열심히 듣고 있었다. 그리고 개새끼, 씨발놈들, 하고 소리치며 발을 굴렀다.

류키치는 흥분해 있었다. "그런데, 보라구. 헌법에는 이렇게 되어 있어. 헌법에 말이야.—일본 신민은, 법률에 의하지 않고서는 체포, 감금, 심문, 처벌을 받지 않는다. 그런데 우리는 어떤가 말이야. 한 번이라도 제대로 정식 법률 수속을 밟아 체포, 감금, 심문을 받은 적이 있나?—이 속임수와 순 거짓말!"

이 말을 듣자 부당한 구속에 얽매여 몸부림치는 지금, 이런 일들이 직접 충치 신경에 닿기라도 한 듯이 전신에 전율이 느껴졌다.

"어이, 저기 문을 모두 부서뜨리고 이유를 들으러 가지 않겠어?"

"그러자구!" 다른 사람들도 흥분해서 이에 동의했다. "굉장한 소동이군. 자는 사람을 두들겨 깨워라!"

"안 돼, 안 돼." 류키치가 머리를 흔들었다.

"왜지?" 사이토는 조합에서도 자주 하는 버릇으로 어깨로 덤비듯이 류키치를 향했다.

"그런 방법으로는 뭘 해도 소용없어. 역으로 오히려 참혹한 꼴을 당하는 게 고작이야.—우리의 운동은 매사에 밖에서 '대중의 지지로!'가 되어야 해. 다섯 명, 열 명의 잘난 체하는 난폭함과 미친 듯한 시끄러움은 아무 데도 쓸모가 없어. 우리가 꿈에서도 잊어서는 안 되는 원칙으로 돌아갑시다."

"그, 그런 이유로 잠자코 있을 수 있나? 그거야말로 잘난 체하는 변명이오, 변명!"

이시다는 옆에서 여전하구나, 하고 생각했다. 순사 네 명이 들어왔다. 모두 깜짝 놀라 그대로 꼼짝 않고 있었다. 얼굴 가득히 거칠거칠한 수염이 나 있고 키가 작은 다부진 체격의 순사가 유치장 안을 빙빙 돌고 나서 말했다.

"당신들, 여기가 경찰서라는 것 정도는 알고 있겠지? 근데, 뭐야, 이렇게 소란을 피우고!"

순사는 한 사람 한 사람 어깨를 꽉 눌러 넘어뜨렸다. 사이토는 순사가 옆으로 왔을 때 갑자기 그의 어깨를 끌어당겼다. 그 바람에 순사의 손과 몸이 보기 좋게 앞으로 비틀비틀 허우적거렸다. 그러자 순사는 "이놈!" 하고 섬뜩한 목소리로 말하고는 갑자기 사이토의 몸에 자신의 몸을 갖다 붙였다. 사이토의 몸은 공중에 반원을 그리며 류키치의 옆에 있는 널빤지에 '쿵' 하고 둔중한 소리를 내며 내동댕이쳐졌다.

순사는 가쁘게 어깻숨을 쉬며 조금 쉰 목소리로 "모두, 잘 기억해 둬. 조금이라도 소동을 벌이면 각오해야 할 거야."라고 말했다.

뒤에서 따라 들어온 순사는 종이를 보고 한 사람 한 사람 이름을 부르고 그 사람들만 복도로 나오라고 했다. 투덜거리며 호명된 사람들은 몸을 굽혀 작은 문을 빠져나갔다. 뒤에는 여섯 명이 남았다.

쓰러진 사이토가 누운 채로 몸을 자벌레처럼 하고서는 일어나려고 하는데, 예의 순사가 구둣발로 두 번 연속해서 찼다.

잠시 후에 또 다른 순사가 들어와서 안에 있는 여섯 명 사이에 한 사람씩 끼어 앉아 이야기도 할 수 없게 해 버렸다.

류키치는 높이 설치되어 있는 작은 창 아래에 앉았다. 더럽고 흐린 전등 빛이 모두의 윤곽을 희미하게 비추어, 움직이고 있는 것은 그림자 뿐인 것 같은 분위기였다. 그로부터 5분이 지나―10분이 지나는 사이에 처음에 노란 빛이었던 전등이 이상하게 희미해져 가는 것 같더니― 일대가 창백해지고 그리고 점차 방 안이 깊은 바다의 밑바닥이라도 되는 듯한 색으로 변해 가는 것을 느꼈다. 어딘가 한 부분만 욱신거리는 머리로 류키치는 날이 밝아 오고 있구나, 하고 생각했다. 새벽인 것 같았다. 바닥에 스며든 한기로 온몸이 저려 왔다. 잠이 부족해 지친 듯한 하품 소리가 방안 구석 여기저기에서 들려왔다. 류키치도 얼굴을 찌푸린 채 하품을 했다. 그러고도 뭔가 피곤함의 찌꺼기 같은 것이 머리와 가슴에 쓰레기더미처럼 불쾌하게 남았다.

　구내는 조용해졌다. 완전히 얼어붙은 고요함이었다. 때때로 복도를 또각또각 종종걸음으로 가는 구두소리가 들렸다. 발소리가 멈추고 문이 열렸다. 그것이 얼음이라도 깨는 소리처럼 들렸다. 터벅터벅 발소리가 어지러이 섞이면서 누군가 팔이 붙들려 뭔가 언쟁하는 듯이 앞을 지나갔다. 그것이 끝나자, 다시 새벽 같은 어딘가 비정상적인 고요함으로 돌아왔다. 누군가 역시 짧은 선하품을 하며 밖을 지나갔다.

　"졸려. 재우지 않을 셈인가?"

　나직하게 한쪽 구석에서 이렇게 말하는 소리가 들렸다.

　"벌써 동이 텄다. 날이 샜어."

　순사도 잠이 부족했는지 부석부석한 멍한 얼굴을 하고 있었다.

　류키치는 판자벽에 몸을 기대고 눈을 감았다. 몸도 신경도 묘하게 몹시 지쳐 있었다. 잠자코 그렇게 있으니 배라도 탄 것처럼 몸이 조용히 큰 폭으로 흔들리고 있는 것처럼 느껴졌다. 검거되었을 때 종잡을 수 없는 공상이나 상상, 추억으로 빠져들다가 그는 항상 하던 습관대로 지치면 예전에 읽은 적이 있는 중요한 책을 복습하거나, 거기에서 나오는 문제를 머릿속에서 이론적으로 조리를 세워 생각하기로 정해 놓았다. 또 조합이나 당에서 논쟁이 된 자신의 생각 등에 대해서 다시 한 번 처음부터 정리해 보기로 했다. 항상 하던 대로 그것을 시작했다.

류키치는 일전에 열린 연구회 때, 마르크스 가치설과 오스트리아 학파의 한계효용설에 대해 나누었던 논의를, 자신이 생각하고 또 읽었던 책 속에서 재료를 찾아내 다시 한 번 재고해 보려고 했다…….

그는 완전히 당황해 있었다. 바지를 입으면서 넘어질 듯이 기우뚱하고 비틀거렸다. 스스로 생각해 봐도 이런 일은 자기 자신에게 불쾌감을 주었다. 그러나 그는 장지 한 장을 사이에 둔 옆방에서 자신을 기다리고 있는 순사의 잘그랑거리는 양검 소리가 유키코의 귀에 들리지 않을까, 지금이라도 들리는 것 아닌가 하는 생각이 들어 조마조마했다. 그는 그 소리를 유키코가 듣게 되면 유키코의 '마음'에 금이 간다는 것을 알고 있었다.

"아버지는 말이야, 학교 사람들과 함께 여행가는 거야."

유키코가 크고 검은 눈을 동그랗게 반짝 뜨고 그를 올려다봤다.

"선물로 뭘 사 올 거야?"

그는 뭉클해졌다.

"응, 그래. 좋은 것 듬뿍 사 올게."

이렇게 말하자 유키코는 문 쪽을 향해 몸을 돌렸다. 그는 갑자기 양손으로 자신의 머리를 눌렀다. 쨍그랑, 하고 도자기 깨지는 소리를 그는 분명 들었다. 그는 앗, 하고 잘 나오지 않는 소리로 절규하며 가까이 뛰어가 서둘러 유키코의 품속을 열어 봤다. 건포도를 붙여 놓은 듯한 두 개의 젖꼭지 사이에 도자기 그릇 같은 마음이 붙어 있었다.—보니 거기에는 머리카락 같은 금이 가 있는 것 아닌가!

아, 아, 아, 아…… 류키치는 숨이 막힐 것처럼 계속해서 절규하는 목소리를 냈다…….

눈을 떠 보니 방 안에는 연기처럼 흐려 보이는 창백한 새벽빛이 분명히 비쳐 들고 있었다. 모두들 피곤한 모습으로 큰 머리를 가슴에 파묻고 몸을 반쯤 뉘여 멍하니 동공을 판자벽으로 향하고 있었다. 류키치는 가볍게 톡톡 판자벽에 자신의 머리를 부딪쳐 보았다. 역시 머리 왼쪽의 한 부분만 욱신거렸다. 그는 지금 비몽사몽간에 꾼 꿈이 남긴 으스스하게 실감 나는 여운이 언제까지나 마음에 남아 있는 것처럼 느껴졌다.

그러나 류키치는 지금은 스스로도 느낄 만큼, 이런 곳에 처넣어졌을 때 으레 느끼는 감상적인 절망감으로부터 빠져나올 수 있었다. 그것은 갇혀 있는 누구라도—그리고 어떤 경우에는 완전히 미치광이처럼 만들 수도 있는—견디기 어렵고 터뜨릴 데 없는 음울한 압박이었다. 이런 이유만으로도 몇 사람이나 이 운동에서 몸을 빼는 것을 류키치는 봐 왔다. 류키치도 물론 그 과정을 위태로운 줄타기처럼 지나왔다. 그리고 한 번, 또 한 번, 부당하고 잔혹한 탄압을 받으면 그때마다 지금까지 그 안에 다분히 남겨져 있던 말초신경이 마구마구 닳아 무지러졌다. 충치에 기어 나온 신경처럼 사소한 일에도 신경이 곤두서는 그의(경멸하는 의미에서 섬세한) 마음이 점차 강철처럼 단련되어 가는 것을 느꼈다. 그러나 그것은 류키치에게는 글자 그대로 '연속된 고문'의 생활이었다. 류키치처럼 '인텔리'의 과거를 가진 자가 이 운동에 진실로 머리로써가 아니라 '몸으로써' 깊숙이 들어가려고 할 때, 그러나 그것은 당연한 과정으로 부과되어야만 하는 '훈련'이었다. 그리고 그것은 또한 단순한 길일 리가 없었다.―머리카락을 잡아채 질질 끌고 다니는 갈 지 자 형의, 게다가 가파른 비탈길이었다.

　류키치는 인텔리가 그 계급적 중간성 때문에 결국 아무것도 할 수 없고 하지 않게 된다는 것을 알고 있었다. 농촌과 공장에 건전한 마음으로 발을 들여놓더라도 적응하지 못할 수밖에 없고, 운동에 합류한다 한들 역시 거기에는 어딘가 결코 체질에 안 맞는 점이 있으며, 또 지식 때문에 부르주아 문화에 대해 많게건 적게건 은근한 미련과 매력을 품게 되기 십상이다.―뭉뚱그려 말하자면 인텔리는 그러한 것을 너무나 강하게 자주 의식하기 때문에 '나는 안 돼.' 하며 스스로 최면을 건다는 것이다. 결국에 가서는 자신이 아무것도 하지 않는다는 것을 알게 되고, 스스로가 그것에 대해 열심히 핑계를 대는 것은 정말 바보 같은 짓밖에 안 된다고 생각했다. 그러한 것을 진정으로 푹 빠져서 생각하는 것 자체가 위험하고 그 때문에 시간을 소비하는 것은 사치이다. 이는 아무리 생각해도 옳지 않다고 생각했다. 그는 가파른 고갯길을 한 걸음 한 걸음 발 디딜 곳을 찾아서 차근차근 밟고 올라간다면 결국 무언가를 '하고 있는' 것이 되지 않을까, 그렇게 생각하자 창백한 얼굴로 생각에만 빠져 있는 그들이 이상해서 견딜 수 없었다.

머릿속으로만 생각에 잠겨 있으면 그것은 방 안에 잘못 들어와 갇힌 작은 새처럼 사방의 벽에 머리를 부딪게 되는 것이 당연하지 않은가. 생각은 이제 그만. 너희들은 '핑계'가 너무 많고 시끄러워. 핑계 없는 무덤이 없는 법이다!

이제 류키치는 경찰서 유치장에 갇히는 것이 의식하지도 못할 만큼 익숙해졌다. 도쿄의 동지들은 감옥(요새는 말만은 우아하게 바뀌었다! 그러니까 다시 말해 형무소)에 간다든지 검거되는 것을 부르주아의 표현을 빌려서 '별장행'이라 했다. 아무리 무산계급의 선봉에 선 투사라 하더라도 즐거운 마음으로 별장행을 가지는 않을 것이고, 일반인의 생활에 비추어 보자면 매우 중대한 사건이 아닐 수 없는데 별장행이라고 부를 수 있을 정도로 편해진 것이다. 자신들의 운동에서 언제까지나 감옥에 가는 것을 두려워해서야 잔기침 하나 할 수 없지 않은가? 이 운동은 취미로 하는 스포츠가 아닌 것이다.

―류키치는 묘하게 마음에 스며들어 오는 유키코를 머리에서 떨쳐 버리려는 듯이 크게 하품을 했다. 한쪽 구석에서 사이토가 상당히 기른 머리카락을 양손 손가락을 갈퀴처럼 해서 거꾸로 마구 빗어 올렸다.

교대 시간이 와서 한 사람에 한 사람씩 붙어 있던 순사가 나갔다. 때때로 류키치의 집에 오기 때문에 알고 지내던 스다 순사가 나갈 때 그에게,

"저, 오가와 군. 정말로 이런 일은 못 참겠어.─비번도 뭣도 없고 말이야. 몸이 맥을 못 추겠어."─이 말이 이상하게도 진심으로 다가왔다.

그에게서 사람을 밟거나 차거나 하는 순사답지 않은 친밀감을 느끼고, 어쩌면 그것이 그의 바탕일지도 모른다는 것을 이런 데서 발견하다니 의외였다.

"정말로, 고생이 많군요."

비아냥거리지 않고, 그렇게 말해 주었다.

사이토는 "고생하네─." 하고 무뚝뚝하게 일방적으로 순사 뒤에 말을 내뱉었다.

다른 순사가 모두 나가자 스다 순사가,

"뭔가 집에 전할 말 없나?" 하고 낮은 목소리로 물었다.

류키치는 잠깐 아무 말도 하지 않고 자신도 모르게 스다의 얼굴을 바라봤다.

"아니오, 딱히─. 고맙소……."

스다는 고개를 끄덕이며 나갔다. 구부정한 관복 차림의 둥그런 어깨가 묘하게 궁상맞아 보였다.

"아─아, 담배 피우고 싶다." 누군가가 혼잣말처럼 말했다.

"곧 날이 밝아 올 거야……."

6

 류키치와 함께 방에 있던 사이토는 변소로 가는 도중에 복도 막다른 곳 유치장 앞에서, "어이." 하고 누군가가 부르는 것 같았다.
 사이토는 발을 멈췄다.
 "어이."—목소리가 와타리 같았다. 안에서 작은 창에 댄 얼굴을 보니, 와타리였다.
 "와타리인가? 나야.—왜 그래? 혼자야?"
 "혼자야. 다들 괜찮아?" 여느 때처럼 높지 않은 깊이 있는 목소리였다.
 "괜찮아.—음, 혼자군." 혼자, 라는 것이 사이토의 가슴에 와 닿았다. 조금 늦게 따라온 순사가 곁으로 다가왔기 때문에,
 "건강하게."라고 말하고 다시 걷기 시작했다.
 걸으면서 왠지 이번에는 위험하다는 생각이 들었다. 방으로 돌아와서 사이토는 그 일을 류키치에게 말했다. 류키치는 잠자코 언제나 하

는 습관대로 아래 입술을 깨물었다.

이시다는 와타리와 변소에서 만났다. 이야기를 나눌 수는 없었지만 다부지고 침착한, 강철처럼 단단하고 견실한 그의 한결같은 표정을 봤다.

"어이, 조지 밴크로프트 알고 있나?" 이시다가 사이토에게 물었다.

"밴크로프트? 몰라. 공산주의자인가?"

"활동사진 배우야."

"그런 사치스러운 것을 다 알고 있군."

이시다는 와타리를 만났을 때, 갑자기 〈암흑가〉라는 활동사진에서 거대한 도적으로 분장한 밴크로프트를 생각해 냈다. 와타리―밴크로프트, 이상할 정도로 이들이 함께 딱 이시다의 머릿속에 강하게 남았다.

와타리는 자신이 독방에 넣어졌을 때, (처음에 조합에 발을 들여놓았을 때와 마찬가지로) 자신들이 주가 되어 하고 있는 비합법적인 운동이 발각되었다고 생각했다. 순간, 얼굴에서 핏기가 싹 가시는 것을 스스로 느꼈다. 그러나 그에게 그런 일은 이후 일어나지 않았다. 곧 여느 때로 돌아와 있었다. 그리고 특히 독방에 털썩 앉았을 때 먼 여행에서 오랜만에 자기 집에 돌아온 사람처럼 여유 있고 편안한 기분이 들었다.―와타리든 어느 누구든 아침에 눈을 반짝 뜨면, 기다렸다는 듯이 운동이 그들을 붙잡았다. 전단지를 들고 여기저기 뛰어다닌다. 공장 동료나 시내 지부를 돌면서 보고를 듣고 상담을 하고 지령을 내린다. 중앙에서 리포트가 온다. 이를 일일이 그 지역의 정세에 맞춰 여러 형태로 실행해 가야 한다. 위원회가 열린다. 돌팔매라도 하듯 싸움을 걸려는 자세의 토론이 계속된다. 등사판, 조합원 교육, 연설회,―각종 준비, 전단지, 분주함, 연설, 검거…… 그들의 몸은 회전기계에 걸려 있기라도 한 것처럼 여기저기 끌려 다닌다. 하루의 예외도 없이 내리 계속해서 어디까지 가도 끝이 없는 순환소수처럼 계속된다.―이제 그만! 이렇게 말하고 싶을 정도이다. 그리고 모든 순간에 끊임없이 그들의 마음은 팽팽해질 수 있는 최고의 한도로 긴장해 있어야만 했다. 그러나 '별장'은 이런 상태에서 중간 휴식을 주는 효과를 가지고 있다. 그러므로 '별장행'에는 야유적인 의미를 제하면 부르주아가 사용하는 '휴식'이라는 말 그대로의 의미도 포함되어 있었다. 그러나 누구도 이런 말을 입에 담지 않았다. 그런 것을 말하면 한마디로 비전투적인 사람으로 간주되고 만다는 것을 모두 암묵적으로 알고 있었기 때문이다.

와타리는 발을 앞으로 내던지고 가랑이에서부터 무릎, 정강이, 발목을―그리고 다음으로는 거꾸로―주무르거나 목이나 어깨를 손바닥으로 두드리거나 심호흡을 하듯이 천천히 크게 하품을 했다. 문득 와타리는 자신이 지금까지 하품조차 느긋하게 한 적이 없다는 생각이 들었다. 그리고 혼자서 우스워져 웃기 시작했다.

4, 5일 전부터 스즈모토가 노래하는 것을 들으면서 어느새 외운 〈낮이나 밤이나 감옥은 어둡다〉라는 노래를, 작은 소리로 즐기듯이 하나

하나 음미하면서 부르며 작은 독방 안을 걸어 보았다. 와타리의 머리에는 아무것도 남아 있지 않았다. 그렇게 말해도 좋을 정도였다. 그러나 때때로 오늘 전국적으로 열리는 반동 내각 타도 연설이 불가능해진 것과 자신들의 운동이 잠깐이라도 중단된 것에 대한 유감이 바짝바짝 몰려왔다. 하지만 솔직히 말해―또 신기하게도 지금 와타리에게 이런 일들은 잠에 빠져들려고 할 때쯤 난데없이 불쑥 징조도 없이 희미하게 떠올랐다가 사라지는 기분 나쁜 것일 뿐이었다.

와타리는 휘파람을 불며 걸으면서 판자벽을 손가락으로 두드려 보기도 하고 쓰다듬어 보기도 했다. 그는 실로 느긋한 기분이었다. 감옥에 들어가 있으면 가라앉기도 하고 우울해지기도 하는 그러한 기분을 와타리는 조금도 알지 못했다. 그는 처음부터 그러한 일에는 인연이 없었다. 여학생처럼 섬세한, 그리고 품위 있는 신경 등은 갖추고 있질 못했다. 그러나 와타리는 '자신의 행동이 정당하기 때문에 감옥에 들어왔다'와 '괴로우니까 되받아친다는 기분'이 일치한다는 게 더 중요했다. 그는 자신의 주의, 주장이 혹처럼 자유로운 행동을 옭아매고 있는 듯한 거북함이나 이로 인한 끊임없는 양심의 가책 등은 일찍이 느껴 본 적이 없다. 와타리는 자기 자신이 어떤 희생을 하고 있다고는 조금도 생각하지 않았고, 자신의 일이 사회적 정의를 위한 것이라고도 생각하지 않았다. '밉다, 밉다!' 하는 생생한 그의 감정에서 조금도 무리하지 않고 해 오고 있었다. 그것은 그의 마음속에서부터 저절로 우러나오는 기분 그 자체였다. 겉과 속이 다르지 않고 그대로 드러난 그의 그런 '악바리 같은 노력'은 어느 때에는 기둥처럼 의지가 되었고, 또 어떤 경우에는 다른 조합원의 미친 듯한 반감을 불끈불끈 일으켜 세우는 일도 없지 않았다. 여러 가지 점에서 와타리와 닮은 구도는 그래도 그와 같이 언제나 일관되게 자신의 '의사'를 노골적으로 드러내지는 않았다. 그래서 그는 와타리 곁에 꼭 있어야 할 '엥겔스'라고 모두가 반 농담 삼아 이야기했다.—와타리에게는 '두 가지 기분'이라는 것이 없었다. 한 가지 기분이 드는 것을 다른 기분으로 다시 생각한다든지, 이것저것 생각해서 우물쭈물하는 일이 결코 없었다. 밖에서 보면 이것이 어쩌면 '강철 같은 의지'로 보였는지 모른다. 그는 언제나 일을 거침없이 해치웠다.

그는 앞으로 곧잘 내려오는 머리카락을, 머리를 흔들어 성가신 듯이 쓸어 올리며 혼자서 유치장을 걸어 다녔다. 그의 길지 않은 두꺼운 다리는 유도를 하는 사람처럼 밖으로 휘어져 있었다. 그래서 그의 상체는 오히려 토대가 탄탄한 것에 올라타 있는 느낌을 주었다. 그는 한 걸음 한 걸음 뒤꿈치에 힘을 실어 천천히 걸어가는 습관이 있었다. 그의 구두는 습관이 좋지 않은 사람이 사용한 먹처럼 뒤꿈치 바깥 부분만 경사져 닳아 있었다. 그는 걸으면서 동지들은 어떻게 하고 있을지 생각했다. 누군가 이러한 탄압에 공포를 느끼는 자가 있으면 어쩌나, 그런 생각이 가장 많이 그의 생각을 채웠다. 혹시라도 길게 끌면 그건 더욱 상태가 나빠질 것이다, 그는 그에 대한 책략을 생각해 보았다.

벽에는 손톱이나 연필 같은 것으로 여러 가지 낙서가 있었다. 지루해지면 와타리는 세심하게 그것들을 군데군데 골라 읽었다. 어디에나 그려져 있는 남자와 여자의 생식기가 크게 두 개, 세 개나 있었다.

"나는 도둑이에요, 네." "여기 서장은 칼 맞아 죽을 상이에요.—관상가." "불이야, 불이야, 불이야, 불, 불." 글씨체는 미래파*를 흉내 낸 것 같았다. "불량청년이란 가장 인생을 진지하게 살아가는 사람이 아니면 무엇이겠는가. 하하." "사회주의자여, 어떻게든 해 주오." "네가 사회주의자가 되거라." 남자와 여자의 생식기를 서로 향하게 그려 놓은 그림 아래에 "인생의 희비극은 이 하나에서 시작해서 이 하나로 끝나는 것인가. 오호." "나는 밥줄이 끊어졌습니다." "서장님, 당신 영애에게는 유명한 제비가 들러붙어 있소." "왜 이런 곳에. 누가 겁먹을 줄 알고." "노동자여, 강해져라." "여기에 들어오는 모든 사람에게 고한다. 낙서는 꼴불견이니까 그만둡시다." "엿이나 먹어라." "부당하게 자유를 속박당한 사람에게 낙서는 유일하게 구애 받지 않는 해방된 낙원이다. 여기에 들어오는 모든 사람에게 고한다. 많이 낙서하시게." "노동자가 요즘 건방져졌습니다." "이 새끼들, 다시 한 번 말해 봐라. 쳐죽일 테다. 노동자." "순사 양반, 야마다초의 요시다 기요라는 유부녀는 남자가 세 명 있어서 자루를 들고 하루걸러 돌아다니고 있다고 한다. 조사해 주기 바란다." "너도 그중 한 사람이냐?" "아내와 아이가 있고, 굶고 있다.

---

* futurism. 20세기 초 이탈리아의 마리네티가 주창한 예술운동으로서 주로 회화·조각·문학 등의 분야에서 일어났다. 조화·통일·전통을 무시하고 약동하는 힘과 운동의 감각을 곧바로 표현하고자 했다.

나는 이 사회를 증오한다." "응, 많이 증오해라." "일해라." "일하라고? 일해서 편해지는 세상인지 생각해 보고 그렇게 말해라, 바보 같은 놈." "사회주의 만세." ……

와타리는 들어올 때마다 언제나 뭔가 써 보려고 생각하고 있었다. 그렇게 결정하고 나서 지금까지 몇 번이고 써 보았다.

"나는 드디어 순사의 신세를 지게 되었소. 슬픈 사나이." "생활고로 한 번에 3엔을 받고 매춘을 하는 순사 마누라가 오타루에 여덟 명 있다. 구멍을 알고 있는 소생."

와타리는 이렇게 써 있는 옆의 비어 있는 벽에 손톱으로 깊게 상처를 내면서 정성 들여 낙서를 시작했다. 열중하고 있었더니 어느새 상당한 시간을 죽일 수가 있었다. 그림이라도 그리는 듯한 기분으로 할 수 있는 유쾌한 일이었다. 가능한 길게 쓰려고 생각했다. 그는 어깻죽지에 힘을 실어 일에 착수했다. 열중했을 때의 습관으로 어느새 그는 혀를 옆으로 내밀고 열심히 한 글자 한 글자 새겨 갔다.

어이, 모두 들어라! (이하 33행 삭제)
이 유치장은 우리들 가난뱅이만을 괴롭히기 위해 있는 것이다.
경찰이란 성곽 같은 벽으로 둘러쳐진 커다란 정원을 갖고 있는 부자가 돈을 듬뿍 써서 기르고 있는 집 지키는 개와 같은 것이다.
부자가 언제 한 번이라도 경찰에 끌려온 적이 있는가?
하지만, 아니 도대체, 하지만, 우리들은 우물쭈물하지 말고 힘을 합쳐서

돼먹지 않은 부자와 그 앞잡이인 관헌과, 또 그 돼먹지 않은 정치를 쳐부수지 않으면 안 된다.

우물쭈물해 봤자 눈물만 손해 볼 뿐이다.

훌쩍거리고 있다가는 언제까지고 우리들은 당할 뿐이다.

어이, 형제들!

선두에서 손을 잡자. 굳게 손을 잡아야 한다.

경찰의 무딘 양검으로 우리들의 단결을 끊을 수 있다면 끊어 보라!

우리 노동자들은 일하고 또 일하고 앞으로 푹 고꾸라지도록 일해도 가난을 면치 못하고 있다. 이런 등신들이 다 있나.

일하는 자들의 세계―노동자와 농민의 세계. 이자로 먹고살고 대가리 굴려서 놀고먹는 부자들을 싹 쓸어 버린 세계.

우리들은 그런 사회를 건설할 것이다.

어이, 손을 내밀라.

굳게 잡자.

어이, 너도! 어이, 너도 같이!

모두, 모두!

상당히 긴 시간이 걸렸다. 와타리는 다시 읽어 보고 만족스러움을 느꼈다. 휘파람을 불면서 코르덴 바지에 손을 집어넣고 떨어져서 보기도 하고 가까이 다가가 보기도 했다.

새벽이 밝자 전등이 꺼졌다. 아직 눈이 익숙하지 않아 사방이 어두위 벽의 낙서도 보이지 않았다. 창백한 새벽녘 빛이 네모난 창틀 때문에 사각형으로 아래쪽 30~40도 각도로 들어왔다. 와타리는 갑자기 크게 방귀를 뀌었다. 그리고 걸으면서 힘을 주고 몇 번이나 계속해서 방귀를 뀌었다. 와타리는 치질이 심해서 방귀는 얼마든지 나왔다. 그리고 그것이 스스로 생각해도 싫어질 정도로 지독한 냄새가 났다. "윽, 냄새. 지독하군!" 와타리는 그때마다 한쪽 발을 조금 들고 방귀를 뀌었다.

8시경인지도 몰랐다. 입구 열쇠가 잘그랑잘그랑 울렸다. 문이 열리고 허리에 검을 매단 순사가 발가락 끝이 나뉘어 있는 양말에 조리*를 신고 들어왔다.
"나와."
"동물원의 짐승이 아니오."
"바보 같은 놈."
"돌려보내 주는 거요? 고맙군."
"취조야."
이렇게 말하다 갑자기, "냄새 지독하군!" 하고 복도로 뛰쳐나가고 말았다.
와타리는 그걸 보고 큰 소리를 내어 웃었다. 웃겨서 죽는 줄 알았

---

* 일본식 짚신.

다. 배꼽을 잡으며 웃어 젖혔다. 이런 게 왜 이렇게 우스운지 알 수 없었지만 정말이지 우스워서 죽는 줄 알았다.

7

　15일 하루 사이에 다시 대여섯 명의 노동자가 연행되어 왔다. 방이 좁아지자 모두는 연무장 광장으로 옮겨졌다. 연무장 내부의 절반은 다다미이고, 절반은 판자가 깔려 있었다. 세 방향이 거의 유리창으로 되어 있어 거기에서 나온 밝은 빛이 어두침침한 곳에서 나온 모두의 눈을 처음에는 눈부시게 했다. 중앙에는 큰 난로가 놓여 있었다. 서로 얼굴을 알고 있는 사람도 많았기 때문에 난로를 둘러싸고 여러 이야기가 나왔다. 감시하는 순사가 네 명 붙었다. 순사도 다리를 벌리고 난로로 다가왔다.
　처음에는 다들 순사가 신경 쓰여서 잠자코 있었다. 그런데 점점 따분해지자 순사를 힐끔힐끔 보면서 조금씩 이야기를 하기 시작했다. 순사가 뭐라고 하면 곧 멈출 생각이었다. 그런데 순사는 오히려 그런 이야기에 동의를 하고 부추기기도 했다. 순사도 따분했던 것이다.

해가 저물자 모두 밖으로 내몰렸다. 안쪽 출구부터 일렬로 서서 밖으로 나오자 경찰 구내를 절반 돌아 바깥문을 통해 다시 안으로 들어갔다. '뺑뺑이 돌리기'를 당한 것이다. 갑자기 모두의 얼굴이 불안해졌다. 우르르 연무장으로 들어오자 서로 얼굴을 맞대고 무슨 일인지 이야기했다. 이번 검거가 뭔가 다른 이유에 의한 것이다. 이런 직감이 모두에게 들었다. 건더기가 들어 있지 않은 짜디짠 국물에, 찰기가 없어 흐슬부슬한 새까만 보리밥을 먹고 나서, 모두는 다시 스토브로 몰려들었다. 그런데 조금도 이야기가 활력을 띠지 못했다.

8시 넘어 구도가 불려 나갔다. 모두는 깜짝 놀라서 구도의 뒷모습을 배웅했다.

밤이 깊어오자 부지지 연기가 많이 나는 싸구려 석탄 스토브로는 방이 따뜻해지지 않았다. 등 쪽에서 오싹오싹 한기가 스며들었다. 류키치는 방한복을 꺼내려고 어두컴컴한 구석 쪽으로 갔다. 뒤를 이시다가 따라왔다.

"오가와 씨, 이런 일을 모두 앞에서 말해도 될지 어떨지 몰라서 잠자코 있었는데" 하면서 낮은 목소리로 말했다.

류키치는 위가 다시 아파 오는 것을 눈썹 주변에 힘을 주며 참고서는,

"응?" 하고 되물었다.

연무장 밖을 누군가가 으득으득 발소리를 내며 걷고 있었다.

―조금 전이었다. 이시다가 세면장으로 갔다. 따로따로 방에 나뉘

어 있던 모두가 서로 얼굴만이라도 마주하게 되고,―또 운이 좋으면 이야기할 수도 있는 곳은 실은 하나밖에 없는데, 바로 공동으로 사용하고 있는 세면장이었다. 모두 그곳에 갈 때는 그 기회를 잘 잡을 수 있도록 마음속에서 바라고 있었다. 이시다가 들어가자 정면 판자벽에 드리워진 옆으로 긴 거울 앞에서, 이쪽으로는 뒤를 향한 어깨품이 넓고 듬직한 남자가 얼굴을 씻고 있었다. 그때 이시다는 뭔가 깜빡 다른 일을 생각하고 있었는지도 몰랐다. 그 남자 옆으로 가 보니 그는―그때 갑자기 그 남자가 얼굴을 들었다. 이시다가 아무렇지도 않게 던진 시선과 딱 부딪혔다. "앗!" 하고 이시다는 소리를 질렀다. 머리에서 발끝까지 뭔가 몹시 빠른 속도로 싹 지나갔다. 그는 자신의 몸이 종잇장처럼 가벼워진 것을 느꼈다. 그는 한 손을 세면장의 테두리에 의지하고, 또 한 손으로 반사적으로 자신의 얼굴을 쓰다듬었다. 얼굴?!―그것이 얼굴일까? 썩은 가지처럼 검푸르죽죽한 색깔로 부어오른, 말 그대로 '오이와'*의 얼굴, 그리고 그는 와타리가 아닌가!

"당했어." 스스로 자신의 얼굴을 가리키는 듯한 모습으로 웃어 보였다. 웃는 얼굴!

이시다는 한마디도 하지 못하고 그대로 있었다. 심장 아래쪽이 간지

---

*『요쓰야괴담(四谷怪談)』에 나오는 여주인공.『요쓰야괴담』은 겐로쿠 시대(1688~1703)의 한 사건을 토대로 만들어진 일본의 괴담이다. 여주인공이 남편에게 죽임을 당해 유령이 되어 나타나 복수를 한다는 이야기이다.

러운 듯이 떨려 왔다.

"그러나 절대 항복 안 해."

"응……."

"모두에게 공포병에 빠져들지 않도록 부탁하네."

그때는 그 정도밖에 이야기할 수 있는 기회가 없었다.

"분명 무슨 큰 일이 있었을 거라고 생각해." 이시다가 화난 듯이 낮은 목소리로 말했다.

"응. ……짐작 가는 곳이 있지만. 그러나 중요한 건 역시 공포병이야." 류키치는 스토브 주변에 있는 동료나 순사 쪽을 바라보며 말했다.

"그건 그렇지. 그러나 경찰서에까지 와서 객기를 부려 난폭하게 행동하지 않으면 투사가 아닌 것처럼 생각하는 것도 그만둬야 해. 경찰서에 와서 얌전히 있다는 것이 딱히 공포병에 빠져 있다는 것은 아니라고 생각하거든."

"그래, 응."

"사이토 따위." 이렇게 말하고 스토브 옆에서 뭔가 손짓을 하며 떠들고 있는 사이토를 보면서, "일전에 경찰서에 끌려왔을 때, 가장 죄가 가벼운 사람은 그것을 부끄럽게 생각해 목이라도 매야지, 만약 그렇게 하지 않는다면 무산계급의 투사가 아니라는 식으로 말하더라구!"

"…… 응, 아니야. 그런 기분도 운동을 하고 있는 사람은 분명 얼마간 가지고 있을 거야……. 뭐랄까, 센티멘털리즘이지. 동지에게 미안하다는 기분이 들거든. 그러나 그런 경우는 물론 기회 있을 때마다 고쳐 가야 하겠지만."

이시다는 상대를 보고 뭔가 또 말을 하려고 했다가 그만두고, 뭔가 생각하는 듯한 얼굴이 되었다. "그러나 그것은 의외로 까다로운 방법이라고 생각해. 그것을 너무 정면에서 좌익 소아병이라느니 운운하기 시작하면 정말로 중요한 열정 그 자체를 뿌리부터 뽑아 버리게 될 수도 있으니까. 물론 그 둘은 별개지만 말이야."

이시다는 자신의 손톱 끝을 바라보면서 주변을 걷기 시작했다. "중요한 것은 그 정열을 그대로 올바른 길로 흘러들어 가게 해 주는 것 같아.―정열은 뭐니 뭐니 해도 역시 가장 큰 근본이라고 생각해." 류키치는 뭔가를 생각하다 문득 말을 끊었다. "혁명적 이론 없이 혁명적 행동은 있을 수 없다는 말이 있잖아. 자네도 알고 있는 유명한 말. 하지만 그것만으로는 사실은 부족하다고 나는 생각해. 그 말의 밑바닥에 당연하게 생략되어 있는 중요한 것은, 뭐니 뭐니 해도 열정이야."

"불꽃놀이 같은 열정은 일을 그르치지. 소는 무슨 일이 있든 간에 결코 쉬지 않고 느릿느릿 걸어가는 법, 그것이 특히 우리들의 집요하고 오랜 노력을 요하는 운동에 필요한 열정이 아닐까 생각해."

"그래. 그러나 열정은 사람에 따라 여러 다른 형태로 나오기 마련이야. 우리들 운동은 둘 셋 기분이 맞는 동료들끼리만 할 수 있는 일이 아니니까, 그 점에서 큰 기분―그것을 꽉 잡아매 한층 고양된 기분으로 연결함으로써 그 차이들을 가능한 용해할 수 있도록 신경 써야 한다고 생각해.—그야 물론 개인적으로 말하자면 유쾌하지 못한 일은 있지. 하지만 그런 일에 집착하는 것은 적당치 않아. 나도 와타리가 어떤 부분에서는 싫은 데가 있거든. 와타리만이 아냐. 그러나 그렇다고 해서 결코 분열하거나 하지 않아. 그렇다면 조직체로서의 우리들 운동은 할 수 없으니까."

"응, 응."

"앞으로 여러 곤란한 일에 부딪칠 거야. 그러면 분명 이런 일이 의외로 중대한 균열을 일으키지 말란 법도 없거든. 우리들은 더욱더 이런, 감춰진 별것도 아닌 일에 진지하게 신경 써야 한다고 생각해."

"응, 그렇지." 이시다는 입 안에서 몇 번이고 수긍했다.

두 사람이 스토브에 다가가자 모두는 순사와 함께 음담을 주고받고 있었다. 무슨 연유로 끌려왔는지 전혀 모른다고 말하는 노동자도 두셋 있었다. 그들은 처음부터 벌벌 떨며 옆에서 보고 있기 안타까울 정도로 찌부러져 있었다. 하지만 때때로 음담에 같이 끼기도 하고 웃기도 했다. 이야기가 중간에 끊겨 잠깐 모두가 잠자코 있으면 흘러가는 구름이 떨구고 간 그림자처럼 그들 얼굴이 순간 어두워졌다.

사이토가 손짓을 하며 이야기하고 있던 것은 여자의 음부에 대해서였다. 입심이 좋아 모두를 끌어당기고 있었다. 이야기가 끝나자,

"저, 이시야마 씨. 담배 한 대."

열심히 듣고 있던 머리숱이 별로 없는 살찐 순사에게 손을 내밀었다.

이시가와* 순사는 품위 없이 에헤, 에헤헤헤헤 웃으면서 윗옷 주머니에서 구깃구깃 구겨지고 부러질 듯한 밧토**를 한 대 꺼내어 사이토에게 건네주었다.

"고맙군, 고마워. 그럼 한 차례 더 질펀한 얘길 해 볼까?"

단작스러운 눈빛으로 상대를 힐끔 보며 웃었다. 사이토는 담배를 손바닥 위에서 세심히 바로잡고서는 거기에 침을 발라 가능한 한 담배를 끝까지 피울 수 있도록 적셨다.

"아니, 아깝군. 이건 나중에 천천히 줄게." 그러고는 귀에 담배를 꽂았다.

"…… 빨리 어떻게든 해 주지 좀."

한쪽 구석에서 누군가 혼잣말을 했다.

"우와." 모두는 그 말을 듣고 갑자기 자신들의 마음에 손전등이라도 들이댄 듯 느꼈다.

"바닷가 현장에서 끌려왔는데, 집에서 얼마나 걱정하고 있을지. 내가 일 안하면 마누라도 애새끼들도 먹고살질 못해."

"나도 그래."

"…… 이런 운동 지긋지긋하다. 무서워."—진실로 그렇게 느끼는 듯

---

* 직전에 나오는 사이토의 대화문에서는 이시야마로 되어 있다. 어느 한 쪽이 오자인 듯하다.
** 담배의 상품명. 고르덴·밧토(ゴールデン·バット, Golden Bat)의 준말. 일본담배산업에서 1905년부터 생산되어 지금까지 발매되고 있다. 갑에 황금박쥐가 그려진 서민적인 담배로서 문학작품에 자주 등장한다.

말을 내뱉은 그 사람은 꽤 전부터 조합에 있던 노동자였다.

"왜요!" 사이토가 말을 꺼냈다.

사이토의 말을 듣고 그 노동자는 입을 다물고 말았다. 사이토는 화난 모습을 노골적으로 드러내며 "응?" 하고 대답을 재촉했다.

"됐어, 됐어." 이시다가 순사 쪽으로 눈길을 주며 사이토 뒤를 쿡쿡 찔렀다.

그 기무라라고 하는 노동자는 오랜 동안 조합에 있었지만 표면적으로 나서서 한 일은 딱히 없었다. 그는 언제나 이렇게 말하곤 했다.— 그가 나가고 있는 창고 일은 괴로웠다. 그런데 노동조합이 그러한 노동자 대우를 바로잡아 주기 위해 있다는 것을 알았다. 그래서 그가 들어온 것이다. 그러나 경찰에 끌려가야 한다면 그것은 매우 곤란한 일이라고 생각했고, 게다가 그런 '나쁜 일'까지 하는 것을 아무래도 그는 이해할 수 없었다. 무섭다고도 생각했다. 그런 일 없이 잘 해 가는 것이 노동조합이라고 생각해 왔다. 그는 잘못 생각하고 있었던 것이다. 이래서는 언젠가 그만둘 수밖에 없다고 그는 생각했다. 그는 결국 뒤에서 밀리듯 하면서 지금까지 저도 모르는 사이에 떠밀려 온 것이다. 뭔가에 발이 걸리면 곧 그것이 동기가 되어 궤도에서 밖으로 굴러떨어질 형국이었다. 그는 조합 일에 조금도 적극적이지 않고 인형처럼 할당된 일밖에 하지 않았다.

총선거 때였다. 상대편 후보 포스터를 뜯어냈다는 이유로 노농당勞農黨을 대표하여 누군가 경찰에 희생이 되어 갈 필요가 생겼다. 와타리가 기무라에게 부탁하며 여러 가지 주의할 점을 들려주었다.

"조금 얻어맞을지도 모르지만 참아 주게."라고 말했다.

"싫소!"

한마디로 이렇게 잘라 말했다.

그런 대답을 조금도 예기치 못한 와타리가 "뭐라고?" 하며 반사적으로 말을 했을 뿐, 도리어 입을 다문 채 기무라의 얼굴을 보고 있었다.

"나는 그런 일로 하루 이틀이라도 경찰서에 끌려가게 되면, 생활이 안 돼. 싫소!"

"자네는 우리의 운동을 이해 못하는군."

"당신들 간부처럼 경찰서에 끌려가면 그만큼 이름이 나서 위대해지든가 명예로워지든가 하는 것과는 다르지."

와타리는 숨을 꾹 눌러 참고, 바로 뭐라고는 하지 못하고 입을 다물었다. 거기에 있던 류키치는 '이건 나쁜 분위기다.'라고 생각했다. 조합 간부와 평 조합원이 '이런 일로' 서로 노려보고 있어서는 곤란하다고 생각했다.

"이번에는 다른 사람에게 가 달라고 하면 되지."

류키치는 하는 수 없이 이렇게 말했다.─그랬던 만큼 기무라에게 이번 일은 '발을 빼는' 좋은 기회인 것이다. 여기에서 나가면 말끔히 그만두려고 생각하고 있었다. 그렇게 결정했다.

"못난 놈이군."

사이토는 오래전에 있었던 그 일을 생각해 냈다. 그는 일부러 고개를 옆으로 돌렸다.

"기무라 군, 역시 조합원은 조합원답게 행동해야 해. 특히 이런 일이 있으면 우리들이 제대로 해야지 안 그러면 곤란해. 난 그렇게 생각하네."

류키치는 난로의 온기로 가려워진 다리 앞쪽을 문지르며 말했다. 기무라는 그러나 잠자코 있었다. 류키치는 문득 글자 그대로 전투적이라고 일컬어지는 좌익조합에 의외로 이런 자들이 제법 많다는 것은 그리 가볍게 넘길 수 없는 문제라고 생각했다.

최근 기무라의 소개로 조합에 들어온 시바타는 양 무릎을 감싸고 모두를 보고 있었다. 그는 기무라와 같은 이불에서 자기 때문에 그가 마음 깊은 곳에서부터 질려 맥을 못 추고 있다는 것을 들어서 알고 있었다. 시바타 역시 처음에는 완전히 당한 것이라 생각했다. 특히 조합에서 자고 있다가 습격당했을 때는 너무 놀라 얼굴에 핏기가 싹 사라졌다. 그러나 물론 이런 일은 참고 견딜 수밖에 없다고 평소에 생각했다. 이러한 점에서는 스스로 미흡하고 별 볼일 없다고 생각하고 있었기 때문에 그는 남들의 배로 열심이었다. 그래서 그는 와타리나 구도, 사이토, 류키치 같은 사람들의 일거수일투족에 세심한 주의를 기울이며 자신의 태도에 '너무 의식적'이라고 생각될 정도로 채찍질을 가해 왔다. 이번 사건은 그러한 의미에서 여러 종류의 인간에 대해 엄중한 체로 걸러 내는 것 같은 작업이기도 했다. 쉴 새 없이 마구 눈앞에서 그물눈 사이로 떨어져 나가는 동지를 보는 것은 매우 씁쓸한 일이었다.

그러나 이것은 어쩌면 오히려 필요한 과정인지도 몰랐다.—시바타는 자신이 아무리 나중에 들어온 애송이라고 해도 절대 떨어지지 않겠다고 생각했다.

스토브 주변의 이야기가 이 일로 잠시 소용돌이치며 침체되었다. 하지만 누가 말을 꺼낼 것도 없이 여자 이야기가 다시 나왔다.

8시가 되자 다다미 쪽에 잠자리를 펴고 다다미 하나에 두 사람씩 누웠다. '잠들기만 한다면' 자는 것이 단 하나의 자유로운 즐거움이었다.

몇 사람이 동시에 허리띠를 풀고 양말을 벗는 소리가 부스럭부스럭 났다.

"빨리 자서 꿈을 꾸자." 이렇게 말하는 자도 있었다.

"유치장 꿈 말이야? 참을 수 없어."

"제기랄."

상대가 킬킬 웃었다. 숙소에 도착한 수학여행 온 학생들처럼 한차례 술렁였다. 순사가 때때로, "쉿", "쉿" 하고 말했다.

몇십 명분의 때가 들러붙은 오징어 같은 이부자리 깃이 싸늘하리만큼 기분 나쁘게 얼굴에 닿았다.

"아—, 극락이다." 깃에 입이 눌린 퍼석퍼석한 목소리였다.

"지옥의 극락."

뜻밖에도 떨어진 곳에서, "좋—은 꿈꾸고 싶다."는 소리가 들렸다.

"자라, 자."

"여자라도 안은 셈치고 말인가?"

"이런 데서 그런 말을 하다니"
"아, 안고 싶다."
"바보 같으니라고. 누구야?"
"뭐가 바보라는 거야……."
"자라고, 자."

그런 말이 때때로 간격을 두고 이쪽저쪽에서 들리다가 점차 뜸해졌다. 20분 정도 지나자 생각난 듯이 잠꼬대 같은 말이 나올 정도가 되었다.―그리고 조용해졌다.

연무장 밖은 쓸쓸하고 어두운 곳이 많은 거리였다. 그래서 지나가는 사람들이 별로 없었지만 때때로 나막신이 몹시 추운 눈길을 또각또각 울리며 지나가는 것이 이번에는 귀에 들러붙듯 또렷이 들렸다. 경찰서 내에서 누군가가 멀리서 부르는 소리가 그보다 훨씬 먼 곳에서인 양 들려왔다.

"잠들었어?"

류키치가 잠들지 못하고 함께 자고 있는 사이토에게 살짝 말을 걸어 봤다. 사이토는 움직이지 않았다. 잠들어 있었다. 벌써 잠이 들었구나 생각하고 있자니, 이것이 너무나도 사이토다웠기 때문에 그는 혼자서 흐뭇해졌다. 류키치는 욱신욱신 (그렇게 심하지는 않았지만) 저 밑바닥에서부터 통증이 느껴지는 배를 한 손으로 주무르듯이 누르면서 여러 생각을 했다. ……

"어이, 어이."―누구야?, 라고 생각했다. 지금 이런 까다로운 페이지를 읽고 있는데, 하는 생각이 들자 불끈불끈 화가 치밀었다. "어이, 어이." 어깨를 꽉 움켜쥐었다. 제기랄! 돌아보려고 류키치는 눈을 떴다. 매우 졸렸다. 그 순간, 장면이 겹친 사진처럼 꿈과 현실의 경계를 짓기 위해 그는 잠시 눈을 크게 떴다. 그렇다, 바로 눈앞에 수염투성이 순사의 지저분하고 커다란 얼굴이 있었다.

"어이, 어이. 일어나. 취조다."

깜짝 놀라 류키치는 자신도 모르게 몸을 절반쯤 일으켰다.

잠결에 멍해 있는 사람을 끌고 가는 것이 항상 그들이 하는 수법이다. 절그럭절그럭 조용한 사방에 불길한 쇳소리를 내며 류키치는 순사의 뒤를 따라 나왔다.

30분 정도 지났다. 무서울 정도로 완전히 얼굴에 핏기가 가신 구도가 순사에게 이끌려 돌아왔다. 그런데 연무장에 놓여 있던 짐을 꾸리고는 곧 순사에게 재촉을 받으며 나갔다. 그는 그때 뭔가 말하려는 듯이 모두 자고 있는 곳을 둘러봤다. 그러나 몸을 돌려 땅딸막한 뒷모습을 보이며 나갔다.—철커덕 하고 열쇠가 잠겼다. 두 사람의 보조가 맞지 않은 발소리가 복도에 오랫동안 들려왔다.

뒤척이며 잠자는 소리, 탄식, 발음을 알아들을 수 없는 잠꼬대 등이 수렁에서 나오는 메탄가스처럼 부글부글 올라왔다.

8

　경찰은 일주일 사이에 노동운동가, 노동자, 관련 인텔리를 200명이나 마구잡이로 돼지처럼 몰아넣었다. 사식을 넣어 주러 온, 전혀 운동과는 무관한 동생을 잡아넣어 '두들겨 패고는' 일주일이나 돌려보내지 않았다. 그러나 이런 일은 에피소드의 100분의 1에 지나지 않는다.

　취조가 시작되었다.
　와타리에 대해서는 이 공산당 사건이 없었어도 경찰에서는 '억지를 써서라도' 해치우지 않으면 안 된다고 생각했다. 합법적인 당, 조합의 운동에 쐐기처럼 무리하게 쑤시고 들어가서 와타리를 속아 내려고 했다. 평소에도 벼르고 있었다. 그런 와중에 그는 문자 그대로 표범처럼 분주히 돌아다녔다. 그러다가 붙잡힌 것이어서 "이 녀석, 반 죽여 줄 테다." 하고 기뻐했다.

와타리는 취조를 받아도 한마디도 입을 열지 않았다. "자, 마음대로 하시오."라고 했다.

"무슨 뜻이냐?" 사법주임과 특고特高*가 점차 당황하기 시작했다.

"무슨 뜻이든 간에."

"고문할 테다."

"하는 수 없지."

"아마노야**라도 되는 양 굴다가 나중에 파랗게 질리지나 마."

"당신들도 의외로 사람을 잘 못 보는군. 내가 고문을 당한다고 해서 어떻다느니 반쯤 죽인다면 어떻다느니 그런 거에 휘둘릴 남자인지 아닌지 정도는 벌써 알고 있어야 하는 것 아니야?"

그들은 '정말'로 당황했다. '와타리라면' 정말 그럴 수도 있다는 생각에 내심 걱정이 되었다. 왜인가? 그들이 만약 이 공산당의 '원흉'으로부터 한마디도 '조서'를 얻어 내지 못한다면, (하지만 여하튼 원흉이므로 죽일 수는 없지만) 역으로 자신들의 '목이 달아날' 위험이 있었다.─무엇보다 그것이 문제였다.

와타리를 발가벗기더니 갑자기 말도 하지 않고 뒤에서 죽도로 후려 갈겼다. 있는 힘껏 내려치니 죽도가 휘이, 휘이 소리를 내며 그때마다

---

* '특별고등경찰'의 준말. 일본의 옛 제도에서 정치·사상 관계를 다루던 경찰.
** 에도 시대 오사카의 협객 상인으로, 본명은 아마노야 리헤에(天野屋利兵衛, 1661~1733). 아코 로시(赤穗浪士)에게 무기를 조달하다가 적발되어 고문을 당했으나 일이 성사될 때까지 자백하지 않고 견뎠다.

끝부분이 찰싹 감기면서 반동으로 튀어 올랐다. 그는 응, 응 하며 몸에 힘을 주면서 견뎌 냈다. 그것이 30분이나 계속되었을 때, 그는 그만 바닥에 쓰러져 마치 불에 구운 오징어처럼 뒤틀려 있었다. 마지막 일격(?)이 억! 하고 가해졌다. 그는 독을 먹은 개처럼 손발이 경직되어 벌렁 나자빠졌다. 부들부들 경련이 일어났다. 그러고는 곧바로 그는 정신을 잃었다.

그러나 와타리는 오랜 동안의 고문 경험에서 마치 차력사가 아무렇지도 않게 자신의 팔에 바늘을 찔러 넣거나 달군 부젓가락을 손으로 잡는 것과 같은 일을 터득했다. 그래서 고문이다! 할 때 그 긴장―그것은 모르는 사이에 저절로 알게 된 것인지도 모른다―이 찾아오면 비교적 견뎌 낼 만했다.

여기서는 이시카와 고에몬***이나 아마노야 리헤에가 받은 잔학한 고문이 수백 년 전의 옛날이야기가 결코 아니었다. 그것은 현실이었다. 그러나 물론 이런 것은 있다.―형법 135조 '피고인을 공손하고 친절하게 대하고 그 이익이 될 만한 사실을 진술할 기회를 주어야 한다.'(!!)

물을 끼얹자 숨을 다시 쉬었다. 이번에는 꾀어내는 듯한 전술로 말을 걸어 왔다.

"아무리 고문을 당해도 너희들만 배고플 뿐이야.―절대로 아무 말

*** 아즈치모모야마(安土桃山) 시대의 유명한 도적 두목. 생몰년 미상이나 1594년 잡혀서 죽었다. 한국에도 잘 알려진 몽키 펀치(モンキー・パンチ)의 만화 및 애니메이션 『루팡 3세』는 그의 13대손이라는 설정이다.

도 하지 않을 테니까."

"우리는 벌써 너희들에 대해 알고 있어. 말하면 그만큼 가벼워진다니까."

"알고 있으면 그걸로 된 것 아니오. 내 죄까지 걱정해 주지 않아도 돼."

"와타리 군, 그럼 곤란해."

"나도 그래.―나는 고문에는 면역이 되어 있으니까."

뒤에 서너 명의 고문 기술자들(!)이 서 있었다.

"이 새끼가!" 그중 하나가 와타리 뒤에서 팔을 비틀고 목을 졸랐다. "이 새끼 하나 때문에 오타루가 시끄러워 견딜 수 없단 말이야."

그래서 와타리는 또 한 번 정신을 잃었다.

와타리는 경찰서에 올 때마다, 항상 이런 자들을 '순경 아저씨'라고 부르며 동네에서는 사람들의 '안녕'과 '행복', '정의'를 지켜 주는 훌륭한 사람처럼 여기고 있는 것을 생각하곤 쓴웃음을 지었다. 부르주아적 교육법의 근본은―그 방법론은 '착각법'이다. 안과 밖을 교묘하게 바꿔치기해서 보급하는 데에는 그야말로 감동적일 정도로 능숙하기도 했고 실수도 없었다.

"어이, 이봐. 아무리 네놈이 고문이 면역이 되었다고 버텨도, 도쿄에서 지시가 내려왔는데 만약 여차하면 때려 죽여도 상관없대."

"그것 참 좋은 이야기로군. 그래. 죽일 테면 죽여 봐. 그걸로 무산계급운동이 없어지기라도 하는 거라면 나도 생각해 보겠지만, 웬걸 천만에 연달아 계속될 거요. 난 죽는 건 전혀 개의치 않으니까."

그리고 나서 와타리는 발가벗겨져 발부리가 마룻바닥과 2, 3치 정도 떨어지게 거꾸로 매달렸다.

"어이, 적당히 좀 하면 어때?"

밑에서 유도 3단인 순사가 공중에 매달려 있는 와타리의 발을 자신의 손등으로 툭툭 건드렸다.

"이 정도로 되겠어?"

"바보 같군. 이번에는 새로운 거야."

"뭐든 상관없어."

"우훗"

그러나 와타리는 이번 것에는 꽤 충격을 받았다. 다다미 가게에서 쓰는 굵은 바늘을 몸에 꽂는 방법이다. 한 번 찌를 때마다 강력한 전기에 감전된 듯이 순간 몸이 구두점처럼 조그맣게 줄어드는 것 같았다. 그는 매달려 있는 몸을 비틀고 또 비틀며 어금니를 꽉 깨물고는 큰 소리로 절규했다.

"죽여, 죽여―어, 죽여―어!!"

그것은 죽도, 손바닥, 철봉, 가는 줄로 얻어맞는 것보다 더 많이 힘들었다.

와타리는 고문당하고 있을 때야말로 비로소 이치를 따질 것도 없이 자본가에 대한 적개심과 증오심, 반항심이 불같이 일었다. 고문이야말로 무산계급이 자본가에게 받는 압박, 착취가 생생하게 표현된 것이라 생각했다. 와타리는 자신의 '투지'에 이상하게 자신감이 없어져서 약해지기 시작한다 싶으면 언제나 고문을 생각했다. 부당하게 검거당해 걸을 때에 현기증이 날 정도로 고문당하고 돌아오면, 와타리는 스스로 느낄 수 있을 만큼 '신선한' 계급적 증오가 마구마구 용솟음치는 것을 깨달았다. 이러한 감정은 특히 와타리를 비롯한, 마르크스나 레닌의 이론을 공부하고 '정의로운' 마음에서 운동에 뛰어든 인텔리나 학생이 꿈에도 가져볼 수 없는 것이라 생각했다. "벼룩이 튀는 것처럼 진정한 증오가 이론에서 치솟을 수 있을까?" 와타리와 류키치는 이 문제로 언제나 큰 논쟁을 벌였다.

바늘을 한 뜸 뜰 적마다 와타리의 몸은 튀어 올랐다.

"엣, 어째서 신경 따위가 있는 거야."

와타리는 이를 꽉 문 채 풀썩 자신의 머리가 앞으로 꺾인 것을 의식 어딘가에서 깨달았다.

"기억해 둬!" 그것이 마지막 말이었다. 와타리는 세 번 죽었다.

세 번째로 의식이 돌아왔다. 와타리는 몸이 종잇장처럼 불안정해졌다. 그리고 의식 위에 단지 가죽이 한 꺼풀 덮여 있는 것처럼 그저 멍한 느낌이었다. 이런 상황에 이르자 이제는 '아무래도 좋다'는 식이 되었다. 이런 식으로 변화된 의식은 신체적 타격에 대해 마취제 같은 효과를 주기 때문이었다.

사법주임이 경찰서에서 만든 공산당의 계보를 꺼내, "그러니까 이렇게 된 거지?"라고 하면서 그의 표정을 읽으려고 했다.

"오, 제법이군. 과연—." 술에 취한 듯이 말했다.
"어이, 그렇게 감동하고 있으면 곤란해."
담당은 이미 엄청나게 애를 먹고 있었다.
결국 경관들은 마구잡이로 두들겨 패거나 아래쪽에 쇠를 박은 구둣발로 차기도 했다. 이를 한 시간이나 계속했다. 와타리의 몸은 감자 자루처럼 제멋대로 뒹굴었다. 그의 얼굴은 '오이와'가 되었다. 그렇게 세 시간 연속된 고문이 끝나고 와타리는 감방 안으로 돼지 내장처럼 내던져졌다. 그는 다음 날 아침까지 그대로 움직이지 못하고 신음 소리만 냈다.

이어서 구도가 취조를 받았다.
구도는 비교적 순순히 취조에 응했다. 이런 일에는 객기를 부리지 않았다. 여러 가지 그때그때 방법을 구사하며 잘 적응하도록 자신을 조절할 수 있었다.
구도에 대한 고문은 대체로 와타리에게 한 것과 같았다. 다만 그가 갑자기 펄쩍 뛰어오른 것은 그를 맨발로 세워 놓고 뒤에서 구둣발로 힘껏 뒤꿈치를 걷어찼기 때문이다. 그 충격은 머리끝까지 벼락이 치는 것처럼 울렸다. 그는 취조실을 두 번 세 번 빙글빙글 뛰어다녔다. 발목 아래는 뻣뻣해질 정도로 저려 왔다. 발꿈치에서 흘러내린 피가 방 전체에 원을 그렸다. 구도는 쇳소리(그의 목소리는 항상 그랬다.)를 내면서 망아지처럼 펄쩍펄쩍 뛰어다녔다. 결국 비슬비슬 주저앉고 말았다.

이것이 끝나자 양손 손바닥을 위로 향해 테이블 위에 올려놓고는 연필로 그것을 힘껏 찍어 댔다. 그리고 자주 했던 것처럼 손가락 사이에 연필을 끼우고 꽉 비트는 것이었다.—이런 것들을 계속해서 하면, 번갈아 오는 강렬한 자극으로 신경이 극도로 피로해져서 일시적인 '치매 상태'(!)가 되어 버린다. 용수철이 늘어져 탄력을 잃듯 멍하게 '아무래도 좋다'는 기분이 되어 버리고 만다. 이런 상태를 틈타서 경찰은 적당히 꿰어 맞춘 자백을 받아 내는 식이었다.

그 바로 직후에 취조를 받은 스즈모토의 경우도 같은 수법이었다. 그는 어떤 면에서 보면 더욱 위험한 고문을 받았다. 그는 얻어맞거나 발로 채이지 않았지만, 다만 여덟 번이나(여덟 번이나!) 계속해서 질식시키는 고문을 당했다. 처음부터 끝까지 경찰 소속 의사가(!) 그의 손목을 잡고 진맥을 했다. 목을 졸라 기절시킨다. 곧바로 숨이 돌아오게 한 후 1분도 채 되지 않아서 다시 질식시키고, 숨이 돌아오게 한 후 또⋯⋯. 그것을 여덟 번 반복했다. 여덟 번째에 스즈모토는 완전히 술 취한 사람처럼 흐늘흐늘한 상태가 되었다. 그는 자신의 머리가 있는 것인지 없는 것인지 완전히 마비되어 알 수 없었다. 다만 사법주임도 특고도 고문계의 순사도, 방도 기구도, 표현주의 회화처럼 해체되었다가 구성되어 눈에 비쳤다. 그런 몽롱한 의식 상태로 마치 어른에게 어깨를 붙들려 흔들리는 아이처럼 계속 취조를 당했다. 스즈모토는 이건 위험하다고 생각했다. 하지만 자신이 취조에 어떻게 하나하나 대답하고 있는지, 스스로도 알지 못했다.

사타가 들어간 유치장에는 여러 이유로 끌려온 네다섯 명이 있었다. 그것은 유치장 복도 가장 끝부분에 있었고 취조실은 거기서 조금 떨어져 비스듬한 방향으로 앞에 있었다.

그는 경찰에 끌려왔을 때, 자신들은 위대한 역사적 사명을 진정 용감하게 수행하려고 했기 때문에 이렇게 된 것이라고 거듭 반복해서 생각하며 스스로를 납득시키려 했다. 그러나 그의 기분은 이와는 완전히 반대로 마음속에서부터 약해지고 말았다. 그리고 유치장에 들어왔을 때, 그는 자신의 일생이 돌이킬 수 없을 만큼 암울해졌다고 생각했다. 낭떠러지로 돌진해 가는 자동차를 이제 어떻게도 운전할 수 없어 앗, 하고 생각하며 손으로 얼굴을 감싸는 그러한 순간과 비슷한 기분을 느꼈다. 그러한 거의 절대적인 기분 앞에서는 그가 지금까지 읽은 레닌도 마르크스도 없었다. '돌이킬 수 없다. 돌이킬 수 없어.' 이런 생각만이 고부마키*처럼 그의 전부를 몇 겹이나 에워싸고 말았다.

더욱이 이 쓰레기통 속 같은 유치장은 그의 절망적인 기분을 제곱, 세제곱으로 암울하게 했다. 방은 낮이나 밤이나 구별 없이 시종 어두컴컴하고 왠지 눅눅해 걸레조각 같은 다다미가 중앙에 두 장 깔려 있었다. 이것을 들어 올리면 그 아래에서 구더기나 벌레, 썩어 후끈해진 쓰레기 등이 우글우글 나올 것 같았다. 공기가 움직이지 않고 후끈거리며 변소 냄새가 났다. 숨을 쉬었다가는 찌꺼기라도 남을 것처럼 가

---

* 주로 설날 먹는 음식으로 다시마를 여러 겹으로 싸서 만든다.

숨이 메슥거리고 썩은 도랑물 같은 공기였다.

　그는 은행에 근무하는 관계로 항상 마음속에서부터이긴 했지만 진정으로 혁명적인 이론을 붙들고 모두와 똑같이 실천에 참가하고 있었는데, 여러 가지 환경과 생활면에서 말하자면 낮은 생활수준에 있는 노동자와는 역시 다를 수밖에 없었다. 평소에는 그것을 모르고 있었다. 물론 그 자신만 노력하면 거기서 오는 문제는 조금도 운동에 방해가 되지 않았다.—유치장의 공기가 이틀도 지나기 전에 품위 있는 그의 신체에 배어들어 역겹게 확 밀려왔다. 그는 때때로 가슴이 아파 웩웩거렸다. 그러나 토하지도 않았다.—집에 있으면 매일 아침 가는 변소에도 가지 않았다. 변변치 않은 음식과 운동 부족이 곧 몸에 이상을 가져왔다. 나흘째 아침 무리하게 변소에 갔다. 그러나 30분이나 힘껏 버텼지만 바짝 마른 쥐꼬리만 한 똥이 딱 세 덩이밖에 나오지 않았다.

　유치장 안에서는 그 혼자 오도카니 섬처럼 떨어져 있었다. 그는 아무리 생각해도 그들이 이런 곳에 들어와서 자유롭고 속 편하게 (그렇게 보였다.) 서로 여러 가지 일을 이야기하는 것을 이해할 수 없었다. 그렇다고 해서 아무것도 하지 않고 가만히 꾹 참고 있는 것도 곧 괴로워졌다. 이윽고 그는 일어나서 방 안을 아무 생각 없이 걸어 다녔다. 하지만 갑자기 판자벽에 다가가서는 그대로 한참을 생각에 빠지고 말았다. 자신보다는 틀림없이 더 슬퍼하고 있을 어머니를 생각했다. 어머니가 말한 '소박하지만 행복한 생활'을 누리고 있지 않았던가, 그런데 그것을 나 자신이 스스로 짓밟았다. 그리고 앞으로의 긴 생애, 자신은 감옥에서 싸워야 한다! 그 사이를 얼마나 쉼 없이 푹 고꾸라지고 휘청휘청 비틀거리고 어둡게 살아가야만 하는 것일까. 그에게 있을 앞으로 자신의 일생이 생생하게 비춰 보였다. 불필요한 '참견'을 나는 하고 말았다, 이런 생각조차 들었다. 그리고 그는 물을 가득 머금은 해면동물처럼 마음속에서 감상에 빠져 있었다.

30년간 '좀도둑'을 해 왔다는 눈이 날카로운 예순에 가까운 남자가, "쯧쯧, 여긴 너 같은 사람이 올 데가 아닌데." 하고 그에게 말했다.

사타는 그 말에 자신도 모르게 가슴이 뭉클하고 뜨거워지며 자칫 울음이 나올 뻔했다. 게다가 그는 이러한 기분을 억누르는 것이 아니라 오히려 한쪽에서 홀짝홀짝 울며 어리광부리는 면조차 있었다. 그렇지 않으면 견딜 수 없었다.

처음으로—그것도 갑자기 닥친 이번 일은 그에게 너무 강한 충격이었다. 그러나 시간이 지나 조금 익숙해지자 사타는 그런 생각에서 조금씩 빠져나올 수 있었다. 약간의 희생도 없이 자신들의 운동이 가능할 리가 없었다. 아무것도 하지 않고 한달음에 곧(분명 다른 누군가가 달성해 준) 혁명을 성취해 버린 세계만을 생각하며 흥분하고 있는 자에게는 이런 경험이야말로 좋은 교훈이다.—사타는 스스로 거기까지 생각할 수 있는 여유를 회복했다. 남의 일이다, 쓸데없는 참견만 하지 않으면 자신들은 소박하게 살 수 있다는 중간계급의 의식이 언제나 밖으로 튀어나온다. 노동자가 이 운동을 하는 것은 스스로의 현실적 고통 때문이며 따라서 그것은 다른 누군가를 위한 일이 아니라 스스로를 위한 일이다. 그런데 사타 같은 사람들은 언제나 '다른 사람을 위해'라는 생각이 조금만 방심하면 사슬을 끊고 달아나려는 개와 같이 곧바로 고개를 쳐들었다.—늘 전부터 경계해 오던 생각에 빠질 위험에 처해 있다는 것을 알고 사타는 그 수치스런 자신의 모습에 놀랐다.

하지만 사타는 그러한 생각에 익숙하지 않았다. 매일같이—또 하루 중에도 그 반대의 생각이 번갈아 가며 일어났다. 그는 그때마다 우울해지기도 하고 쾌활해지기도 했다. 무섭고 오랜 시간 동안, 그것도 아무 하는 일 없이 좁은 방에 갇혀 있어야 하는 그에게는 이런 것 외에는 달리 생각할 것이 없었다.

저녁 12시가 지난 무렵일까. 사타는 옆에서 자고 있던 '불량소년'이 몸을 치대는 바람에 잠을 깼다.

"이봐, …… 이봐, 안 들리나?" 어둠 속에서 이상하리만치 소리를 낮춘 목소리가 그의 바로 옆에서 들렸다.

사타는 처음에는 무슨 일인지 몰랐다.

"가만히 있어."

두 사람은 숨을 잠시 멈췄다. 전신이 귀에만 집중되었다. 심야인 듯 지잉, 지잉, 지잉 하고 귀가 울리는 소리가 들렸다. 사타는 점차 졸음에서 멀어졌다.

"들리지?"

멀리서 검술을 하고 있는 듯한 죽도 소리(분명 죽도 소리였다.)가 그의 귀에 들어왔다. 그뿐만이 아니라 그 사이사이에 육성 같은 소리도 섞여 들렸다. 그러나 확실히는 알 수 없었다.

"거봐, 들리지? ……들리지, 맞지?" 그 소리가 높아질 때마다 불량소년이 이렇게 주의를 줬다.

"뭘까요?" 사타도 소리를 낮추어 그에게 물었다.

"고문이야."

"……!?" 갑자기 목구멍으로 철봉이 들어간 것 같았다.

"더 잘 들어봐. 어때? 거봐, 들리지? 저건 당하는 놈이 쥐어짜는 소리야. 맞지?"

사타는 그것이 뭐라고 말하는 것인지 알 수 없었지만, 한 번 들으면 마음에 그대로 파고들어 분명 평생 잊을 수 없는 기분 나쁜 비통한 절규였다. 가만히 그것에 귀를 기울이고 있으니, 밤중에 으스스한 경종 소리를 들으며 화재를 보고 있는 때처럼 몸이 떨려 왔다. 아무리 해도 이가 떨려 가만히 입을 다물 수 없었다. 그는 자기도 모르는 사이에 깔아 놓은 이부자리 한쪽 끝을 한 손으로 꼭 쥐었다.

"알겠어, 알겠다고! 그래, 죽여—어, 죽여—엇, 하고 말하는 것 같아."

"죽여—어, 라고?"

"응, 잘 들어 봐."

두 사람은 또 가만히 숨을 죽였다. 비명 소리는 멀리서 바이올린의 가장 높은 음처럼 가늘고 날카롭게 바늘 끝같이 두 사람의 고막을 울렸다. 죽여―어, 죽여―엇! 그래, 분명히 그렇게 말하고 있어.

"그렇지, 안 그래?"

"……"

사타는 귀를 양손으로 덮고 땀 냄새 나는 끈적끈적한 이불에 얼굴을 파묻고 말았다. 그러나 그의 귀는, 그리고 그의 머릿속은 그 소리를 아직 듣고 있었다. 잠시 후에 소리가 멈췄다. 취조실 문이 열리는 소리가 들렸다. 두 사람은 작은 창문에 얼굴을 갖다 대고 복도를 봤다. 한쪽에서 질질 끌려오는 뒤섞인 발소리가 들리고 두 사람이 앞쪽으로 오는 것이 보였다. 어슴푸레한 전등으로는 그것이 누군지 알 수 없었다. 응, 응, 응 하는 소리와, 그것을 누르는 낮지만 강한 숨소리가 쥐 죽은 듯 조용한 복도에 들려왔다. 그들 앞을 통과할 때 순사가,

"네놈은 고집이 좀 세구나."

그렇게 말하는 것이 들렸다.

사타는 그날 밤 결국 잠들지 못하고, 욱신욱신 아픈 머리로 일어났다.

그는 '고문' 그것을 생각하자, 생각을 한 것만으로도 등의 근육이 경련을 일으킬 것처럼 아팠다. 무릎이 저절로 덜덜거리고 푹 주저앉을 것만 같았다. 금세 목이 말라 견딜 수 없었다.

그리고 이틀 정도 지났다. 서서 망을 보는 순사가 사타를 깨웠다. 왔구나! 하고 생각했다. 일어나기는 일어났다. 그러나 그의 몸은 통나

무처럼 자신의 의지로는 움직이지 않았다. 그는 순사에게 뭔가 말하려고 했다. 그러나 그의 턱이 축 처져서 자신도 모르게, "아후와, 아후와, 아후와······." 하며 갓난아이가 내는 듯한 소리가 나왔다.

순사는 잘 모르겠다는 얼굴로 지금까지 후우후우 뿜어내고 있던 담배 연기를 멈추고, "무슨 일이야?"라고 물었다.

류키치의 취조는—그는 학교에 근무하던 시절 세 번 정도 검거된 적이 있었다. 그것이 처음이었다. 그렇지만 그때는 그가 보기에는 이쪽이 오히려 황송해 할 정도였다. '너'라든가 '새끼' 같은 말도 하지 않았다. '당신'이었다. 게다가 그들이 류키치에게서 오히려 여러 가지 것을 배우는, 그런 태도조차 보였다. 그러나 그랬던 것이 류키치가 학교를 나오고 운동의 '표면'으로 나오게 되면서부터 점차 변해 갔다. '새끼'와 '너'를 마구 섞기도 하고 또 노골적으로 지금까지와는 태도를 바꾸었다. 그러나 그래도 인텔리인 그에게는 와타리나 스즈모토, 구도 등에게 대하는 것과는 달리 훨씬 정중했다. 이런 것을 보며 류키치는 쓴웃음을 지었다. 와타리는 "오가와 씨는요, 경찰서에서 한 번 흠씬 얻어맞으면 훨씬 더 유망해질 텐데요."라고 말한 적이 있었다. 와타리는 이런 말에는 언제나 직설적이었다.

"자네보다 감수성이 예민하니 결국 마찬가지야."

류키치는 지금까지 그저 작은 협박 정도로 뺨을 맞았을 뿐이었다. 하지만 이번 사건에서는 와타리 등과 거의 마찬가지로 경찰에서 주시

하고 있었다. 그것이 '무섭게' 그에게 닥쳐왔다.

취조실 천장을 가로지르는 들보에 도르래가 붙어 있고 그 양쪽에 로프가 매달려 있었다. 류키치는 그 한쪽 끝에 두 발을 묶여서 거꾸로 들어올려졌다. 그러고는 '절구질'하듯이 바닥에 머리를 꽝꽝 찧었다. 그럴 때마다 봇물이 터지듯 피가 머리에서 폭포처럼 가득 넘치게 흐르는 느낌이었다. 그의 머리와 얼굴은 문자 그대로 불덩어리처럼 시뻘겋게 되었다. 눈은 새빨갛게 부풀어 올라 튀어나왔다.

"살려 줘!" 그가 소리쳤다.

그것이 끝나자 열탕에 손을 집어넣었다.

류키치는 경찰에서 심한 고문을 당한 결과 '살해된' 몇 명의 동지를 알고 있었다. 직접적으로는 자신의 주위에서 보았고, 신문이나 잡지를 통해서 보았다. 그들이 비참한 시체가 되어 인도될 때, 경찰에서는 어김없이 그들이 '자살'했다고 발표했다. '그럴 리가' 절대로 없다는 것을 알고 있어도, 그러나 그렇다고 해서 어디에 대고 하소연해야 한다는 말인가?―재판소? 외견은 어떨지 몰라도 그곳도 경찰과 완전히 한통속이 되어 있지 않은가. 그래서 경찰 내에서 무슨 일을 당하든, 아무것도 할 수 없었다. 이것 참 재미있지 않은가.

"이분이 이번의 주요 인물이야." 고문 기술자가 말했다. 그는 어질어질한 머리로 이런 이야기를 듣고 있었다.

다음으로 류키치는 입고 있는 옷이 벗겨졌다. 세 자루를 묶어 하나로 만든 채찍으로 후려쳤다. 몸 전체가 얼얼하게 오그라들었다. 그리고 그 끝이 반동으로 가슴 쪽 옷자락을 힘껏 걷어 올리고 들어와서 살을 파고들었다. 그것이 오히려 더 아팠다. 그의 신축성 있는 겨울 셔츠가 갈기갈기 자잘하게 찢겼다.―그가 거의 기진맥진한 상태에서 간신히 순사의 어깨에 절반은 기대고 비틀거리며 복도를 걸어 돌아갈 때 이렇게 생각했다. 한 번도 '고문'을 받아 본 적이 없었던 때에 이를 생각하고 무서워하며 그 참혹함에 마음속으로부터 비참해진 적이 있었는데, 실제로 당하고 보니 조금도 그렇지 않다는 것을 알았다. 자신이 마침내 그 당사자가 되어 그것이 지금 나에게 가해진다―이렇게 생각하자 이상한 '저항력?'이 사람 몸에 있다는 것을 알았다. 죽여 다오, 죽여 다오, 라고 말했다. 그러나 정말로 그 순간에는 참혹하다든가 괴롭다든가 그런 것은 조금도 생각나지 않았다. 말하자면 그것은 '극도로', 그래, 극도로 팽팽한 긴장감이었다. '좀처럼 죽지 않는다.' 이는 그야말로 사실이었다. 류키치는 그렇게 생각했다. 그러나 그가 깡패 부랑자나 거지 등이 들어가는 유치장에 집어넣어졌을 때―집어넣어졌다고 문득 의식했을 뿐, 그는 정신을 잃고 말았다.

다음 날 아침, 류키치는 심하게 열이 났다. 옆에 있던 나이 많은 순사가 이마를 젖은 수건으로 식혀 주었다. 시종 잠꼬대를 했다. 열은 하루 지나 나왔다. 깡패 부랑자가,

"너 이 새끼, 잠꼬대 굉장하더군."

류키치는 깜짝 놀라서 상대방이 말을 다 하기 전에, "뭐? 뭐라고 했는데?" 하고 급히 물었다. 그는 옆에서 치다꺼리를 하던 순사가 있을

때 터무니없는 말을 해 버린 것이 아닌가 하고 덜컥했다. 외국에서는 취조 시 헛소리를 하는 액체 주사를 놔 이로써 증언을 받아 낸다는 말도 안 되는 방법조차 행해지고 있다는 사실을, 류키치는 어떤 책에서 읽어 알고 있었다.

"그, 쉽사리 죽겠소?—잠시 후에 다시, 쉽사리 죽겠소? 하던데. 뭔지 모르겠지만 몇십 번이나 그 헛소리만 해 댔다니까."

류키치는 어깨에 힘을 실어 자신도 모르게 숨을 죽이고 있었는데, 안도의 한숨을 쉬고 갑자기 부자연스럽게 큰 소리로 웃기 시작했다. 하지만 "아파, 아파, 아파······." 하며, 웃음소리가 몸에 울려 자신도 모르게 소리쳤다.

연무장에서는 사이토가 고문 때문에 정신이 이상해지는 것 같다고 했다. 사이토가 취조를 받고 '정해진 순서대로' 고문이 시작되려고 하던 참에 갑자기 "왓!!" 하고 일어나 방 안을 손과 발, 몸뚱이를 마구 흔들며 "와—, 와—, 왓—!!" 하고 큰 소리로 외치면서 뛰기 시작했다. 순사들은 처음에 넋을 잃고 말뚝처럼 우두커니 서 있었다. 모두 이상하리만치 으스스한 기분이 들었다. 고문, 이것이 머리에 떠오른 순간, 확 핏기가 올라왔다. 미쳐 버린 것이다.—그렇게 생각하자 누구도 손을 대지 않았다.

"속임수다. 얼른 해!"

사법주임이 연필을 거꾸로 들고 조서 위에 바삐 써넣으며 낮고 냉랭

한 목소리로 말했다. 순사들은 서투른 무대의 병졸들처럼 날뛰는 말같이 미쳐 버린 사이토를 에워쌌다.—구타를 시작했다. 한 번 시작하고 나니 다들 다시 '고문 모드'로 돌아왔다. 누군가가 사이토의 얼굴 한가운데를 죽도로 가로질러 후려갈긴 것 같았다. 불꽃놀이라도 하듯이 '멋지게' 코피가 터져서 팍 튀었다. 그러던 중 옷 앞부분이 빨갛게 물들었다. 그는 와아—, 와아— 하고 (하지만 어딘가 공허해 보이는) 비명을 지르며 나가떨어졌다. 그의 얼굴이 시뻘겋게 되었다. 피로 물든 채로 얼굴을 들었다.

"이건 이제 안 되겠어." 사법주임이 "관둬, 관둬, 그 다음."이라고 했다.

그리고 뒤에 증거를 남기지 않으려고 순사는 피가 범벅이 된 옷을 벗겼다.

사이토는 그렇게 해서 열흘이나 취조를 받지 않았다. 그 사이 사흘 정도 연무장에 있다가 감방으로 옮겨졌다. 그런데 고문이 있고 나서 사이토는 지금까지보다는 눈에 띄게 건강해졌다. 그러나 그 건강함에 어딘지 보통이 아닌—자연스럽지 않은 부분이 있었다. 뭔가 이야기를 걸어 봐도 멍하니 있을 때가 많고, 드물게 조용히 있을 때에는 혼자서 중얼중얼 혼잣말을 했다.

많은 노동자가 연달아 작업장 옷차림 그대로 연행되어 왔다. 매일 계속해서 열흘이고 스무 날이고 대검거가 계속되었다. 비번 순사는 예외 없이 하루에 50전으로 사냥몰이에 동원되었다. 그리고 아침부터 한

밤중까지 몸이 파김치가 될 정도로 분주하게 뛰어다녔다. 순사는 과로 때문에 옆에서 감시하는 일을 맡으면 곧 앉아서 졸곤 했다. 그리고 또 자신들이 검거해 온 자들을 향해서조차 순사의 생활이 괴롭다는 것을 흘렸다. 그들에 의해 고문당하거나 또 그들이 얼마나 반동적인 사람인지 여러 기회에 확실히 알게 된 자들이 이런 순사에게 맡겨지는 것은 '의외'의 일이었다. 아니, 그렇다. 역시 '그 지점'에서는 일치하고 있는 것이다. 다만 그들은 여러 방법으로 눈이 가려지고 그 위에 최면술이 걸려 있는 것이다. 그럼 어떻게 하면 좋은가? 누가 도대체 이 눈가리개를 없애 주고 그들을 최면술에서 깨어나게 해 준다는 말인가?— 이들은 의외로 꼭 우리의 적이 아닐 수도 있어. 류키치도 다른 사람들과 마찬가지로 그렇게 생각했다.

종국에는 검거된 사람들 쪽에서 혹사당하고 있는 순사가 불쌍해서 보고 있을 수 없을 정도였다. 아무리 낡은 공장이라도 이렇게 심하게 '짜내지는' 않았다.

"이제 아무래도 좋으니까 아무튼 결정하면 될 거라고 생각하오." 머리숱이 적은 순사가 파란 가시 돋친 얼굴을 하고 류키치에게 말했다. "이봐, 당신, 생각해 보라구. 오늘로 아이 얼굴을 스무 날이나, 스무 날이라니까요, 못 본 지가. 농담이 아냐."

"아, 정말로 죄송하군요."

"비번에 나오면, 아니 끌려나오면 50전이야. 그건 낮과 밤 식사로 다 없어지고 결국 공짜로 일하고 있는 격이라니까.—실제로는 밥값으로도 부족한 거지. 누굴 바보로 알아."

"저기, 미토베 씨. (류키치는 이름을 알고 있었다.) 당신에게 이런 것을 말하는 것이 어떨까 망설였지만, 우리들이 하고 있는 일이 모두 바로 '그 지점'에서 나오는 것이라오."

미토베 순사는 갑자기 목소리를 죽였다. "그 지점이에요, 우리들도 당신들이 하고 있는 일이 어떤 일인지 정도는 사실은 잘 알고 있는데……."

류키치는 농담하듯이 "그 '있는데'는 필요 없는 데에."

"그래." 순사는 잠시 생각에 잠겨 가만히 있었다. "…… 어쨌든 우리도 겉보기와는 달리 비참한 생활이야. 그러니까, 당신은 선생 노릇도 했던 사람이니까 내 얘기해 드리지. (류키치는 쓴웃음을 지으며 고개를 끄덕여 보였다.) 어제 말이야, 아무래도 몸이 견디질 못하겠는 거야. 그래서 그냥 눈 딱 감고 자 버렸어. 그래서 딱 좋았는데 웬걸 또 검거 명령이야. 엄청 실망했지. 그래도 뭐 어쩌겠어. 넷이서 그냥 나갔지. 근데 도중에 파업하자는 얘기가 나왔다니깐."

"그래요?─순사들 파업." 그러나 순사가 의외로 진지한 얼굴로 말하는 것을 보고 그는 문득 농담을 하려던 마음이 싹 가셨다.

"파업이라면 그 방면에 선생들이 많이 있으니까 배우면 되지. 게다가 이번 사건은 전국적이라서 어디서나 바빠서 쩔쩔매는 판에 했다 하면 틀림없이 만만세지, 그런 거죠."

류키치는 그 이야기에 푹 빠져 매료되었다.

"그중에는, 그저 서장을 때려눕히고 두 팔다리 쭉 뻗고 한 번, 단 한 번이라도 좋으니까 실컷 잠이나 잤으면 좋겠다, 하는 사람이 있는가 하면, 서장 새끼가 저렇게 펄펄 뛰는 것은 이번 사건으로 시내의 대지주나 부자들로부터 특별히 응원금 조로 두둑이 받아 처먹었기 때문이라는 둥……."

류키치는 귀를 기울였다.

"대단하지. 다들 이제 질렸다 해서 일부러 천천히 걸어갔지. 그러고는 어딘가 가서 쉬었다 가자 그래서 가는 김에 H파출소에 들러서 잡담을 하고 왔지."

"그래서?"

"그것뿐이지, 뭘."

"……"

"비밀인데, 속을 갈라 보면 어느 순사든지 다 똑같애. 다만 그저 순사라고 해서 게다가 오랫동안 순사노릇 하다가 보니까 근성이 배어서 그러지 못할 뿐이지."

류키치는 분명 흥분해 있었다. 이런 일들이야말로 중대한 일이라고 생각했다. 그는 지금 처음으로 보는 것처럼 미토베 순사를 봤다. 밀감 상자를 세워 놓은 받침대 위에 복도 쪽을 향해 앉았다. 두텁고 폭이 넓은, 그러나 동그랗고 앞으로 기울어진 어깨를 하고 있는 순사에게 손을 꽉 잡아 주고 싶은 친밀함이 느껴졌다. 머리 비듬인지 먼지인지 구분이 안 되는 것이 눈에 띄는 견장을 찬 오래된 양복의 어깨를 두드리며, "어, 자네." 이렇게 말을 걸고 싶은 충동을 그는 두근두근 마음 가득 느꼈다.

9

 류키치가 연무장에서 격리되기 2, 3일 전의 일이었다. 그보다 4, 5일 전에 취조를 받고 격리된 감방 1호에 간 노동자로, 그가 조합에서 알고 지내던 기노시타라는 사람이 있었다. 밤 10시경에 기노시타가 순사와 함께 연무장으로 들어왔다. 그리고 둘이서 그가 그곳에 남겨 두고 간 소지품을 정리하기 시작했다. 류키치가 눈을 떴다.
 "어이." 류키치가 낮게 말을 걸었다.
 기노시타는 류키치 쪽을 보고 머리를 살짝 흔든 것 같았다.—"삿포로 돌리기다." 기노시타가 낮게 이렇게 말했다.
 류키치는 "응?" 하고 말했을 뿐 갑자기 뭔가에 심장이 꽉 쥐어진 듯했다. 삿포로 돌리기, 이것은 십중팔구 이제 체념해야 한다는 것을 의미했기 때문이었다.
 연무장을 나갈 때 머리를 길게 길렀던 것을 알고 있는 류키치는 그가 새파랗게 삭발을 하고 있다는 것을 알아챘다. "머리는?"

기노시타는 순간 어두운 얼굴을 했다.

"너무 부쩍부쩍 자라서 잘라 버렸어."

소지품이 정돈되자 순사가 기노시타를 재촉했다. 그러나 기노시타는 나가는 길에 뭔가 주저하는 듯이 순사에게 말했다. 그러자 순사가 류키치 곁으로 와서 귀찮다는 듯이 "기노시타가 담배 있으면 자네에게 받아 달라고 하는데."라고 말했다.

그렇다. 이제 생각났다.—조합에서도 기노시타는 담배만은 모두에게 한 대, 두 대 모아서 언제나 달콤한 듯이 피웠었다. 삿포로에 호송되는 기노시타를 위해 그나마 담배만이라도 선물할 수 있게 된 것을 류키치는 기뻐했다. 그것이 무엇보다 기뻤다. 그는 마치 당황한 사람처럼 자신의 소지품 쪽으로 달려가 서둘러 밧토 상자를 꺼냈다. 그런데 어찌 된 일인가. 한 갑 밖에 없었다. 게다가 이것이 가볍지 않은가. 재수 없을 때에는 없는 법이다. 세 개비! 단지 세 개비밖에 들어 있지 않았다.

"여보게, 세 대밖에 없네!"

"됐어, 됐어! 정말로 괜찮아! 고맙네, 고마워." 기노시타는 어린아이가 물건을 받을 때처럼 양손을 절반 겹치며 내밀었다.

"한 대로 충분해!"

옆에 서 있던 순사가 갑자기 두 대를 빼앗았다. 순간 두 사람은 모두 '아무 말'도 못하고 멍하니 있었다.

"담배 피우도록 해 주는 일도 과한 거야!"

뭐가 '과한 거야'냐! 류키치는 몸 깊은 곳에서부터 부들부들 떨려 흥분되었다. 그러나,

"부탁입니다. 고작 세 대입니다. 게다가 기노시타 군은 특히나 담배를……."

모두 잠자코 있었다. "누가 고작 세 대라고 하는 거냐."

기노시타는 돌처럼 굳은 표정을 하고 입을 다물고 있었다. 단 한 개비를 올려놨을 뿐인 그의 손바닥이 잘 알아채지 못할 정도로 떨렸다. ─두 사람이 나가고 나서, 기노시타의 심정을 생각한 류키치는 격한 감정으로 순사가 돌려준 담배를 산산조각 나게 쥐어뜯어 버렸다.

"에잇, 씨팔. 에잇, 씨팔. 좆같이! 씨팔! 씨이팔! 씨이팔!!"

사흘이 되고, 나흘이 되고, 열흘이 되었다. 그러나 이런 식으로 단순하게 셈할 수 없는 긴 세월─무한한 세월처럼 생각되었다. 와타리나 구도, 스즈모토 등은 그래도 이런 장소의 '지루함'에 조금은 익숙해 있었다. 그러나 다시 설령 마찬가지로 익숙해지지 않는다고 해도 류키치나 사타에 비교하면 두껍고 거친 신경을 가지고 있었기 때문에 보다 잘 견뎌 낼 수 있었다. 특히 사타는 비참하게 약해지고 말았다.

사타가 들어간 곳은 와타리가 있는 곳에서 그리 멀지 않았다. 밤이 되어 사타는 몸 둘 곳도 없고, 이야기도 하지 않고 안절부절 못하는 것에도 중독되어 반쯤은 '바보'가 된 듯이 방심해 있었다. 몇 개나 문으

로 가로막힌 건너편에서 낮게,

    밤이든 낮이―든
    감옥은 어두워
    언제나 귀신들이
    창으로 들여다본다.

노래하는 소리가 들렸다. 와타리가 노래하고 있는 것이다. 서서 보초를 서던 순사도 와타리에게는 이제 그다지 간섭하지 않는 듯했다.

    들여다봐도 그대로네,
    자유는 빼앗기고
    사슬은 풀리지 않으니.

가장 뒷부분의 '사슬은 풀리지 않으니'의 한 행에 와타리답게 깊은 힘을 실어 노래하고 있는 것을 알 수 있었다. 그 부분만 몇 번이나 어김없이 되풀이해 불렀다. 사타에게는 와타리의 기분이 직접 가슴에 와 닿는 느낌이었다.

사타에게는 그것이 언제까지나 기다려지는 즐거움이었다. 늘 해 질 무렵이었다. 사타는 여느 때라면 그런 노래는 그가 자주 경멸하며 하는 말인 '민중예술'로 치부해 버렸을 것이다. 그것이 확 달라졌다. 그러나 또한 노래가 아니라 하더라도 단지 밖에 걸어가는 사람의 달각달각 하는 소리, 눈길을 뽀드득뽀드득 밟는 소리, 그런 것에도 자주 들어 본 복잡한 하모니가 있다는 것을 처음으로 알았다. 어디서 들려오는지 알 수 없지만 나직나직한 이야기 소리에 신기하게도 음악적인 세심한 뉘앙스를 느끼기도 했다. 천장에 눈이 내려 희미하게 들리는 사각사각 소리에 한 시간이나 두 시간이나 빠져 듣고 있었다. 그러자 거기에 여러 가지 환상이 섞여 그의 마음을 지루함에서 구해 주었다. 그는 아무것도 필요하지 않았다. '소리'를 가지고 싶었다. 그의 마음이 조금이라도 아직 '생물'이라는 증거로서 느끼는 것이 있다고 한다면 그것은 '소리'에 대해서뿐이었다. 함께 있는 불량소년이 여자를 낚는 이야기나, 부랑자의 비참한 생활 등은 여느 때였다면 분명 사타의 흥미를 끌었을 것이다. 그러나 그것은 2, 3일 지나자 벌써 싫증 나 버렸다.

오타루의 명물 중의 하나로 '광고장이'가 있다. 시내 상점의 의뢰를 받으면 익살꾼처럼 꾸미고 네거리에 서서 우스꽝스러운 모습으로 그 광고 내용을 이야기한다. 거기에 북이나 피리를 추가한다.—그것을 한 번 유치장 밖 근처에서 한 적이 있었다. 딱따기가 얼어붙은 하늘에 금이라도 가게 할 것처럼 맑은 반향을 만든 뒤, 익살스러운 말투의 설명이 이어졌다.

이크!! 그건 문자 그대로 '이크!!'였다. 유치장 안에 있던 사람들은 모두 '성 빼앗기'라도 하는 것처럼 네모난 높은 곳에 붙어 있는 작은 창문을 향해 모여들었다. 늦게 온 자는 앞선 자의 등에 반동을 가해 뛰어올랐다. 그리고 그 뒤로도 같은 식으로 다른 자가 올라탔다.—'소리'는 사타만이 느끼는 것이 아니었던 것이다!

그는 밤에 몇 번이나 어머니 꿈을 꾸었다. 특히 어머니가 면회하러 온 날 저녁, 꾸벅꾸벅 자고 있을 때 어머니 꿈을 꾼 것이다. 또 잠들자 어머니 꿈을 꾸고…… 그것이 아침까지 몇 번이나 계속되었다.

"너, 말랐구나. 얼굴색이 좋지 않아."

면회 온 어머니가 그의 얼굴을 보고, 그저 본 것만으로도 숨이 막힐 것처럼 말했다.

"네가 빨리 나오게 해 달라고 부처님께 매일 빌고 있단다." 어머니가 주름투성이의 더러운 손수건을 꺼내어 얼굴을 감쌌다. 어머니의 '부처님'이라는 것은 죽은 아버지를 말하는 것이다. 깨끗한 것을 좋아하는 어머니가 이렇게 더러운 손수건을 들고 다니는 것을 보고 그는 가슴이 뭉클했다. 그러나 어머니는 여느 때처럼 잘 모르는 말들을 구구하게 늘어놓고 훌쩍거리며 울었다. 그는 밖을 바라보았다. 그 사이에 어머니는 그의 옷 목덜미 접힌 곳을 손으로 펴 주었다. 그는 딱딱하게 고개를 숙이고 꼼짝 않고 있었다. 어머니 냄새를 직접 얼굴에 느꼈다.

유치장으로 돌아와 어머니가 넣어 준 것을 끌러 보았다. 여러 가지 물건 속에, 보라색의 작고 각진 병에 담긴 안약이 섞여 있었다. 사타는 집에 있을 때 언제나 자기 전에 안약을 넣고 자는 습관이 있었다.

"역시 어머니군. 면회, 어머니가 온 거지?" 옆에서 보고 있던 불량소년이 이것을 보고 말참견을 했다. "나에게도 어머니는 있으니까요."

사타는 그러고 나서 4, 5일 후에 경찰서를 나왔다.

그는 자신도 알 수 없는 기분으로 밖으로 나왔다.—하지만 분명 그곳은 밖이었다. 눈이 내려 밝게 '빛나고' 있는 밖이 틀림없었다. 밖으로 나온 순간 현기증이 일었다. 아무튼 '밖'이다! ○○집이 있다. ××가게가 있다. ×××다리가 있다. 어느 것이나 모두 본 기억이 있다. 하늘, 그리고 전신주, 개! 개까지 정말로 있었다. 아이, 사람, '자유롭게' 걷고 있는 사람들, 무엇보다 자유롭게!

아, 드디어 이 세상으로 돌아왔다!

그는 그곳을 지나가는 사람에게 남자든 여자든 아이든 상관없이 말을 걸고 웃으며 뛰어다니고 싶은 충동을 느꼈다. 그리고 거기에는 조금의 과장도 들어 있지 않았다. 그는 자신의 가슴을 두근두근 흔들고 깊은 곳에서부터 나오는 기쁨을 어찌할 바를 몰랐다. "드디어, 드디어 나왔다!" 그는 자신도 모르게 울기 시작했다. 울기 시작하자 뒤따라 심장의 고동처럼 힘차게 눈물이 흘러넘쳤다. 그는 길을 걷고 있는 사람들이 멈춰 서서 자기 쪽을 수상쩍게 바라보는 것도 아랑곳하지 않고 소리를 내어 흐느껴 울었다. 그는 아무것도 생각하지 않았다. 자신 이외의 누구도, 아무것도! 그럴 여유가 없었다.

"드디어 나왔다! 드디어!!"

—사타가 나갔다는 사실이 한 사람에서 다른 한 사람으로, 각 감방에 있는 자들에게 전달되었다. 와타리는 이에 대하여 별다른 느낌도

일지 않았다. 특별히 좋아서 감방에 처넣어져 있을 필요는 없으니까 잘됐다고 생각했다. 그는 사타를 그다지 잘 몰랐다. 같은 운동을 하고 있어도 회사원―인텔리라는 사람들과는 역시 마음이 잘 통하지 않았다. 딱히 싫지는 않았다. 무관심하게 지냈다고 하는 편이 맞겠다.

그러나 구도는 류키치 등과 마찬가지로 이러한 인텔리가 계속해서 운동 안으로 들어와 자신들에게는 없는 여러 방면의 지식으로, 여차하면 경험 적은 자가 무턱대고 무모하게 덤벼 일을 그르치기 쉬운 자신들의 운동에 두께와 깊이를 더해 줘야 한다고 생각하고 있었다. 물론 사타 등에게는 그다운 결점이 있었지만 안에 있으면서 그때그때 그가 아니면 안 되는 역할에 도움이 되어 주면 충분했다. 특히 구도는 이 방면에는 아직 자신들이 많은 일을 해 가야만 한다고 생각하고 있었다.

* * *

취조는 관헌의 광기 어린 방법으로 여기에는 전부 쓸 수 없는(이것만으로도 책 한 권이 될지도 모른다.) 여러 가지 잔혹한 이야기를 만들어 내며 계속되었다. 그리고 '사실'이 확정된 자는 삿포로 재판소로 차례차례 호송되어 예심을 받았다.

호송되기 전에 각각의 취조를 담당한 사법주임이나 특고는 자신의 사재를 털어(?) 모두에게 덮밥이나 초밥 등을 주문해 먹을 수 있게 해 주었다. 그들은 함께 먹으면서 금세 접붙이기를 한 듯한 친밀함을 모두에게 보여 주었다.

"아무튼 말이야," —이야기가 나온 김에 가볍게 끼어들었다. "아무튼 여기에서 취조를 받을 때에 말한 대로 말만 하면 되는 거야. 이야기가 달라지면 결국 자네들은 불성실한 태도로 문제가 되어 불리해지거든……."

그리고 세상 이야기를 하면서 다시 아무렇지도 않은 듯이 같은 말을 반복했다.

"이렇게 밥을 사 주어도 괜찮은 거야?" 의미를 잘 알고 있는 와타리나 구도, 스즈모토가 놀렸다.

"알았어, 알았다고. 아무 말도 하지 않을게. 자네 말대로야." 반 농담처럼 몇 번이나 고개를 끄덕여 보였다.

처음에 사이토나 이시다는 이상한 얼굴을 하고 사 주는 밥을 먹었다. 이상하군, 그렇게 생각은 들었지만 이것이 특고나 주임의 '술수'라는 것을 몰랐다. 그들은 자신들 손으로 날조해 낸 조서가 예심에서 확 뒤집히는 일이 있으면 '목'이 위태롭게 되기도 하고, '신임'을 얻지 못해 승진이나 출세에 크게 관계가 있기 때문이었다. 이런 사정을 완전히 파악하고 있는 와타리 등은 역으로 이를 이용해 삿포로에 가는 도중에 옆에 따라온 특고에게 졸라 정류장에서 도시락이나 만두를 사 바치게 했다.

"쯧쯧, 너무 조르지 말게." 특고 쪽에서 이런 식으로 말을 꺼낼 정도였다.

4월 20일까지는 오타루 경찰서에 억류되어 있던 사람들 모두 삿포로에 호송되어 가게 되었다. 갑자기 경찰서 안이 텅 비었다. 벽의 낙서만이 사람이 없는 방에서 눈에 띄었다. 그들이 갇혀 있던 감방의 벽에는 함께 말을 맞춘 듯이 다음의 문구가 거의 똑같이 정성들여 새겨져 있었다.

3월 15일을 잊지 말자!*
공산당 만세!

3월 15일을 명기하라.
일본공산당 만세!

1928 · 3 · 15!
다나카 반동 내각을 죽여라!
공산당 만세
노동농민당 만세
만국의 노동자여 단결하라.
3월 15일을 기억하라.

* 이 'x월 x일을 잊지 말자!'라는 문구는 오타루에 있어서는 역사적인 의미를 갖고 있다. 니콜라이예프스크의 '잔혹!' 그때의 벽에 쓰인 혈서—5월 24일을 잊지 말자, 라는 문구가 깊게 모두의 머리에 각인되어 있기 때문이다.

3월 15일을 잊지 말자.

노동자와 농민의 정부를 만들자!

일본공산당 만세!

(1928. 8. 17.)

2부 작품과 관련된 글

1928년 3월 15일
1928년 3월 15일의 경험
구라하라 고레히토에게 보낸 편지
원작자의 한마디
머리의 파리를 쫓는다―짖는 무라오에게 대답한다―

1928년 3월 15일

처녀작이라는 것이 어떤 의미인지 잘 모르겠지만 그저 처음 쓴 것이라면, 대부분의 사람들은 열대여섯 살 때부터 무엇인가를 쓴다. 하지만, 어떤 때에 무엇인가를 쓰고, 그리고 '소위' 처음 인정받았던 작품이라는 의미라면—아무래도 그런 것 같지만—나의 처녀작은 『1928년 3월 15일―九二八年三月十五日』이 될 것이다.

이 작품은 몇 번 출판해도, 아무리 복자伏字*로 해서 낸다고 해도 이 나라에서는 발매 금지될 것이기 때문에 그다지 널리 읽혀지지 않는 것 같다.(우리는 하루빨리 단 한 글자의 복자도 없이 이런 책을 읽을 수 있는 날이 오도록 해야 한다.)

지금 처녀작을 썼을 때를 생각해 내라고 하는데, 나는 그 무렵의 일을 『동굿찬행東俱知安行』이라는 소설에 자세히 써 두었다. 나는 『1928

---

* 출판 인쇄물에서 내용을 밝히지 않으려고 일부러 비운 자리에 'ㅇ', 'ㄨ' 따위로 표를 찍음. 또는 그 부호.

년 3월 15일』에 대해서, 예술적 가치는 둘째치고 잊을 수 없는 의의를 가지고 있다. 그것은 단지 '나 자신'에 대해 쓰고 있다는 이유에서가 아니라, 당시(1927~1928년 무렵)의 일본 프롤레타리아 운동이 겪어 온 한 측면이 그 속에 그려져 있기 때문이다. 일본 최초의 보통선거를 계기로 노동자와 농민이 스스로의 활동무대에 등장했고, 그보다도 어느 나라에서나 운동의 초기에 가장 눈에 띄게 나타나듯이 일본에서도 급진적인 지식계급이 활발하게 합류했다. 이 작품은 바로 그러한 분위기를 언급하고 있는 것이다. 따라서 역시 이 작품은 나 자신에 관해 쓴 것이기는 하지만 나 자신을 통해 역사적인 사실을 보여 준다는 의미에서 개인적인 경험의 범위를 넘어서고 있다. 이 작품―『동굿찬행』―에 쓴 것처럼, 그 시절 나는 은행 근무가 끝나면 매일 조합으로 가서 선거일을 도왔다. 나에게는 거기서 운동하고 있는 여러 '타입'의 사람들―예를 들면, 모나지 않아서 모두에게 사랑 받고 있는 보스 타입의 위원장 미나모토 씨, 금속처럼 냉정한 조직부의 와타리, 열정가로 연설에 능한 쟁의부의 Y, 학교 출신이지만 완전히 조합 사람으로 변모한 Z, 헌팅캡을 쓰고 오는 오타루고등상업학교의 사회과학연구회 멤버, 시내의 젊은 신문기자 …… 공장에서 오는 사람, 항구에서 짐을 싣는 인부 한 사람 한 사람 …… 이들이 모두 완전히 새로운 '경이로움'을 지닌 채 다가왔다. 우리는 그러나 언제나, 개개의 경험에 대해 '경이'라는 말을 사용하지는 않았다.―'경이'라고 말할 수 있는 것은 처녀작 『1928년 3월 15일』 안에 나온다.

이 작품이 발표되었을 때, 많은 비평가들은 당시의 소위 목적의식적인 개념적 경향에 대해 '구체적으로 살아 있는 인간을 그린' 최초의 프롤레타리아적인 작품이라는 식으로 이야기했는데 이 역시 앞서 언급한 이유 때문이 아닐까 생각한다.

보통선거가 끝나자, 곧바로 '3·15' 탄압이 들어왔다. 지금까지 나에게 여러 의미에서 깊은 인상을 남긴 사람들이, 나의 손이 닿는 아주 가까운 측근에서부터 차례로 잡혀갔다. 나는 그것을 내 눈으로 직접 보았다. 그 충격의 강도를 말하자면, 나에게 그것은 보통 일이 아니었다. 눈에 파묻힌 인구 15만에 못 미치는 북쪽 지방의 작은 마을에서 200명에 가까운 노동자, 학생, 조합원이 경찰에 붙잡혀 갔다. 이 마을에서도 그것은 또한 보통 일은 아니었다.

게다가 경찰에서 그 동지들에게 가해지고 있는 반半식민지적인 고문이, 얼마나 잔인무도한 것인지 상세하게 하나하나 알고서 나는 끓어오르는 증오를 품게 되었다. 나는 그때 무엇인가 현시를 받은 것처럼 한 가지 의무감을 느꼈다. 이것이야말로 쓰지 않으면 안 된다. 반드시 써서 저들 앞에 내던져, 모든 대중의 분노를 이끌어 내겠다고 생각했다.

나는 근무를 하고 있었기 때문에 뭔가를 쓰려고 해도 별로 시간이 없었다. 언제나 종잇조각과 연필을 가지고 걸으면서, 아침에 일을 시작하기 전이나 일이 끝나고 모두 지배인 쪽에서 지배인을 추종하며 웃고 있을 때나 또 친구들을 기다리고 있을 시간 등을 이용해서 5행, 10

행을 써 나갔다. 그렇게 해 두고는 시간이 날 때에 정리해 모았다.―『1928년 3월 15일』은 6월 초부터 쓰기 시작해서, 7월 한 달 내내 걸린 것으로 기억한다. 매수는 120~130매였다. 나는 앞에 말한 것 같은 이유로 이 작품을 쓰기 위해 2시간을 계속해서 책상 앞에 앉았던 일은 없었던 것 같다. 뒤이어 쓴 『게잡이 공선蟹工船』의 경우에도 일하는 방법은 조금도 바뀌지 않았다.

이 작품의 후반이 되자 나는 한 글자 한 구절을 쓰기 위해 응, 응 소리를 내며 힘을 들였다. 그것은 경찰서 안의 장면이었다. 쓰기 시작해서 술술 써지면 나는 그 유례(!)없는 내용에 대해서 뭔가 수박 겉핥기로 지나가는 느낌이 들어서 거기서 붓을 놓기로 했다. (가사이 젠조葛西善藏*도 이와 비슷한 것을 말했던 것 같다.) 드디어 완성했을 때 나는 이 작품에는 난잡한 제목을 붙여서는 안 된다고 생각했다. 그래서 『1928년 3월 15일』로 이 제목이 결정되었을 때, 부끄럽지 않은 훌륭한 제목이라고 생각했다.―내가 모두 이런 식으로 '잘난 체하는' 표현을 하는 것에 대해서 불쾌하게 생각하는 사람이 있을 테지만, 당시에 나는 솔직히 말해서 거룩한 피를 흘리고 있는 동지들이 말하고 싶어도 말하지 못하는 분노를 단지 내가 대신해서 쓰고 있는 것에 불과하다, 따라서 비록 그것이 나 자신이라 하더라도 소홀히 대해서는 안 된다고 생각했기 때문이다. 지금도 그 당시의 그러한 기분을 나는 생생하

* 1887~1928. 일본 근대의 소설가. 사소설(私小說) 작가로 유명하다.

게 기억할 수가 있다.

『1928년 3월 15일』이 완성된 밤, 나는 혼자 집에 가만히 있을 수 없어서, 아무것도 모르는 친구들을 꾀어내어, 비프스테이크와 커피를 한턱냈다. 이러한 기분은 문장을 써 본 적이 없는 사람은 도저히 알 수가 없을 것이다. 이유를 말하지 않았기 때문에 친구들은 이상한 듯 겸연쩍은 얼굴을 하고 있었다. 잠시 후에 나는 소설을 완성했다고 말했다.

"좋은 제목이다, 게다가 큰 제목이다." 친구들은 제목을 듣고 이렇게 말했다.

나는 "좋은 소설이라고 말해."라고 했다. 그러자 친구들은 "읽어 보지도 않았는데 그건 무리지." 하고 웃었다.—나도 웃으면서

"이 소설은 일본의 『일주간―週間』이야." 하고 자신 있게 말했다.

이 무렵 일본에서 처음으로 리베진스키**의 『일주간』이 읽히고 있었다……

마지막으로—『1928년 3월 15일』하면 나는 곧바로 이 작품을 처음으로 인정해 준 구라하라 고레히토藏原惟人***를 생각한다.—나는 이 뛰

** 유리 니콜라예비치 리베진스키(Юрий Николаевич Либединский, 1898~1958). 소련의 작가. 1920년대 소련 프롤레타리아 문학 운동의 지도적 역할을 담당했다.

*** 1902~1991. 일본의 평론가. 소비에트에 건너가 레닌의 영향을 받고 귀국한 뒤 공산당에 입당해 이론투쟁을 했다. 1920년대 프롤레타리아 문학운동의 이론적 지도자였고, 1932년 치안유지법 위반으로 투옥되었으나 전향하지 않고 만기 출옥했다. 저술로는 『예술론』, 『문학론』 등이 있으며, 그의 주장은 고바야시 다키지를 비롯하여 『전기(戰旗)』파 작가들에게 커다란 영향을 주었다.

어난 지도자가 여전히 건강을 잃지 않으면서 '건투'를 계속해 주기를 바랄 뿐이다.

(1931. 7. 17.)

1928년 3월 15일의 경험

  한 소식에 따르면 독일에서도 최근 『1928년 3월 15일』이 두세 곳에서 금지되어 그것에 대한 항의문이 『로테 파네Die Rote Fahne』*에 실렸다고 한다.

  이것으로 보아 독일의 지배계급도 프롤레타리아가 그 계급적 증오로 인해 국제적으로 단단하게 결합되는 것을 두려워하고 있고, 동시에 부르주아·민주주의를 내세우고 있는 나라 역시 공산주의자에 대한 '백색테러'**를 자행하고 있다는 점에서는 '천하에서 으뜸가는' 우리 일본과 조금도 다르지 않다는 것을 알 수 있다.

---

* 독일 공산당의 전신인 스파르타쿠스단 및 독일공산당의 기관지. '붉은 깃발(赤旗)'이라는 뜻. 1918년 11월 9일 독일혁명의 날에 선두에 섰던 로자 룩셈부르크(Rosa Luxemburg, 1870~1919)와 칼 리프크네히트(Karl Liebknecht, 1871~1919) 등이 이끄는 급진사회주의 비합법조직인 스파르타쿠스의 기관지로 창간되어, 같은 해 12월 공산당이 결성되자 그 기관지가 되었다.

** 권력자나 지배 계급이 반정부 세력이나 혁명 운동에 대하여 행하는 탄압.

내가 이 작품을 쓰기 전에도 '3·15'에 관해 쓴 작품이 한두 개 있었던 것 같다.—「이른 봄에 부는 바람春さきの風」*,「오카요お加代」(?)** 등이 그것이다. 그러나 이 사건이 가진 중대한 의미와 그 강렬한 자극은 나로 하여금 단순히 그중에서 단편적인 사건 하나만을 가지고 에피소드적인 작품을 만들게 하지 않았다. 분명 실패하겠지만 그래도 나는 여러 각도에서 대상을 그려 내고 이를 종합해서 3·15 사건 그 자체를 쓰려고 생각했다.

게다가 이 시기 프롤레타리아 문학에서 다룬 인물들은, 하나같이 소위 목적의식을 도식화한 것 같은 개념적인 사람들뿐이었다. 하지만 실제로 3·15 사건으로 붙잡혀 갔던 사람들을 보면 결코 그렇지 않고 각양각색이다. 나는 그것을 있는 그대로 그리고자 했다.

그리고 전체적으로는 프롤레타리아의 계급적인 증오를 담아내려고 했다. "이 작품의 후반이 되면 나는 한 글자 한 구절을 쓰기 위해 응, 응 하며 힘을 들였다. 그것은 경찰서 장면이었다. 쓰기 시작해서 술술 써지면 나는 그 유례없는 내용에 대해서 뭔가 수박 겉핥기로 지나가는 느낌이 들어서 거기서 붓을 놓기로 했다. 당시에 나는 솔직히 말해서 거룩한 피를 흘리고 있는 동지들이 말하고 싶어도 말하지 못하는 분노를 단지 내가 대신해서 쓰고 있는 것에 불과했다. 따라서 비록 그

---

* 나카노 시게하루(中野重治, 1902~1979)의 처녀작 단편소설. 1928년 작.

** 노가미 야에코(野上彌生子, 1885~1985)의 소설. 1924년 작. 원문에 '(?)'를 붙인 것으로 보아 다키지의 기억이 불분명했던 듯하다.

것이 나 자신이라 하더라도 어딘가 소홀히 대해서는 안 된다고 생각했기 때문이다."***―일찍이 이 작품에 관해서 이렇게 썼던 적이 있지만 그렇게 과장된 표현은 아니었다.

그런데 완성된 작품은 어땠나?

실은 이 작품에 미발표 부분이 있다. 다들 경찰에서 형무소로 송치된 후 처음 맞는 5월 1일 노동절에 '옥내 데모'로 싸우는 장면과 외부에서는 3·15 폭풍에 굴하지 않고 그 재건을 위한 투쟁이 일어나는 장면, 이렇게 두 개의 장이 있었지만 전체적으로 졸작이라서 발표할 때는 떼어 냈다.

무엇보다 이 작품의 커다란 결점은 최초의 의도에도 불구하고, 3·15 사건을 결국 일면적으로 에피소드화하여 그리고 있을 뿐이라는 점이다. 3·15 사건을 '검거'와 '고문'이라고 하는 현상적 사실만 분리해서 그리고 있다. 3·15 사건이 가지고 있는 역사적·계급적 의의는 그런 차원에만 있는 것은 결코 아니었다. 그 결과(극단적으로 말하면), 이 작품은 대중에게 공포심만 불러일으켰을 뿐이라고 할 수 있다.―지금에 와서 생각해 보면, 차라리 떼어 낸 마지막 두 개의 장이 있는 편이 약간이라도 그 결정적인 결함을 보완할 수 있었을 것 같다.

따라서 3·15를 다룸으로써 이 작품을 그 시대의 가장 기념비적인

*** 1931년에 쓴 「1928년 3월 15일」이라는 논문의 한 구절인데 인용문 자체가 원래의 문장과 똑같지는 않다. 이 책에서는 달라진 인용문을 달라진 대로 옮겼다.

것(다니모토 기요시谷本淸*에 따르면, 소위 '시대의 예술적 개괄')으로 삼으려고 했는데, 나는 보기 좋게 실패하고 말았다.―하지만 나는 이 실패의 경험을 지금 쓰고 있는 장편『전형기의 사람들轉形期の人々』속에서 충분히 살려서 쓰려고 한다. 창작 방법에서 최근 내가 이룬 것으로 볼 때 그것은 충분히 가능할 것 같다.

『1928년 3월 15일』에는 여러 사람들이 그려지고 있다. 지금 보면, "'여러' 사람"이 그려지고 있다는 점에서는, 자화자찬이 아니라 당시의 프롤레타리아 문학으로서 역시 하나의 진보였던 것 같다. 하지만 각각의 인물이 너무나 예정된 대로 즉 어느 한계 이상으로 발전하지 않는 고정된 상으로 그려지고 있었다.

자세히 들여다보자면, 프롤레타리아 문학에서 살아 있는 인물을 가장 구체적으로 묘사한 작품으로 손꼽히는 파제예프**의『괴멸』(리베진스키의『일주간』등)도 수학적인 정확함이라고 말할 정도의 적확함을 가지고 여러 가지 인물의 유형을 그렸지만, 그 놓인 위치, 차례로 당면하는 곤란한 여러 상황에서 발전하는 성격(따라서 발전해 가는 성격의 과정)이 두드러지게 나타나지 않았다. 이것에 대해 나는 다음과 같이 생각하고 있다.

---

* 1909~1986. 일본의 기독교 목사로서 평화운동가로 활동했다.
** 알렉산드르 알렉산드로비치 파제예프(Александр Александрович Фадеев, 1901~1956). 블라디보스톡 출신의 소련 작가. 사회주의리얼리즘의 입장에서 1930년대 이후 소비에트 문단의 중심 존재가 되었다.

나는 성격(인물의 유형)에 관해 이와 같이 조건적, 발전적으로 보는 것이 옳다고 생각한다. 여기에도 역시 어려운 과정이 뒤따르겠지만 그래도 해 볼 만한 가치가 있다는 생각이 든다.

 『1928년 3월 15일』의 실패의 경험은 이렇게 유물변증법에 의한 창작 방법에 그 비판의 기준을 놓고 볼 때 비로소 나에게 새로운 도약이었음을 암시한다.

(1932. 2. 7.)

구라하라 고레히토에게 보낸 편지

별편으로 제2작(게잡이 공선)을 보내 드렸습니다.

1. 이 작품에는 '주인공'이 없습니다. '아무개 전(傳)' 식의 주인공, 인물도 없습니다. 노동의 '집단'이 주인공입니다. 『1928년 3월 15일』보다도 한 걸음 나아갔다고 생각하고 있습니다.

집단을 묘사한 단편을 쓴 적은 있지만, 이렇게 길게 쓴 것은 처음이라 여러 가지 면에서 모험이었고 곤란한 점도 있었습니다. 어쨌든 '집단'을 묘사하는 것은 프롤레타리아문학이 개척하지 않으면 안 되는 길이라고 생각하고 있습니다. 이 작품이 그 일에 작은 밑거름이 된다면 행복하겠습니다.

2. 그래서 당연히 이 작품에서는 『1928년 3월 15일』 등에서 시도한 것과 같은 각 개인의 성격과 심리 묘사가 전혀 없습니다.

연약한 개인의 성격, 심리 묘사가 프롤레타리아문학에서는 점점 없어져 가고 있습니다. 이것은 프롤레타리아문학이 집단의 문학이기 때문에 당연한 결과라고 생각합니다. 다만 다른 작품들에서 그로 인해 자주 나타나는, 극히 작은 부분이지만 지루함을 느끼지 않기 위해 고려한 것은 있습니다.

　3. 프롤레타리아 예술의 대중화를 위하여 여러 가지 형식상의 노력을 하였습니다. 그것은 중대한 노력입니다. 그러나 실제로 그것은 결국 '인텔리겐차 풍의'―잔재주만 부려 '세련된' 것밖에 안 된다는 점이 있습니다. 현실에서 노동하고 있는 대중을 마음속으로부터 뒤흔드는 힘이 없습니다. 그런 인텔리성에 노동자는 무의식적으로 반발합니다.

　저는 ① 작품이 무엇보다 압도적으로 노동자적일 것, ② 그것을 강력히 작품에 가지고 들어가는 것, 이 두 가지에서 대중화의 원칙을 발견하고 있습니다. 그런데 프롤레타리아문학의 '밝음', '빠른 템포' 등은 의도는 좋지만, 너무 모던-보이* 식은 아닐까요?

　이 작품에는 모던-보이 식의 '밝음'도 '경쾌한 템포'도 없습니다. 또 잔재주가 매우 세련된 곳도 없습니다. 어디까지 갈 수 있을지 모르지만, 단지 노동자적인 것을 위해 노력했습니다.(『전기戰旗』에는 이러한 것이 특히 부족하다고 생각합니다.)

---

* 근대화한 지식 청년. 역시 인텔리겐차를 말한다.

4. 이 작품은 게잡이 공선에서 벌어지는 특수한 노동 형태를 취급하고 있습니다. 하지만 '게잡이 공선'이라는 것에 대해 열심히 쓴 것은 아닙니다.

a. 이것은 식민지, 미개지에 있는 착취의 전형이라는 것, b. 도쿄, 오사카 등의 대공업단지를 제외하면, 아직까지 일본 노동자의 현실에 이러한 유형이 80퍼센트 가까이 남아 있다는 것, c. 그리고 여러 가지 국제적 관계, 군사 관계, 경제 관계가 선명하게 비쳐 보인다는 것, 이 세 가지 편의가 있었기 때문입니다.

5. 이 작품에서는 미조직未組織노동자를 다루고 있습니다.—작가가 룸펜에 빠지지 않게 묘사함으로써, 미조직노동자가 많은 일본에서, 그리고 대학생 식의 '전위 소설'이 많은 상황에서, 이 작품이 그 의의를 찾을 수 있지는 않을까요?

6. 노동자를 미조직으로 두려고 의도하면서도, 자본주의는 우습게도 오히려 그것을(자연발생적으로) 조직하는 모습을 보여 줍니다.

자본주의가 미개지, 식민지에 어떠한 '무자비한' 형태로 침입하여 원시적인 '착취'를 계속하고, 관리와 군대를 '문지기' '파수꾼' '경호원'으로 삼아 끝없는 학대를 하면서, 어떻게 급격하게 자본주의화 되는지를 썼습니다.

7. 프롤레타리아는 제국주의 전쟁에 결단코 반대해야 한다고 말합니다. 그러나 어떤 이유로 그렇게 해야 하는가를 알고 있는 '노동자'가 일본에 몇 명이나 있을까요? 이것은 지금 당장 알아야 하는 긴급한 일입니다.

단지 군대 내의 학대를 묘사한 것만으로는 인도주의적인 분노밖에 일어나지 않습니다. 그 배후에서 군대를 움직이는 제국주의 기구機構, 제국주의 전쟁의 경제적인 근거에 닿을 수 없습니다.

제국주의―재벌―국제관계―노동자.

이들의 관계를 전체적으로 보지 않으면 안 됩니다. 이것을 위해 게잡이 공선은 가장 좋은 무대였습니다.

이상과 같은 것을 열심히 의도했던 것입니다. 의도한 대로 잘 표현되었는지는 아무쪼록 엄중히 비판 받고 싶습니다. 만약 불만스러운 곳, 중대한 결점 등이 있으면 다시 쓸(그럴 만한 가치가 충분하다면) 생각입니다. 알려 주십시오.

또 만약 『전기』에 발표할 수 있다면, 조금 길지만 2단 조판으로 해도 좋으니까 한 번에 전부 발표하고 싶습니다.

그 후의 여러 가지 상황에 대해 알려 드리고 싶은 것도 있습니다만, 나중에 상세하게 쓰겠습니다. 동지들에게 잘 부탁 드리며, 건투를 빕니다.

(1929. 3. 31.)

원작자의 한마디

'게'가 느릿느릿 제국극장帝國劇場의 '무대'를 걷고 있다!

우스운가.―지금, 그 게가 여러분이 보고 있는 눈앞에서 다리가 비틀어 떼어지고 껍질이 벗겨지고 데워져서 '통조림'이 되어 버린다.―그러나 이 '게'가 바로 '노동자'라면 어떤가. 그리고 게가 당하는 것과 똑같이 손발이 비틀어 떼어지고 몸통이 잘라져서 '통조림'이 된다면 어떤가.―그래도 아직 우스운가?

통조림이 되는 것은 실로 '게'가 아니었던 것이다. 그렇기 때문에 여러분, 저 볼품없는 게가 느릿느릿 기어 나온다고 해서 그것은 '우스운 일'이 아닌 것이다.

*

'북위 50도 이북北緯五十度以北'의 일이야. 북빙양, 캄차카의 일이지.―하지만 그런 한가로운 것을 말하기 전에 단지 한 줄의 '실'을 끌어당겨 보지 않겠나. 단지 한 줄의 실로도 족하다.

무엇이 나오는가?―러시아가 나온다―제국군함이 나온다―마루빌딩*이 나온다―국회의원이 나온다―위엄이 있는 장관까지 나온다.

그러면 '캄차카'와 '도쿄'는 '마루노우치丸の內'와 '심천深川'**보다 가까운 것은 아닌가.

*

노동자와 비슷한 캄차카의 게여!

지금이야말로 너는 누가 우리 편인지와, '무대' 위에서 너에게 분명히 내밀어진 몇백만 '동료의 손'을 알 수 있을 것이다.

굳게 손을 잡아라!

네가 멀리 '캄차카'에서 나온 것은 쓸데없는 일이 아니었다!

(1929. 7. 14. 오타루)

---

* 도쿄 시내 마루노우치(丸の內)에 있는 빌딩.
** 중국의 심천.

머리의 파리를 쫓는다
- 짖는 무라오에게 대답한다 -

『신조新潮』와 『근대생활近代生活』 10월호에서 무라오*의 글을 읽었다.—프롤레타리아문학을 적으로 삼아, 오오코치 덴지로大河內傳次郎**처럼 정색하여 '정신없는' 나머지, 오카모토 잇페이岡本一平***가 기뻐할 것 같은 그림이다.—그 '구멍투성이'의 보자기는 크기만큼은 어쨌든 프롤레타리아문학 전반을 덮고 있다.

지금 매우 바쁘다. 그래서 우선은 '얼굴에 앉은' 파리만을 쫓기로 한다. 그렇기 때문에 매우 간단하게.

---

* 나카무라 무라오(中村武羅夫, 1886~1949). 『신조』의 편집장이자 작가.
** 1898~1962. 일본 영화배우.
*** 1886~1948. 장편 만화가, 근대 일본 만화의 시조.

A. 『게잡이 공선』에 생산 공정, 인적 조직을 묘사하지 않았다는 것

이것에 관해서는 일찍이 오타루小樽와 아키타秋田의 동지가 지적하였다. 그러나 나는 처음부터 의식적으로 그것을 쓰지 않았다. 이유가 있다.―이 작품은 도쿄 근처에서 자주 '무슨 공장 시찰―견학' 따위를 하고 싶어 하는 인텔리의 호기심을 만족시키기 위해 쓴 것이 아니기 때문이다.

'게 통조림 공정'이 어떤 것인가는 어부에게는(또 식민지 노동자에게는) 문제가 되지 않고, (어부들은 모두 알고 있다. 이런 것을 알고 싶어 하는 사람은 자선慈善 귀부인과 창백한 인텔리뿐이다!)―문제는, 즉 알고 있지 않은 것은 자신들은 누구를 위하여 어떻게 일하고, 때려눕혀지고, 어떤 '장치'로 연결되어 있는가 라는 것이다.―『게잡이 공선』의 중요한 방향과 목적은 여기에 있다고 해도 좋다. 무라오가 물구나무서기라도 하지 않으면 이것을 알 리가 없는 것이다.

단지, 지금 돌이켜 보면 생산 공정이나 인적 조직을 묘사하지 않은 것이 틀린 것은 아니지만, 너무 일면적이었던 것은 아닐까 하는 생각이 들기도 한다.

B. 자연주의적이라는 것에 대해서

그 의미가, 작가의 심리, 이데올로기, 예술 태도에 자연주의적인 요소가 있다는 의미에서의 자연주의를 말하는 거라면 나는 단연코 부정한다. 그러나 뼛속까지 100퍼센트 부르주아 인텔리인 무라오가 이것을 알게 하기에는 우선 '무리'이다. 그렇기 때문에 이 부분에서는 누구라도 무라오가 말하는 것에 등을 돌리고 '도시락을 먹는' 것이다.

그러나 『게잡이 공선』에서 사용한 수법상의 리얼리즘에, 자연주의에서 등장했던 리얼리즘 유풍이 다소 잔존한다는 것이라면 그것은 인정한다.─그러나 '신감각파'에서 조금 생김새를 바꾼 대학생식 인텔리 형식, 통속소설을 조금 고급화한 저속한 인디 형식, 이러한 형식을 나는 100퍼센트 새로운 프롤레타리아문학의 형식이라고는 생각하지 않는다.─나는 늦어도 한 걸음 한 걸음 노동계급 자체의 특수성으로부터 진실로 새로운 '노동자적 형식'을 만들어 내기 위해 노력하여 갈 것이다.

C. 노동자와 기구를 소홀히 사용하는 것

무라오는 자기 자신도 소자본가이기 때문에 잘 아는바, "자본가는 결코 노동자와 기구를 소홀히 사용하지 않는다."라고 말한다.─물론이다. 무라오가 말한 그대로 자본가만큼 이 계산에 섬세한 자는 없다.─그러나 그 노동자가 모르모트(실험재료)보다 쌀 때는(『게잡이 공선』의 경우) 어떨까.『게잡이 공선』은 정신적으로도 육체적으로도 '감옥 방'(무라오가 지난해 여름 솜옷을 두르고 돌아온 홋카이도 이와미자와초岩見澤町 부근에 많이 세워져 있다. 무라오가 이장과 경찰서장의 환영회로 정신이 없었기 때문에 그것을 몰랐던 것은 유감이다─라고 짐작하지만)보다 10배나 비참하다. 그런데 그 감옥 방에서조차 '막

일꾼'은 하루 6, 7엔 하는 노동의 대가를 50~60전으로 깎아 내린다. 한 달 일을 시키면 두 배 가까이 차이가 난다. 그리고는 죽지 않을 정도로, 쓰러지지 않을 만큼 부리면 된다.─무라오가 뭐라고 말해도 부르주아 신문에서조차 매일같이 막일꾼의 '학대' '학대 살해' 사실을 싣고 있다.

무라오는 『게잡이 공선』에서 마구 사람을 죽이고 있다고 터무니없는 거짓말을 하고 있는데, 한 번 다시 읽어 보기 바란다. 한 사람도 이유 없이 죽이는 경우는 없으니까 말이다.

노동기구에 대해서는 오타루 근해의 '청어 어장' 등에서도 그렇지만 '큰 폭풍'이라는 것을 알아도 배를 낸다. 이것은 히코자에몬彦左衛門*과 같은 노안으로는 쓸데없이 보인다. 하지만 거기에는 몽땅 파내어 오는 '이윤'이 걸려 있는 것이다.─상황을 모르면서 아는 척하지 말 것!

D. 개인 악과 계급 악에 대해서

노파는 여우에 홀려서 조종되고 있지만 그 자체로 본다면 노파 자신의 의지로 행동하고 있는 듯 보이고, 또 사실 그렇다.─타인이 보아도 자기 자신이 보아도, '현상'과 '본질'은 일치해 보인다.

감독 자신조차 자신이 '허수아비'인 것을 인식하지 못한다. 단지 '진짜 바위'라고 생각해 기대었는데, 그것은 종이로 만든 무대 위의 바위

---

* 오오쿠보 다다타카(大久保忠敎, 1560~1639). 에도 막부 도쿠가와(德川)의 가신. 통칭은 히코자에몬.

였다.' 그는 실로 그때 푸르게 갠 하늘에서 치는 날벼락처럼 굴러 떨어진다. 『게잡이 공선』의 후기를 보라. 회사가 자신을 해고했을 때에야 비로소 감독은 자신이 속고 있었음을 깨닫는다.

아사카와는 실재 모델이 있고 더군다나 『게잡이 공선』의 귀신 감독으로 알려진 것도 사실이다. 하지만 가령 무라오와 같은 온후독실溫厚篤實한 사람이 감독이 되었다고 하자.―반년에 500만 엔의 이윤을 낳지 않으면 안 되는 자본의 '강제력'은 무라오의 하잘것없는 자유, 온정주의의 눈물과 인텔리의 반성을 거리낌 없이 날려 버린다. 훌쩍훌쩍 울고 있으면 난폭한 어부의 손으로 캄차카 바다 속에 내던져져 버린다. 그래서 차가운 바다에 들어가고 싶지 않은 무라오는 요릿집과 카페가 있는 편한 도쿄로 도망가든지, 아사카와가 되든지 선택해야 하는 것이다!―아직 이해되지 않는다면 실제로 체험해 보는 것은 어떤가.

무라오 자신의 극히 일상적이고 무의식적인 게다가 양심적이기까지 한 행동이, 뜻밖에도 반대 계급에게는 '가증스러운 행동' '무라오 자식!'이라고 여겨질 수도 있다는 말이다. 가슴에 손을 얹고 생각해 보라!―이럴 때 무라오 자신은 '개인 악'과 '계급 악'을 어떻게 생각하고, 어떻게 처리하려고 하는가.

나는 이 작품에서 특히 아사카와의 심리에 대해서 구체적으로는 한 마디도 언급하지 않았다. 이 의미는 상당히 중요한 것이기 때문에 덧붙여 둔다.

아직 할 말이 많이 남아 있지만 나중에 다시 기회가 있을 것이다. 지금은 매우 바빠서 이것으로 줄인다.

(1929. 10. 11.)

작품 해제

『게잡이 공선蟹工船』

이 작품의 원고에는 집필 경과가 다음과 같이 기록되어 있다.

첫 페이지의 제목 아래에 "1928년 10월 28일, 붓을 들다."라는 메모가 있다. 첫 번째 원고는 "두고 보자!"라는 글로 끝나고 있다. 그 마지막에 "1929년 3월 10일, 오전 1시 15분 붓을 놓다. 133일간(6개월간) 걸리다. 약 200매(180매)."라는 문장이 있다.

이 작품도 『1928년 3월 15일』과 같이 구라하라 고레히토藏原惟人에게 보내져, 전일본무산자예술연맹(나프) 기관지 『전기戰旗』의 1929년 5월, 6월호에 나누어 발표되었다. 전편에 걸쳐 검열에 걸릴 만한 단어는 복자로 나타냈지만, 6월호는 발매를 금지 당했다. 그러나 두 호 모두 각각 1만 2000부를 발행하여 직접 배포망을 통해 폭넓게 읽혀서, 『1928년 3월 15일』이상의 반향과 평가를 받았다.

이 작품은 연극으로도 만들어져 상연되었는데, 원작을 상당히 왜곡

한 각본이었기 때문에 일본프롤레타리아극장동맹(프롯트)의 항의를 받아 「북위 50도 이북北緯五十度以北」으로 개제改題되었다.

(『고바야시 다키지 전집 2』 257~363쪽, 1993년 2월 20일 신일본출판사)

『방설림防雪林』

1927년의 원고장原稿帳 제3호에 발표되지 않은 상태로 남겨져 있었다. 183매의 중편소설로 표제에는 '홋카이도에게 바친다北海道に捧ぐ'라는 부제가 달리고, '미정고未定稿'라고 표기되어 있다. 원고의 마지막에는 '(1927. 12. → 1928. 4. 26. 밤) 마침'이라고 집필기간이 기록되어 있다.

『방설림』 원고는 작가가 죽은 지 14년 후인 1947년, 전집 편찬 중에 발견되었다. 같은 해에 일본공산당 기관지 『빨간 깃발アカハタ』 6월 19일자 제151호에서 소개되고, 나우카ナウカ사 발행 『사회평론』 11, 12월 합병호, 1948년 1월호에 나누어 발표되어, 전환기의 대표작으로 평가되었다. 1948년 8월, 일본민주주의문화연맹이 『방설림』(187쪽)을 출간하였다.

(『고바야시 다키지 전집 2』 5~117쪽, 1993년 2월 20일 신일본출판사)

『1928년 3월 15일―一九二八年三月十五日』

이 원고는 구라하라 고레히토에게 보내져, 나프 기관지 『전기』의

1928년 11월, 12월호에 나누어 발표되었다. 이 작품의 집필 동기와 당시 사정에 대하여 작가는 뒤에 「1928년 3월 15일」, 「1928년 3월 15일의 경험」이라는 두 개의 글에서 상당히 상세하게 언급하고 있다.

이 소설의 원고에는 '우리 프롤레타리아 전위투사에게 바친다我がプロレタリア前衛の闘士の捧ぐ'라는 헌사가 있고, 끝에 집필 경과가 다음과 같이 기록되어 있다.

"1928년 5월 26일부터 7월 17일 밤까지. 완료. '한 문장 쓸 때마다 한 번 절하다─刀─拜' 식으로! 약 50일간. 도쿄에서 돌아와 바로 펜을 들다. 7월 21일(제1차 교정을 보다) 8월 17일 청서淸書 완료."

(『고바야시 다키지 전집 2』 119~204쪽, 1993년 2월 20일 신일본출판사)

「**1928년 3월 15일**─一九二八年三月十五日」

『와카구사若草』 1931년 9월호(제7권 제9호)의 「처녀작 때를 생각한다處女作の頃を思う」라는 특집란에 게재되었다. 여기에는 미야모토 유리코宮本百合子, 류탄 지유龍膽寺雄, 도쿠나가 스나오德永直, 가와바타 야스나리川端康成의 기고가 있다.

(『고바야시 다키지 전집 5』 292~296쪽, 1993년 2월 20일 신일본출판사)

「1928년 3월 15일의 경험―九二八年三月十五日の經驗」

일본프롤레타리아작가동맹 기관지인 『프롤레타리아문학プロレタリア文學』 1932년 3월호(제1권 제3호)의 「나는 3·15를 어떻게 묘사했던가? 私は三・一五を如何に描いたか?」라는 편에 게재되었다. 여기에는 나카노 시게하루中野重治의 「3·15를 어떻게 묘사했던가? 三・一五をいかに描いたか?」, 기시 야마지貴司山治의 「이제부터다これからだ」가 게재되어 있다.

(『고바야시 다키지 전집 5』 388~391쪽, 1993년 2월 20일 신일본출판사)

「구라하라 고레히토에게 보낸 편지」

다키지가 『게잡이 공선』을 완성한 다음 날인 1929년 3월 31일, 구라하라 고레히토에게 보낸 편지이다. 『게잡이 공선』의 집필 의도에 대하여 상당히 상세하게 쓰고 있다.

(『고바야시 다키지 전집 7』 390~393쪽, 1993년 2월 20일 신일본출판사)

「원작자의 한마디原作者の寸言」

『게잡이 공선』이 1929년 7월 26일부터 31일까지 6일간, 제국극장帝國劇場에서 다카다 다모쓰高田保, 기타무라 고마쓰北村小松의 증보 각색(「북위 50도 이북」으로 제목을 바꿈), 히지가타 요시土方與志의 연출로, 신쓰키지극단新築地劇團에 의해 상연되었을 때, 제국극장 문예부 발행

『제극帝劇』(제81호, 1929년 7월 25일)에 게재한 글이다.

　　(『고바야시 다키지 전집 5』 124~125쪽, 1993년 2월 20일 신일본출판사)

「머리의 파리를 쫓는다頭の蠅を払ふ 一 짖는 무라오에게 대답한다吠える武羅夫に答へる一」

1929년 10월 20일의 『요미우리신문讀賣新聞』 '문예 일요부록' 란에 '공개장'으로 게재되었다.

같은 해 『신조新潮』, 『근대생활近代生活』 10월호에 발표된 나카무라 무라오中村武羅夫의 「프롤레타리아문학 이론과 그 작품의 음미プロレタリア文學理論とその作品の吟味」, 「기성문예 영역에 매몰되고 있는 프롤레타리아문학既成文藝の領域に埋没されつつあるプロレタリア文學」에 대한 반론이다.

　　(『고바야시 다키지 전집 5』 138~141쪽, 1993년 2월 20일 신일본출판사)

고바야시 다키지의 문학세계

황 봉 모

1. 일본 프롤레타리아문학

모든 문학이 그렇듯이 일본 프롤레타리아문학 역시 쇼와昭和(1926~1989) 시대에 들어와 갑자기 발생한 것이 아니다. 메이지明治(1868~1912) 시대부터 면면히 이어져 내려온 혁명적, 민주적인 문학 동향이 다이쇼大正(1912~1926) 시대 말기에 와서 노동자 계급의 자각과 결집에 자극되고 지지되어, 예술적으로나 이론적으로 운동의 비약적인 발전을 이루게 된 것이다. 근대 초기인 메이지 시대에 나타난 일련의 정치소설 중에는 당시의 자유 민권 운동을 바탕으로 하여 민주주의적 요구와 투쟁을 반영한 작품이 있다. 일본의 근대문학은 이러한 정치소설의 경향성에 반발하여 예술주의적이고 봉쇄적인 문학으로 성립하게 되지만, 이때부터 이미 일본 근대문학에서 민주적 문학 동향은 시작되고 있었던 것이다.

다이쇼 시대와 쇼와 초기에 걸쳐 일본은 제1차 세계 대전 후의 만성적 불황에 직면해 있었다. 이러한 중에 1921년 반자본주의 작가, 평론가들이 만든 잡지『씨 뿌리는 사람種蒔く人』이 창간되었다. 이것은 1923년 관동대지진으로 폐간되지만, 탄압에 굴하지 않고『문예전선文藝戰線』이 창간된다. 다음해 일본프롤레타리아문예연맹日本プロレタリア文藝連盟이 조직되지만 분열되고, 일본의 프롤레타리아문학은 1928년 전일본무산자예술연맹(나프)의 결성과 함께, '나프'의『전기戰旗』파와 노농예술가연맹勞農藝術家連盟의『문예전선』파로 대립하게 되었다.

'나프'는 공산당의 지도로 마르크스주의 문학을 지향하였다. 이론적 지도자는 구라하라 고레히토藏原惟人로, 이후 이 파가 프롤레타리아문학의 주류가 되어 갔다. 작가로서는 고바야시 다키지小林多喜二, 미야모토 유리코宮本百合子, 나카노 시게하루中野重治, 도쿠나가 스나오德永直 등이 있다.

한편,『전기』파에 비하여 열세였지만,『문예전선』파는 사회민주주의 경향의 문학을 추구하였다. 초기『문예전선』의 이론적 지도자는 아오노 스에키치青野季吉였다.『문예전선』파의 작가로는 일본 프롤레타리아문학을 예술적 수준으로 끌어올렸다고 평가 받는 하야마 요시키葉山嘉樹 외에 구로시마 덴지黒島傳治, 히라바야시 다이코平林たい子 등이 활약하였다.

프롤레타리아문학과 같은 시기에 예술적인 면에서 새로운 가능성을 열려고 한 것이 요코미쓰 리이치橫光利一 등이 창간한 『문예시대文藝時代』이다.

『문예시대』는 1924년 『문예전선』에 대항하여 창간되었는데, 이 잡지에 모여든 동인을 신감각파라고 한다. 프롤레타리아문학이 혁명의 문학을 지향하는 것에 대하여, 신감각파는 근대문학의 주류인 리얼리즘을 부정하고 문학 기법과 표현의 혁명을 추구하였다. 이러한 이론의 배경에는 서구의 전위예술이 있었다. 그 특색은 도시생활과 기계문명의 단편과 현상을 감각적이고 지적知的으로 재구성하는 것이었다. 이 파에는 요코미쓰 리이치, 가와바타 야스나리川端康成, 가타오카 뎃페이片岡鐵兵, 나카가와 요이치中河與一 등이 활약하였다.

그러나 프롤레타리아문학은 국가의 탄압으로 해체되고, 신감각파도 쇼와 초기 신흥예술파로 이어지지만 문학운동으로써는 쇠퇴하여 갔다.

1926년 10월에 발행된 하야마 요시키의 『바다에 사는 사람들海に い くる人々』은 일본 프롤레타리아문학의 기념비적인 작품으로, 일본 프롤레타리아문학은 이 작품의 등장으로 인해 비로소 그 예술성을 인정받게 된다. 『바다에 사는 사람들』은 이제까지 조직을 가지지 않았던 여러 종류의 해상 노동자들의 모습이 묘사되고, 그들이 점차로 계급적인 자각을 가지고 일어나는 줄거리가 분방한 광채를 띠는 필치로 묘사되어 있다. 그리고 비참하고 어두운 제재題材가 조금도 음울하게 느껴지지

않을 뿐만 아니라 아름다운 서정시抒情詩를 연상시킬 만큼 뛰어난 장면이 많으며, 스케일이 큰 서사적인 작품이기도 하다.

하야마 요시키의 작품은 고바야시 다키지와 구로시마 덴지 등에 커다란 영향을 주었다. 고바야시 다키지는 하야마 요시키의 작품에 깊은 감명을 받아서, 그는 하야마 요시키에게 "나는 당신의 작품에서 외국의 어느 작가보다도 많은 가르침을 받고 있습니다. 나는 이후에도 나와 접하는 모든 사람들에게 『신선 하야마 요시키집新選 葉山嘉樹集』을 추천할 것입니다."라는 편지를 보냈다. 또 그는 "『바다에 사는 사람들』은 나에게 검을 찬 코란이었다."라고 말하기도 했다. 일본 프롤레타리아문학의 대표적 작가인 고바야시 다키지가 하야마 요시키에게 얼마나 큰 영향을 받았는지를 알 수 있는 대목이다. 다키지는 초기에는 가난한 사람들에 대한 인도주의적 정의감에 젖어 있었지만, 점차로 사회적 근원을 찾아가면서 비판적 현실주의로 나아가, 하야마 요시키와 고리키 등의 작품을 통하여 프롤레타리아문학에 관심을 가지게 된다.

2. 처녀작 「1928년 3월 15일」

『방설림防雪林』을 완성한 다키지는 바로 상경하여 구라하라 고레히토를 처음으로 만나고 오타루小樽에 돌아왔다. 그리고 『방설림』은 원고 상태로 두고, 『1928년 3월 15일一九二八年三月十五日』을 쓰기 시작했다.『방설림』은 1년 반 후인 1929년 9월에 완성한『부재지주不在地主』의 원형이 되는 작품으로,『부재지주』의 원고에는 '『방설림』개제改題『부재지주』'라는 표제가 붙어 있다.

『1928년 3월 15일』은 1928년 3월 15일, 전국에서 치안유지법 위반 용의자를 일제 검거한, 소위 3·15 사건을 묘사한 작품이다. 3·15 사건으로 홋카이도의 작은 도시 오타루에서도 500명 이상의 활동가가 체포되었는데, 다키지의 주변에서도 많은 사람들이 체포되었다. 다키지는 이 사건을 문제 삼아, 그것을『1928년 3월 15일』로써 완성했던 것이다. 이 작품에는 당시 국가권력의 말단인 특고경찰特高警察의 잔학한 고문拷問, 그것에 견디면서 싸우는 혁명적인 노동자와 지식인의 모습이 생생하게 그려져 있다.

이 작품의 중심인물들은 모두 각각의 모델이 있다. 오타루의 3·15 사건으로 검거된 사람들은 당시 작가와 가까운 관계에 있었던 사람들이 많았고, 그런 만큼 다키지의 충격은 매우 컸던 것이다. 다키지는 "무언가 계시를 받은 것 같았다. 의무감이 들었다."라고, 자신의 처녀작인『1928년 3월 15일』에 대해서 말하고 있다.

경찰서에서의 고문 장면에서 다키지는 한 자 한 자 쓰는 데 응응 하는 앓는 소리를 냈다고 한다. 경찰의 고문을 받은 사람들은 모두 다키지가 알고 있던 사람들이었다. 당시 다키지는 은행 업무가 끝나면 매일 조합組合에 가서 선거운동을 도와주고 있었다. 그는 여기에서 여러 부류의 운동가들을 만났고, 그들이 모두 새로운 '경이驚異'를 가지고 다가왔다고 쓰고 있다. 이렇게 경이에 가득 찬 동지들이 모두 경찰에 끌려가 고문을 당하게 되었던 것이다. 그러므로 다키지가 고문 장면을 묘사할 때, 신음 소리를 내면서 쓴 사정을 이해할 수 있는 것이다.

한편, 이 작품이 게재된 『전기』 11월호의 '전초선前哨線'란에 구라하라 고레히토가 "이번 달부터 게재하게 된 고바야시 다키지 군의 소설 『1928년 3월 15일』은 여러 가지 의미에서 주목할 가치가 있다. 물론 거기에는 매우 많은 예술적 결함이 보인다. 하지만 작가가 우리들에게 가장 가깝고 가장 생생한 문제를 작은 에피소드로써가 아니고, 커다란 시대적 스케일로써 묘사하려고 한 노력에는 프롤레타리아문학의 이제부터의 발전에 대한 하나의 중요한 암시가 포함되어 있다. 이 암시는 작가가 그 예술적 결함을 극복할 때, 비로소 현실의 모습이 되어 나타날 것이다. 그러나 거기에는 이미 작가에 의해, 하나의 방향이 제시되어 있다. 우리들은 이러한 작품이 우리나라의 공장에서, 농촌에서 나오는 것을 바라 마지않는다."라고 이 작품을 소개하고 있다.

또 『전기』 편집부가 작성한 '편집 후기'에는, "오타루에서 고바야시 다키지 씨가 소설을 보내왔다! 『전기』는 항상, 이러한 공장의, 농촌의, 전국의 동지들의 힘찬 솜씨를 희망한다! 그렇다! 먼 동지 제군! 전국적인 편집회의에 참가하라! 각각의 지방색 있는 통일된 프롤레타리아의 의지를 우리들의 『전기』에 명기銘記하라!"라고 되어 있다.

『1928년 3월 15일』은 발표되자, 당시 문단에 커다란 반응을 불러일

으켰다. 다키지가 이 작품에 대해 1928년 12월 6일, 사이토 지로齋藤次郎에게 보낸 편지에서 스스로 '획기적인 것エポックメエキングなもの'이라고 말하고 있듯이, 당시 히라바야시 하쓰노스케平林初之輔와 가쓰모토 세이이치로勝本淸一郎를 비롯하여 많은 작가와 비평가들이 『1928년 3월 15일』을 획기적인 작품으로 높게 평가했다.

구라하라는 『1928년 3월 15일』을 비평하면서, "작가는 그 배경을 이룬 대중의 운동을 거의 묘사하지 않았다."라고 중대한 결점을 지적하면서, "이것은 작가의 현실에 대한 태도―작가의 이데올로기의 문제이다."라고 말한다. 하지만 그는 『1928년 3월 15일』의 중요한 의의로써, 한 시대를 프롤레타리아의 눈을 가지고 묘사하고 있다는 것과 일상생활을 리얼하게 표현했다는 것 등, 두 가지 점에서 이 작품이 획기적인 작품이라고 평가하고 있다.

『1928년 3월 15일』은 프롤레타리아 전위前衛의 눈을 가지고 세상을 보라는 구라하라의 프롤레타리아 문학이론에 따라 쓴 작품이다. 다키지는 구라하라의 이론을 바탕으로 하여, 이 작품에서 경찰의 잔인한 고문에 대항하는 프롤레타리아 전위의 강인한 정신을 묘사하고 있는 것이다.

이 글을 게재한 『전기』는 두 호 모두 발매 금지 처분을 받았지만 각각 8000부를 발행하여 당시 『전기』사의 배포망에 의해 꽤 폭넓게 읽혀 커다란 반향을 불러일으켰다. 이 작품에 의해 다키지는 뛰어난 프롤레타리아작가로서 널리 알려지게 되었지만, 한편 일본 특고경찰의 잔학성을 철저하게 폭로했기 때문에 특고경찰의 미움을 받는 결과가 되기도 했다.

3. 다키지의 『게잡이 공선』

『게잡이 공선』은 고바야시 다키지의 대표작으로서 일본 프롤레타리아문학뿐만이 아니고, 일본 근대문학사에서도 획기적인 작품이다. 하야마 요시키의 『바다에 사는 사람들』이 일본의 프롤레타리아문학을 처음으로 예술적 수준으로 끌어올린 작품이라고 한다면, 『게잡이 공선』의 역사적 의의는 일본 프롤레타리아문학을 사상의 영역까지 넓혀 새로운 지평을 열었다는 데 있다. 이 작품에서는 노동자의 구체적인 행동이 정치적인 의도를 가지고 묘사되고 있다. 『게잡이 공선』에 의하여 일본 프롤레타리아 문학운동은 그 앙양기를 이루어 내게 되었다.

『게잡이 공선』은 『전기』 1929년 5월호(제2권 제5호)와 6월호(제2권 제6호)에, 전편과 후편으로 나누어 발표되었다. 이 작품이 발표되었을 때, 구라하라 고레히토는 이 작품을 높게 평가하여, 1929년 6월 17일 『도쿄아사히신문東京朝日新聞』의 「작품과 비평(1)―『게잡이 공선』 그 외 (1)」에서 다음과 같이 쓰고 있다.

고바야시 다키지는 그 작품의 근본 토대에 항상 어떠한 식으로든 큰 사회적 '문제'를 두려고 하고 있다. 『1928년 3월 15일』에서 그는 우리들의 눈앞에서, 이교도에 대한 이단異端 규문자糾問者*의 행태와 비슷한 ××(고문)이 행해지고 있는 것을 보여 주고, 이 『게잡이 공선』에서도 또 식민지에 있는 모든 부정不正과 학대虐待를 폭로하고 있다. 원래 우리나라의 문학에도 사회적인 문제를 그 근본 토대에 두었던 작품은 결코 적지 않다. 그러나 그것을 객관적인 예술적 형상으로 그려 낸 작품은, 부르주아 문학에 있어서는 약간의 예외—예를 들면 시마자키 도손島崎藤村의 『파계破戒』—밖에 없었다. 그것은 우리나라의 자본가 계급이 급속하게 그 '비판의 시대'를 지나가 버렸기 때문이다. 프롤레타리아문학은 이와 같은 것이 될 수 있고, 또 현재 이와 같은 것이 되려고 노력하고 있다. 고바야시 다키지의 『게잡이 공선』은 그 전형적인 작품이다.

구라하라가 지적한 것처럼, 다키지는 언제나 커다란 사회적 문제를 대상으로 하여, 그 사실을 작품화하려고 노력했다. 다키지에게 무엇보다도 중요한 것은 '현실에 있는 사실'이었다. 자신의 눈앞에 펼쳐져 있는 비참한 사회의 현실, 그는 항상 이러한 현실의 문제에 대해 고민하였다.

『게잡이 공선』은 1926년 홋카이도의 게잡이 공선에서 실제로 일어난 사건을 취재한 작품이다. 당시 게잡이 공선은 조난 사건과 어부에

---

* 죄를 따져 묻는 사람.

대한 학대 문제 등으로 커다란 사회적 문제가 되고 있었다. 다키지는 4년에 걸쳐 게잡이 공선에 대한 자료를 수집하고, 북양어업에 대한 면밀한 조사를 하여 작품을 완성하였다.

　이 작품은 특정한 주인공이 있지 않고, 게잡이 공선에서 착취와 학대를 당하는 노동자들의 모습이 집단으로 그려져 있는 점이 특징이다. 다키지는 이 작품을 통해 일본의 자본주의가 '제국주의적·침략주의적'이라는 것을 말하고자 했다. 이 작품에서는 지금까지 굴종밖에 몰랐던 어부들이 모르고 있던 자신들의 힘에 눈을 떠, 자신들의 손으로 자본가의 착취에 대항해 가는 일련의 과정을 훌륭하게 그려 내고 있다. 특히 노동자들이 한 번 실패하지만, 거기서 멈추지 않고 다시 한 번 일어서는 모습을 그렸다는 점에서 제국주의적인 자본주의에 대항하는 노동자들의 정신을 잘 표현하고 있다고 할 수 있다.

　어부들은 파업이 참혹하게 패하자 비로소 자신들이 처한 현실을 인식하게 된다. 그러나 그들은 그러한 현실에 굴하지 않고, 다시 한 번 일어서는 것이다. 『게잡이 공선』의 의의는 어부들의, 이 '다시 한 번 일어서는' 것에 있다고 생각할 수 있다. 어떠한 현실에도 굴하지 않는 태도, 이 불굴의 정신이야말로 노동자의 정신이라고 할 수 있을 것이다.

　이 작품이 얼마나 호평을 받았는가는 그 당시의 자료를 보면 알 수 있다.

　초판 『게잡이 공선』이 발매 금지되어 『1928년 3월 15일』을 제외하고

11월 8일에 발행된 『게잡이 공선 개정판』은, 『전기』에 실린 선전 광고에 의하면 제6판(『전기』 1929년 12월호), 제20판(『전기』 1930년 1월호), 제27판(『전기』 1930년 2월호), 제30판(『전기』 1930년 2월 18일 임시증간호), 제35판(『전기』 1930년 3월호)으로, 굉장한 속도로 판을 거듭하여 갔다. 그러나 『게잡이 공선 개정판』 역시 사회의 안녕을 이유로, 1930년 2월 15일 발매 금지에 처해졌다.

『전기』 편집부가 쓴 1929년 12월호 '편집 후기'에는 "출판부의 『게잡이 공선』은 2개월 사이에 5000부를 다 팔았습니다. 지금 증판 중이지만 빨리 사지 않으면 또 매진됩니다."라는 자부심이 기록되어 있다. 또 1930년 3월 20일에 발행된 『전기』 임시 증간호에 실려 있는 『게잡이 공선 개정보급판』의 선전광고를 보면, "1만 6000부를 다 팔고 돌연 발매 금지의 강습強襲을 받은 본서. 이에 강습을 역습하여 다시 개정보급판을 낸다."라며 『게잡이 공선』의 인기를 자랑하고 있다. 물론 여기의 5000과 16000이라는 숫자는 『게잡이 공선 개정판』을 말하고 있는 것이다.

또한, 『요미우리신문讀賣新聞』은 1929년 7월 30일부터 8월 13일까지 13회에 걸쳐, '1929년 상반기의 인상에 남은 예술 그 밖의 것'이라는 설문 조사를 했다. 그런데 이 조사에 회답한 49명 가운데, '인상에 남은 예술 작품'으로 고바야시 다키지의 『게잡이 공선』을 든 작가·평론가가 가장 많았다. 무엇보다 『전기』의 작가뿐만이 아니라, 『전기』와 대립하고 있던 『문예전선』의 이와토 유키오, 구로시마 덴지, 사토무라 긴

조, 고보리 진지 등의 작가가 『게잡이 공선』을 추천한 것은 이 작품의 높은 수준을 보여 준다고 말할 수 있다.

더욱이 이 소설은 1929년 7월 26일부터 31일까지 6일간, 제국극장帝國劇場에서 다카다 다모쓰高田保, 기타무라 고마쓰北村小松의 증보 각색(개제 「북위 50도 이북北緯五十度以北」 5막 12장)과 히지가타 요시土方與志의 연출로, 신쓰키지극단新築地劇團에 의해 상연되었다.

데즈카 히데타카手塚英孝는 『일본근대문학대사전日本近代文學大事典』 (제2권, 1976년 11월 발행, 일본근대문학관)에서 『게잡이 공선』에 대하여, "1929. 9. 11, 1930. 3, 『전기』사 간행의 세 권 중 처음의 두 권은 발매 금지가 되었지만, 배포망에 의하여 반 년 동안 3만 5000부 발행. 그 외 1945년 패전 이전에 발행된 일곱 권의 각종 판본은 시간이 지남에 따라 복자가 많다."라고 기술하고 있다. 이렇게 『전기』사가 간행한 『게잡이 공선』은 세 권 중 두 권이 발매 금지 처분을 받았으나, 반 년 동안에 3만 5000부를 발행하였다. 당시 이 작품이 얼마나 인기가 있었는가를 알 수 있다. 세 번에 걸쳐 『전기』사에서 발행한 후, 『게잡이 공선』은 다른 상업출판사에서도 발행하게 되었다.

『1928년 3월 15일』과 마찬가지로 『게잡이 공선』은 당시의 검열을 고려하여 많은 수의 복자를 가지고 발표되었지만, 그 후반부가 게재된 『전기』 6월호는 안녕의 이유로 발매 금지를 당했다. 『게잡이 공선』이 발표된 직후인 1929년 6월, 다키지는 오타루 경찰에 소환되어, "돌멩이라도 넣어 둬!"라는 문장 때문에 조사를 받았다. 그리고 1930년 6월 24일, 치안유지법 위반으로 체포 투옥되었을 때에는, 이 문제로 『전기』의 발행인인 야마다 세이사부로山田淸三郎와 함께 불경죄不敬罪로 추가 기소를 받게 된다.

위험하겠다, 라고 판단되는 곳이 있으면, 복자를 사용하여 검열에 대처하는 것이 그 당시의 일반적인 상황이었다. 본문의 문장을 바꾸지 않고 무사히 검열을 통과하기 위해서는 복자를 사용하는 방법밖에 없었다. 그러나 많은 수의 복자가 있어도 간단히 검열을 통과할 수 있는 것은 아니었다. 그런데 재미있는 사실은 복자가 적다고 발매 금지 처분을 받는 것이 아니라는 것이다. 예를 들어 똑같은 사람이 복자를 했어도 『전기』 5월호는 발매 금지를 당하지 않았지만, 『전기』 6월호는 발매 금지에 처해졌던 것이다. 발매 금지 처분은 복자의 많고 적음에 관계없이, 관계 당국이 임의로 처리하였던 것이다. 『게잡이 공선』은 1945년 이전에 여러 출판사에서 발행되었지만, 대부분 발매 금지에 처해졌다.

다키지의 『게잡이 공선』을 완전한 판본으로 읽기 위해서는 전후戰後를 기다리지 않으면 안 되었다. 『게잡이 공선』은 1949년 2월 발행된 『고바야시 다키지 전집 제3권』(신일본문학회 편집, 일본평론사)에서, 『전기』에 실린 글을 저본底本으로 하고, 노트 원고와 그 외의 판본을 참조하여 데즈카 히데타카의 손으로 완전히 복원되었다.

4. 고바야시 다키지 문학의 현대적 의의

2008년 여름, 일본문단에 이상한 현상이 발생하고 있다는 보도가 연일 신문 지면을 장식하였다. 그것은 발표된 지 80년이나 지난, 일본 프롤레타리아문학의 대표적 작가인 고바야시 다키지의 『게잡이 공선』이 선풍적인 인기로 판매되고 있다는 소식이었다. 이른바 '『게잡이 공선』 현상'이었다. 이 작품은 그해 일본 유행어 대상을 받을 정도로 사회적 현상을 불러일으키며, 160만 부가 넘는 베스트셀러로 떠올랐다. 이는 열악한 노동 환경 하에서 인간다움을 되찾기 위한 노동자들의 절규라는 원작에 담겨진 메시지가, 심각한 격차사회*가 되어 버린 현 일본의 상황과 오버랩되었기 때문이었다. 『게잡이 공선』의 세계는 옛날이야기가 아니고, 지금 일어나고 있는 일이기 때문이었다.

우리는 『게잡이 공선』을 통해 당시의 제국주의적인 일본 자본주의가 노동자들에게 행한 학대와 착취를 볼 수 있다. 그런데 이러한 일본의 80여 년 전의 상황은 2012년 현재에도 크게 달라지지 않았다. 일본 사회는 고이즈미 전 총리의 신자유주의에 의한 규제완화와 구조개혁이 진행되면서 파견사원이라는 비정규직이 급격히 늘어나게 되었다.

---

* 중류 계층의 붕괴 과정에서 나타나는 일본형 경제·사회 양극화 현상을 일컫는 말. 이러한 원인은 장기 경기침체와 함께 고령화의 급속한 진전에 의한 세대간 소득 분배 악화, 핵가족화나 청년층 단신세대의 증가 등 가족형태의 변화로 인한 가구별 소득 축소, 교육과 부의 대물림 등으로 분석된다.

그 정책의 후유증은 비정규직 34퍼센트, 아무리 열심히 일을 해도 빈곤상태에서 벗어나지 못하는 계층인 워킹 푸어Working poor가 1000만 명, 매년 2200억 엔의 사회보장비 축소로 나타났다. 넷카페 난민이라는 신조어가 생기고, 일본의 격차사회는 큰 사회적 문제로 대두되었다.

1929년 『게잡이 공선』에 나오는 비정규직 노동자와 문어방*은 2012년 이름만 워킹 푸어, 넷카페 난민으로 바뀌었을 뿐으로, 노동자의 현실은 그 시대와 전혀 다르지 않다. 그때나 지금이나 자본가는 철저하게 자신의 이윤만을 추구할 뿐이다. 제국주의적인 자본주의를 묘사한 고바야시 다키지 문학의 현대적 의의를 알 수 있는 대목이다.

한편 자본가가 자신의 이윤만을 추구하는 것은 일본만의 문제가 아니다. 이러한 일본의 현상은 이미 세계적인 문제가 되어 있다. 그리고 이러한 문제에 대하여 해결책을 구하는 행동도 일어나고 있다.

작년에 일어난 월가Wall Street 시위가 그것이다. 월가 시위는 2011년 9월 17일 '월가를 점령하라occupy Wall Street'라는 구호 아래 월가에 수백 명이 모여 시작되었다. '우리가 99퍼센트다, 불평등을 끝내자'라는 월가 시위는 미국 하위 계층 99퍼센트가 1퍼센트 상위계층에게 경제적

---

* たこ部屋. 일제강점기 시절 강제징용 조선 노동자들이 집단수용소 내에서 독방 등의 감금상태로 요구당한 강제노동 또는 그 환경. 문어 낚시용 단지에 들어온 문어가 빠져나가지 못하는 상황 혹은 최후에 자신의 다리를 뜯어 먹어야 하는 열악한 상황을 비유한다.

정의를 요구하는 것이었다. 이러한 부의 분배의 양극화와 금융자본의 폐해에 대한 문제의식은 미국만이 아니고 전 세계적인 것으로, 이러한 흐름은 현재 여전히 진행 중이다.

올해 5월 12일, 이른바 '분노한indignant 사람들'이 스페인 전역의 거리를 점령했다. 스페인판 점령 시위대인 '분노한 사람들' 주도로 경제적 불공평에 대한 시위가 불붙은 지 1년이 지났지만 시위대의 분노는 좀처럼 사그라지지 않고 있다. 수만 명은 이날 높은 실업률과 정부 지출 급감으로 대중이 고통 받고 있다며, 수도 마드리드 시내의 푸에르타델솔 광장에 모여 대규모 시위를 벌였다. '분노한 사람들' 시위가 시작된 지 1주년을 맞는 5월 15일에 맞춰 스페인의 80여 개 도시에서 나흘 동안 1주년 기념 행진 시위가 벌어졌다.

올해 5월 19일 독일 프랑크푸르트에서도 2만여 명이 참가한 반자본주의 시위가 일어났다. 유럽중앙은행(ECB)이 있는 독일 금융의 중심지인 프랑크푸르트에서 2만여 명이 '반反 자본주의' 시위를 벌였다. '블로큐파이 프랑크푸르트Blockupy Frankfurt'라는 이름이 붙은 이날 시위는 '월가 점령' 시위를 본뜬 것으로 유럽중앙은행뿐 아니라 여러 민간 은행의 업무를 마비시키고자 추진됐다고 시위대는 말했다.

이러한 자본주의에 대한 문제는 우리나라에서도 그대로 나타난다. 우리 사회의 양극화 문제는 일본의 격차사회와 전 세계에서 일어나는 불평등 문제와 똑같은 모습이다. 한국의 20대는 88만 원 세대라고 말해진다. 그 대부분은 비정규직이다. 2012년 통계를 보면 350만 청년 노동자의 반이 비정규노동자라고 한다.

　우리 사회의 문제는 어쩌면 일본보다 훨씬 더 심각한 상태라고 할 수 있다. 일본보다 사회안전망 장치가 소홀하기 때문이다. 그러므로 경쟁에서 밀려난 사람들에 대한 국가적인 사회안전망 설치가 시급하다. 경제가 힘들수록 더욱더 사회적 안정을 추구해야 하는 법이다. 그리고 그 안정은 사회에서 가장 약한 자들을 보호함으로써 가능해지는 것이다. 일본 사회에서 벌어지고 있는 것과 같이 우리 사회도 교육 시스템을 바로 세우고, 연대를 통하여, 그리고 투표를 통하여 양극화 문제의 해결을 기대할 수 있을 것이다.

연보

1903년 10월 13일	아키타(秋田)현의 가난한 농가의 차남으로 태어남. 아버지 스에마쓰(末松), 어머니 세키(セキ).
1907년(4세) 12월	고바야시 일가는 가난을 피해 홋카이도(北海道)로 이주.
1916년(13세) 3월	시오미다이(潮見台)초등학교 졸업.
4월	백부의 도움을 받아 오타루(小樽)상업학교에 입학. 이때부터 교우회지를 편집하거나 주요 잡지에 작품을 투고하는 등 문학적 재능이 일찍부터 발휘됨.
1921년(18세) 4월	역시 백부의 도움으로 오타루고등상업학교(지금의 오타루상과대학)에 입학. 이때는 제1차 세계 대전과 러시아혁명이라는 세계사적인 변동으로 일본 프롤레타리아 문학운동이 새롭게 대두하기 시작한 때로 『씨 뿌리는 사람』이 창간되고, 일본 프롤레타리아 문학운동의 조직적인 전개가 시작되는 시기임.
1924년(21세) 3월	오타루고등상업학교 졸업. 홋카이도 다쿠쇼쿠 은행(北海道拓植銀行)에 취직. 삿포로 본점에 근무.

1925년(22세)		다구치 다키(田口タキ)를 구해 냄.
1926년(23세) 9월		하야마 요시키의 소설집『매춘부(淫賣婦)』에 감명을 받음.
1927년(24세)		이때부터 사회과학을 배우면서 사회의 모순을 알게 되고, 그 후 오타루의 노동운동에 직접 참가하며 프롤레타리아 문학운동과도 적극적인 관계를 가지게 됨.
1928년(25세) 2월		제1회 보통선거 실시. 노동농민당에서 입후보한 야마모토 겐조(山本懸藏)를 응원하러 동굿찬(東俱知安) 방면 연설대에 합류.
	3월 15일	3·15 사건 발생. 오타루에서 약 500명 검거됨.
	3월 25일	전일본무산자예술연맹(나프)이 결성됨.
	4월 26일	『방설림(防雪林)』완성.
	5월 중순	상경하여 구라하라 고레히토를 방문.
	8월 17일	『1928년 3월 15일(一九二八年三月十五日)』완성.
	9월 5일	『동굿찬행(東俱知安行)』완성.
1929년(26세)		
	2월 10일	일본프롤레타리아작가동맹 창립. 중앙위원으로 선출됨.
	4월 16일	4·16 사건 발생. 오타루에서 약 40명 검거됨.
	9월 29일	『부재지주(不在地主)』완성.
1930년(27세)		
	2월 24일	『공장세포(工場細胞)』완성.
	5월 23일	일본공산당에 대한 자금원조 사건으로 오사카(大阪) 나카노시마 경찰서에 검거됨.
	6월 7일	석방.
	7월 19일	『게잡이 공선』으로『전기』의 발행인 야마다 세이사부로(山田淸三郞)와 불경죄로 추가기소 받음.
	8월 21일	치안유지법으로 기소되어, 도요타마 형무소에 수감됨.

1931년(28세)

 1월 22일 석방.
 10월 일본공산당에 입당.
 10월 24일 일본프롤레타리아문화동맹 결성.
 11월 나라(奈良)에 가서 시가 나오야(志賀直哉)를 방문.

1932년(29세)

 3월 8일 『누마지리 마을(沼尻村)』 완성.
 3월 『전형기의 사람들(轉形期の人々)』을 일시 중단함.
 3월 24일 문화단체에 대한 대탄압이 시작됨.
 8월 25일 『당생활자(黨生活者)』 완성.

1933년(30세)

 1월 7일 『지구의 사람들(地區の人々)』 완성.
 2월 20일 가두연락을 위한 접선장소에서 체포되어, 그날 특고(特高)의 고문에 의해 학살됨. 만 29세 4개월.
 3월 15일 추도와 항의 속에 전국적인 노농장(勞農葬)이 거행됨.
 4월 일본 문학에서 처음으로 공산주의적 인간의 조형에 성공했다고 평가 받는 『당생활자』가 『전환시대(轉換時代)』라는 가제(假題)로 출판됨.

1947년 『방설림』 원고가 발견됨.

『고바야시 다키지 선집 1』의 수록 작품

『게잡이 공선』

하코다테에서 출발하는 게잡이 공선에 탄 노동자들의 이야기이다. 게잡이 공선은 게를 잡아 배에서 바로 통조림을 만드는 공선을 말한다. 노동자들은 학생, 어부, 광부, 농부 등 출신이 다양하지만 한결같이 열악한 환경에서 중노동에 시달린다. 그럼에도 감독은 '일본을 위한다'는 명목으로 더욱 이들을 혹사시키고, 이들은 누가 먼저랄 것도 없이 태업을 시작한다. 한 노동자의 죽음으로 노동자들은 급기야 노동 조건의 개선을 요구하며 감독에 맞선다.

『방설림』

홋카이도로 이주한 농민들의 비참한 생활을 보여 주는 작품이다. 지주에게 땅을 잃고 죽은 아버지를 기억하는 주인공 겐키치와 농촌 생활을 견디지 못하고 도시로 탈출하려는 젊은이들, 힘든 생활이지만 벗어날 수 없으니 수긍하며 살아가는 노인들이 등장한다. 소작료에 맞서 농민들은 지주에게 대항하려다 경찰에 끌려가고 도시에서 돌아온 옛 애인이 죽음을 선택하자 겐키치는 분노한다.

『1928년 3월 15일』

일본 프롤레타리아 운동에서 큰 사건이었던 1928년 3월 15일 대검거를 소재로 한 작품이다. 경찰에 잡혀 온 수많은 노동조합, 공산당 활동가들은 구속과 고문이라는 예상치 못한 상황에 다양한 모습을 보인다. 특히 국가권력의 말단인 특고경찰의 잔학한 고문에 견디면서 싸우는 혁명적인 노동자와 지식인의 모습이 생생하게 그려진다.